掌尚文化

Culture is Future

尚文化·掌天下

FINANCE ENABLES TECHNOLOGICAL
INNOVATION
BOOSTING THE CONSTRUCTION
OF NEW DEVELOPMENT PATTERN

金融赋能科技创新
助推新发展格局构建

杨伟中　主编

经济管理出版社
ECONOMY & MANAGEMENT PUBLISHING HOUSE

图书在版编目（CIP）数据

金融赋能科技创新　助推新发展格局构建/杨伟中主编 . —北京：经济管理出版社，2022. 11

ISBN 978-7-5096-8799-4

Ⅰ.①金…　Ⅱ.①杨…　Ⅲ.①金融—科学技术—研究—中国　Ⅳ.①F832. 3

中国版本图书馆 CIP 数据核字（2022）第 203569 号

组稿编辑：宋　娜
责任编辑：宋　娜
责任印制：黄章平
责任校对：蔡晓臻

出版发行：经济管理出版社
　　　　　（北京市海淀区北蜂窝 8 号中雅大厦 A 座 11 层　100038）
网　　　址：www. E-mp. com. cn
电　　　话：（010）51915602
印　　　刷：唐山昊达印刷有限公司
经　　　销：新华书店
开　　　本：720mm×1000mm/16
印　　　张：15. 75
字　　　数：236 千字
版　　　次：2023 年 5 月第 1 版　　2023 年 5 月第 1 次印刷
书　　　号：ISBN 978-7-5096-8799-4
定　　　价：98. 00 元

编委会名单

主　编：杨伟中

副主编：马玉兰　刘玉苓　曾志诚　姚　力

　　　　洪　波　王　晋　梅国辉

编　审：林晓东　李　康　高　菲

目 录

统筹推进疫情防控和中国经济潜在增长率研究

杨伟中　等 *

党的十九届五中全会强调，"十四五"时期我国将进入新发展阶段，要坚持新发展理念，加快构建新发展格局，并提出到 2035 年的远景目标，明确"人均国内生产总值达到中等发达国家水平"的任务。面对当前我国传统要素禀赋发生较大改变、发展不平衡不充分问题仍然突出、经济全球化遭遇逆流以及新冠肺炎疫情冲击下国际形势复杂多变等挑战，如何推动经济持续稳定发展并保持合理增速以落实远景目标任务，成为当前需要研究的重大问题。鉴于此，本文对未来我国经济潜在增长率展开深入研究。在分析我国经济增长中长期转变趋势和疫情冲击影响的基础上，构建开放型经济体 DSGE 模型，测算近年来我国经济潜在增长率的变化趋势，并综合未来各因素演变路径对我国 2021~2035 年的经济潜在增长率进行预测，进而提出政策建议。

一、引言

近年来，我国经济已由高速增长阶段转向高质量发展阶段，在转变发展方式、优化经济结构、转换增长动力的过程中，面临着结构性、体制性、周期性问题相互

* 杨伟中，中国人民银行营业管理部主任。参与成员：梅国辉、林晓东、余剑、周丹、钱珍、李康、杨小玄、于莹、廖述魁、戚逸康、齐雪菲。其中：梅国辉，中国人民银行营业管理部巡视员；林晓东、钱珍、李康、杨小玄，供职于中国人民银行营业管理部金融研究处；余剑，供职于中国人民银行营业管理部货币信贷管理处；周丹、于莹，供职于中国人民银行营业管理部国际收支处；廖述魁，供职于中国人民银行营业管理部金融稳定处；戚逸康、齐雪菲，供职于中国人民银行中关村中心支行。

交织所带来的困难和挑战，经济增速呈现逐步放缓趋势。当今世界正经历百年未有之大变局，突如其来的新冠肺炎疫情更是给全球经济社会造成巨大冲击，主要国家和地区面临失业率上升、贸易下滑、经济萎缩等困境，国际经济、科技、文化、安全、政治等格局都将发生深刻调整。

面对错综复杂的国际形势、艰巨繁重的国内改革发展稳定任务特别是新冠肺炎疫情的严重冲击，以习近平同志为核心的党中央领导全国人民，统筹推进疫情防控和经济社会发展工作，我国率先控制住疫情、率先复工复产、率先恢复经济正增长。囿于当前我国发展环境面临深刻复杂变化，未来一个时期内我国经济增长仍然存在较大压力。面对诸多矛盾和挑战，如何实现经济持续稳定发展并保持合理增速是当前需要研究的重大问题。

在此背景下，本文对未来我国经济潜在增长率展开系统研究。潜在增长率指一定时期由资源要素供给能力、生产效率和发展模式决定的潜在产出的增长速度，决定了现实经济增长的合理区间。理论上，潜在增长率主要取决于劳动、资本、技术等要素的潜在供给能力，但也可能受到需求端因素的持续影响而导致供给能力发生改变，产生"自我实现效应"（Anderton et al.，2014）。例如，2008 年全球金融危机后发达经济体经济增长的持续低迷表明，较长时间的总需求不足可能会使部分劳动力长期退出就业市场、投资增速难以恢复到危机前水平、研发创新投入缩减，通过影响劳动力、资本积累和技术进步反向作用于供给，造成潜在增长率下降（Bouis et al.，2012）。对于新冠肺炎疫情的影响，Heimberger（2020）通过对比新冠肺炎疫情前后欧盟对各成员国潜在产出的估计发现，产出缺口扩大了 1 个百分点，将使潜在增长率下降 0.6 个百分点。

本文的主要创新在于：理论方法方面，构建契合我国经济特征的开放型 DSGE 模型，刻画统筹疫情防控影响我国经济潜在增长率的主要因素，弥补已有相关研究考虑因素或冲击较少的不足；实践应用方面，深入剖析相关因素变化对经济潜在增长率的具体影响，为预测我国未来经济发展趋势提供实证依据，进而推动相关政策部署，促进经济潜在增长率提升并有效转化为现实增长率。

二、未来中国经济增长因素的转变

本部分从供给和需求两端出发，考虑影响经济增长的四方面主要因素，即劳动供给、资本积累、技术进步和需求拉动，深入探讨这些因素的中长期转变趋势和疫情冲击下的变化，并分析其对经济潜在增长率的影响机制。

（一）劳动从人口红利向人力资本增进转变

1. 从中长期来看，我国劳动力供给从人口红利向人力资本增进转变

人口红利有两个主要特征，即"劳动年龄人口的持续增加"和"人口抚养比的持续下降"（陆旸、蔡昉，2016）。2010 年之后，我国人口老龄化问题凸显，人口红利逐渐消失。一方面，适龄劳动人口数量呈下降趋势。2019 年，我国 15～64 岁人口较 2010 年减少了 1028 万，占总人口比例下降了 3.88 个百分点。另一方面，抚养比呈上升趋势。我国总抚养比由 2010 年的 34.2%增加至 2019 年的 41.5%，其中老年抚养比由 11.9%上升至 17.8%。此外，当前我国适龄人口生育意愿偏低，总和生育率已跌破警戒线。人口结构的老龄化与少子化将直接减少潜在劳动力供给，降低经济潜在增长率。同时，我国劳动力的受教育程度持续提高，人力资本红利加速释放。2019 年，我国就业人口的平均受教育年限由 2010 年的 9.1 年提升至 10.3 年左右，新增就业人口的平均受教育年限由 2010 年的 12.4 年提升至 13.7 年，每 10 万人口中的高等学校在校生数由 2010 年的 2189 人上升至 2019 年的 2857 人。我国人力资本的增长将促进劳动生产率与创新能力的提升，提高经济潜在增长率，缓解老龄化造成的不利影响。

2. 从短期来看，疫情防控限制聚集性劳动供给与流动，但将提升人力资源的资本化效率

一方面，新冠肺炎疫情防控期间隔离等措施使集聚性劳动减少，部分地区、行业的劳动供给与流动速度下降。但这种限制是暂时性的，随着疫情的有效防控，我国劳动供给、流动与人力资本积累处于持续恢复中。另一方面，新冠肺炎疫情对住

宿餐饮、文化旅游、批发零售等行业产生了较大冲击，部分人员被迫转岗，摩擦性失业和结构性失业上升。但是，劳动力的分布将会随着产业结构和社会需求的新变化出现自适应转变，促进人力资源在区域间、行业间优化配置，提高人力的资本化效率。

（二）资本从投资规模扩张向投资效率提升转变

1. 从中长期来看，我国资本积累方式从投资规模扩张向投资效率提升转变

资本形成取决于投资规模与投资效率。长期以来，我国较高的储蓄率为投资提供了充裕的资金支持。但随着我国老龄人口占比的上升，居民储蓄率和总储蓄率将出现一定程度的下降，进而削弱投资能力，减缓资本积累速度，降低经济潜在增长率。数据显示，2010~2018 年我国居民储蓄率下降了 7.3 个百分点，总储蓄率下降了 7.4 个百分点，投资率下降了 3 个百分点。虽然储蓄率的下降制约了我国投资规模的扩张，但是金融的改革与深化发展有助于提升投资效率。2018 年，我国金融资产与 GDP 之比达 785.5%，其中证券资产与 GDP 之比为 135.5%，债券市场已成为仅次于美国、日本的全球第三大债券市场（易纲，2020）。随着我国加快构建层次丰富的现代金融市场体系、深化利率市场化改革、推进金融业对外开放等政策实施，将进一步优化金融资源配置，改善投资的质量和效率，促进资本形成，提高经济潜在增长率。

2. 从短期来看，新冠肺炎疫情对固定资产投资的冲击较大，企业投资意愿和投资能力均有所不足

国家统计局数据显示，2020 年 1~2 月全国固定资产投资同比下降 24.5%，1~10 月同比增长 1.8%，仍低于上年同期水平。一方面，建设项目复工时间推迟，施工强度下降。2020 年 1~2 月，基础设施投资同比下降 30.3%，房地产开发投资同比下降 16.3%，创公布数据以来最低值；1~10 月，基础设施投资同比增长 0.7%，房地产开发投资同比增长恢复至 6.3%。另一方面，制造行业企业投资意愿、能力不足。2020 年 1~2 月制造业投资同比下降 31.5%，1~10 月同比下降 5.3%。

（三）技术从模仿引进向自主创新转变

1. 从中长期来看，我国技术进步方式从以模仿引进为主向以自主创新为主转变

一方面，加强自主创新是为适应我国经济发展阶段的变化。过去我国主要通过购买设备专利、引进外资、合作经营等途径学习、模仿、吸收、改造国外先进技术，而随着我国经济持续发展，近年来企业可模仿与引进的技术种类越来越少，引进技术的经费支出占比也不断减少，需要更多地通过加强自主创新获取技术进步，推动经济高质量发展。另一方面，加强自主创新是为应对国外技术封锁与打压的冲击。当今世界正经历百年未有之大变局，大国博弈加剧，一些发达国家加强对我国技术行业打压。特别是新冠肺炎疫情暴发后，加大了对我国引进国外技术、购买高技术设备零件的封锁，对我国产业链、供应链安全造成了不利影响，并增加了我国汽车、通信、半导体等领域技术突破的难度，这在一定程度上或将降低我国经济潜在增长率。但这也将进一步激发我国自主创新需求，使我国尽快摆脱部分关键技术受制于人的局面。

2. 从短期来看，我国自主创新能力仍有不足，关键核心技术缺失面临"卡脖子"风险

我国技术创新能力不断提升，1995～2019 年我国 PCT 专利申请量在全球占比从 0.3% 提高至 22.3%，成为全球第一大专利申请国。然而，与发达国家相比，我国自主创新能力仍显不足，关键核心技术缺失，面临"卡脖子"风险，如光刻机、高端芯片、轴承和运行控制系统、燃气轮机热部件等。2018 年，我国规模以上工业企业技术引进经费支出中占比较高的两大行业分别为汽车制造业（49.1%）和计算机、通信与其他电子设备制造业（24.4%），高技术产业的技术引进经费支出中占比最高的为通信终端设备制造业（63.0%）。可见，我国仍有大量技术需要进口，如出现技术引进障碍，将对相关产业造成不利影响。

（四）需求从内外需共同驱动向以内需驱动为主转变

1. 从中长期来看，我国总需求从内外需共同驱动向以内需驱动为主转变

从中长期来看，我国总需求从内外需共同驱动向以内需驱动为主转变，其直接

原因在于外贸增速下滑导致外需对我国经济增长的拉动作用下降。2011~2019 年我国货物和服务贸易进出口总额（人民币）年均增速为 5.8%，远低于 2001~2010 年的 19.5%，占 GDP 比重也由 2006 年的高点 64.2% 下降至 2019 年的 31.8%。① 外贸增速下滑导致净出口对我国经济增长的拉动作用下降，近年来在较窄的区间内正负交替波动。未来全球不确定性因素增加，世界经济增长与总需求疲软，贸易摩擦或将进一步加剧，部分国家在逆全球化思潮下已经开始产业链的本土化转移，这些不利因素都将对我国进出口贸易造成冲击，降低经济潜在增长率。在此情形下，我们需要坚持扩大内需，进一步增强内需对经济增长的拉动作用。近年来，消费对我国经济增长的贡献率波动上升，投资贡献率有所下降。关于内需的扩大，一方面，要提升传统消费，培育新型消费，适当增加公共消费，持续增强消费对经济发展的基础性作用；另一方面，要保持投资合理增长，优化投资结构，发挥投资对优化供给结构的关键作用。

2. 从短期来看，新冠肺炎疫情造成国内投资和消费需求下降，但我国疫情的有效控制与经济的率先复苏有助于外贸规模在短期内实现增长

国家统计局数据显示，2020 年 1~2 月，新冠肺炎疫情对国内投资和消费造成较大冲击，两者均下降 20 个百分点以上；1~10 月，随着经济持续复苏，全国固定资产投资同比增长 1.8%，社会消费品零售总额同比下降 5.9%，仍低于疫情前水平。而得益于国内疫情的有效控制和经济率先复苏，我国外贸进出口实现逆势增长，占国际市场份额进一步提升。2020 年 1~11 月我国进出口总额达 29 万亿元，同比增长 1.8%，其中出口累计同比增长 3.7%。

三、开放型 DSGE 模型构建

（一）模型构建

本文拟采用新凯恩斯主义的理论框架，在 Smets 和 Wouters（2003，2007）封闭

---

① 数据来源：Wind。

经济体动态随机一般均衡（DSGE）模型基础上进行创新，借鉴 Gali 和 Monacelli（2005）、Adolfson 等（2008）的开放经济体模型，构建契合我国现实情况的开放型 DSGE 模型。

1. 居民

（1）适龄劳动人群。

适龄劳动人群选择消费与劳动的最大化跨期效用为：

$$\max_{C_t, L_t} E_0 \sum_{t=0}^{\infty} \beta_t Z_{b,t} \left(\frac{C_{l,t}^{1-\sigma_c}}{1-\sigma_c} - \xi_t \frac{Z_{l,t} Ls_t^{1+\sigma_l}}{1+\sigma_l} \right)$$

其中，β 为贴现因子，$C_{l,t}$ 为消费，Ls_t 为劳动，$Z_{b,t}$ 为偏好冲击，$Z_{l,t}$ 为劳动力供给冲击。预算约束为：

$$C_{l,t} + I_t + \frac{B_t}{P_t} + \frac{e_t B_{f,t}}{P_t} = W_t^s Ls_t + [R_{k,t} U_t - \Phi(U_t)] K_{t-1} + \frac{R_{t-1} B_{t-1}}{P_t} + \frac{e_t R_{f,t-1} B_{f,t-1}}{P_t} + D_t + D_{w,t} - O_t - T_t$$

其中，I_t 为投资，P_t 为价格水平，B_t 为本国名义债券，$B_{f,t}$ 为国外名义债券，e_t 为名义汇率，W_t^s 为实际工资，$R_{k,t}$ 为单位资本实际租金，U_t 为资本利用率，K_t 为资本，R_t 为本国利率水平，$R_{f,t}$ 为国外利率水平，D_t 和 $D_{w,t}$ 分别为劳动居民从厂商和劳工组织获得的红利，O_t 为养老金缴纳，T_t 为税收。

（2）老龄人群。

记老龄人群数量为 $N_{old,t}$。假设适龄劳动人群当期缴纳的养老金全部用于社会中老龄人群生活消费 $C_{old,t}$，每位老年人获得的养老金与社会劳动平均工资的比例为 ϑ，则有：

$$O_t = N_{old,t} \vartheta W_t^s = \frac{N_{old,t}}{Ls_t} \vartheta W_t^s Ls_t = \eta_t \vartheta W_t^s Ls_t = C_{old,t}$$

其中，η_t 为单位劳动力负担的老龄人口数量。

（3）居民消费构成。

从消费的人群来看，居民总消费为适龄劳动居民消费和老龄居民消费之和：$C_t = C_{l,t} + C_{old,t}$。从消费品的产地来看，$C_t$ 由国产品 $C_{d,t}$ 和进口品 $C_{f,t}$ 两部分构成，采用不变替代弹性的加总形式：

$$C_t = \left[\omega_t^{\frac{1}{\theta_c}} (C_{d,t})^{\frac{\theta_c-1}{\theta_c}} + (1-\omega_t)^{\frac{1}{\theta_c}} (C_{f,t})^{\frac{\theta_c-1}{\theta_c}} \right]^{\frac{\theta_c}{\theta_c-1}}$$

设国产品与进口品的价格分别为 $P_{d,t}$ 和 $P_{f,t}$，平均价格水平为：

$$P_t = \left[\omega_t (P_{d,t})^{1-\theta_c} + (1-\omega_t)(e_t P_{f,t})^{1-\theta_c} \right]^{\frac{1}{1-\theta_c}}$$

2. 投资和资本积累

设资本折旧率为 δ，考虑投资的调整成本后，资本的累积方程为：

$$K_t = (1-\delta)K_{t-1} + Z_{i,t} \left[1-S\left(\frac{I_t}{I_{t-1}}\right) \right] I_t$$

其中，$S(\cdot)$ 为投资调整成本函数，$Z_{i,t}$ 为资本形成效率冲击。

开放型经济下，投资品由国产投资品 $I_{d,t}$ 和进口投资品 $I_{f,t}$ 两部分组成：

$$I_t = \left[\omega_t^{\frac{1}{\theta_c}} (I_{d,t})^{\frac{\theta_c-1}{\theta_c}} + (1-\omega_t)^{\frac{1}{\theta_c}} (I_{f,t})^{\frac{\theta_c-1}{\theta_c}} \right]^{\frac{\theta_c}{\theta_c-1}}$$

3. 国内最终商品生产

国内最终商品厂商将国内中间品加工成为最终商品。最终商品形成函数为：

$$Y_t = \left[\int_0^1 (Y_{j,t})^{\frac{1}{1+\lambda_{p,t}}} dj \right]^{1+\lambda_{p,t}}$$

其中，$\lambda_{p,t}$ 为中间品厂商垄断竞争下的价格加成。

假设最终商品市场完全竞争，可得到中间品需求与国产品价格水平分别为：

$$Y_{j,t} = \left(\frac{P_{d,j,t}}{P_{d,t}}\right)^{-\frac{1+\lambda_{p,t}}{\lambda_{p,t}}} Y_t$$

$$P_{d,t} = \left[\int_0^1 (P_{d,j,t})^{-\frac{1}{\lambda_{p,t}}} dj \right]^{-\lambda_{p,t}}$$

其中，$P_{d,j,t}$ 为 $Y_{j,t}$ 的价格。

4. 中间品生产和价格黏性

将中间品 $Y_{j,t}$ 生产函数设为：

$$Y_{j,t} = A_t \left(U_t K_{j,t-1} \right)^{\alpha} \left(\gamma^t H_t L_{j,t} \right)^{1-\alpha} - \gamma^t \Phi$$

其中，A_t 为技术，$K_{j,t-1}$ 和 $L_{j,t}$ 分别为生产租用的资本和雇佣的劳动，γ 为固定增长率，Φ 为单位增长所付出的固定成本，H_t 为人力资本水平。

参照朱军（2017）的研究，我国技术进步方式为技术自主创新与技术引进的结合：

$$A_t = \left[\omega_{a,t} \left(A_{d,t} \right)^{\theta_a} + \left(1 - \omega_{a,t} \right) \left(A_{f,t} \right)^{\theta_a} \right]^{\frac{1}{\theta_a}}$$

其中，$A_{d,t}$ 为技术创新，$A_{f,t}$ 为技术引进，$\omega_{a,t}$ 为技术创新份额。

给定工资和资本租金，中间品厂商在成本最小化情况下决定资本与劳动力需求，优化问题为：

$$\min_{K_{j,t-1}, L_{j,t}} W_t L_{j,t} + R_{k,t} U_t K_{j,t-1}$$

$$\text{s. t.} \quad Y_{j,t} = A_t \left(U_t K_{j,t-1} \right)^{\alpha} \left(\gamma^t H_t L_{j,t} \right)^{1-\alpha} - \gamma^t \Phi$$

单位产品的边际成本为：

$$mc_t = \frac{\left(R_{k,t} \right)^{\alpha} W_t^{1-\alpha}}{\alpha^{\alpha} \left(1-\alpha \right)^{1-\alpha} A_t H_t^{1-\alpha} \gamma^{(1-\alpha)t}}$$

关于价格粘性，假设中间品厂商定价采用 Calvo 策略，每期自由调整价格的厂商比例为 $1-\xi_p$，最优调整价格为 $\widetilde{P}_{d,j,t}$，其他厂商盯住国内产品上期价格增长率 $\pi_{d,t-1}$ 及稳态价格增长率 π_d，价格定为：$P_{d,j,t} = \left(\pi_d \right)^{1-\gamma_p} \left(\pi_{d,t-1} \right)^{\gamma_p} P_{d,j,t-1}$。自由调整价格的厂商追求跨期利润的效用最大化，即为：

$$\max_{\widetilde{P}_{d,j,t}} E_t \sum_{i=0}^{\infty} \beta^i \xi_p^i \lambda_{t+i} \left(\frac{P_{d,j,t+i}}{P_{t+i} - mc_{t+i}} \right) Y_{j,t+i}$$

$$\text{s. t.} \quad Y_{j,t+i} = \left(\frac{P_{d,j,t+i}}{P_{d,t+i}} \right)^{-\frac{1+\lambda_{p,t+i}}{\lambda_{p,t+i}}} Y_{t+i}$$

$$P_{d,j,t+i} = \left(\pi_d \right)^{i(1-\gamma_p)} \left(\frac{P_{d,t+i-1}}{P_{d,t-1}} \right)^{\gamma_p} \widetilde{P}_{d,j,t}$$

国产品价格水平为：

$$P_{d,t} = \left[\left(1-\xi_p \right) \left(\widetilde{P}_{d,t} \right)^{-\frac{1}{\lambda_{p,t}}} + \xi_p \left(\left(\pi_d \right)^{1-\gamma_p} \left(\pi_{d,t-1} \right)^{\gamma_p} P_{d,t-1} \right)^{-\frac{1}{\lambda_{p,t}}} \right]^{-\lambda_{p,t}}$$

5. 劳工组织和工资粘性

考虑劳动力供给垄断，劳动中介将不同类型劳动合成劳动 L_t，供应给中间品厂商：$L_t = \left[\int_0^1 (Ls_t)^{\frac{1}{1+\lambda_{w,t}}} dh \right]^{1+\lambda_{w,t}}$。其中，$\lambda_{w,t}$ 为工资加成率，LS_t 为劳动。平均工资水平为：$W_t = \left[\int_0^1 (W_{s,t})^{-\frac{1}{\lambda_{w,t}}} dh \right]^{-\lambda_{w,t}}$。

关于工资粘性，假设每期自由调整工资的劳工组织比例为 $1-\xi_w$，最优工资水平为 $\widetilde{W}_{s,t}$，其他劳工组织盯住上期通货膨胀率 π_{t-1} 和稳态通货膨胀率 π，工资定为：$W_{s,t} = (\pi)^{1-\gamma_w}(\pi_{t-1})^{\gamma_w}\gamma W_{s,t-1}/\pi_t$。最优工资由下列跨期工资收入的效用最大化问题决定：

$$\max_{\widetilde{W}_{s,t}} E_t \sum_{i=0}^{\infty} \beta^i \xi_w^i \lambda_{t+i}(W_{s,t+i} - W_{t+i}^s) L_{s,t+i}$$

$$s.t. \quad L_{s,t+i} = \left(\frac{W_{s,t+i}}{W_{t+i}} \right)^{-\frac{1+\lambda_{w,t+i}}{\lambda_{w,t+i}}} L_{t+i}$$

$$W_{s,t+i} = \gamma^i(\pi)^{i(1-\gamma_w)} \left(\frac{P_{t+i-1}}{P_{t-1}} \right)^{\gamma_w} \frac{P_t}{P_{t+i}} \widetilde{W}_{s,t}$$

总工资水平为：

$$W_t = \left[(1-\xi_w)(\widetilde{W}_t)^{-\frac{1}{\lambda_{w,t}}} + \xi_w((\pi)^{1-\gamma_w}(\pi_{t-1})^{\gamma_w}\gamma W_{t-1}/\pi_t)^{-\frac{1}{\lambda_{w,t}}} \right]^{-\lambda_{w,t}}$$

6. 财政部门与中央银行

设政府消费为 G_t，则财政收支平衡条件为：$P_{d,t}G_t + R_{t-1}B_{t-1} = B_t + P_t T_t$。

中央银行调整名义利率水平以实现产出与通货膨胀稳定，锚定通货膨胀缺口、产出缺口及产出增速缺口，利率规则为：

$$\ln\left(\frac{R_t}{R} \right) = \rho_r \ln\left(\frac{R_{t-1}}{R} \right) + (1-\rho_r)\left[\varphi_\pi \ln\left(\frac{\pi_t}{\pi} \right) + \varphi_y \ln\left(\frac{Y_t}{Y_t^*} \right) \right] +$$

$$\varphi_{dy}\left[\ln\left(\frac{Y_t}{Y_{t-1}} \right) - \ln\left(\frac{Y_t^*}{Y_{t-1}^*} \right) \right] + \varepsilon_{r,t}$$

其中，Y_t^* 为潜在产出，为不存在价格粘性、工资粘性、价格和工资加成冲击，以及通货膨胀缺口为零时的产出。

7. 出口

国外对本国产品的需求由两国产品相对价格及国外需求确定：

$$EX_t = \left[\frac{P_{d,t}}{e_t P_{f,t}}\right]^{-\theta_f} Y_{f,t}$$

其中，EX_t 为出口，$Y_{f,t}$ 为国外需求，θ_f 为出口品的替代弹性。

8. 国外部门

设 $\pi_{f,t} = P_{f,t}/P_{f,t-1}$ 为国外通货膨胀，国外变量 $\pi_{f,t}$、$R_{f,t}$、$Y_{f,t}$ 分别满足：

$$\ln\left(\frac{\pi_{f,t}}{\pi_f}\right) = \rho_{f,\pi} \ln\left(\frac{\pi_{f,t-1}}{\pi_f}\right) + \varepsilon_{f,\pi,t}$$

$$\ln\left(\frac{Y_{f,t}}{Y_f}\right) = \rho_{f,y} \ln\left(\frac{Y_{f,t-1}}{Y_f}\right) + \varepsilon_{f,y,t}$$

$$\ln\left(\frac{R_{f,t}}{R_f}\right) = \rho_{f,r}\ln\left(\frac{R_{f,t-1}}{R_f}\right) + (1-\rho_{f,r})\left[\varphi_{f,\pi}\ln\left(\frac{\pi_{f,t}}{\pi_f}\right) + \varphi_{f,y}\ln\left(\frac{Y_{f,t}}{Y_f}\right)\right] + \varepsilon_{f,r,t}$$

9. 市场均衡条件

国内商品市场均衡条件为：

$$Y_t = C_{d,t} + I_{d,t} + G_t + EX_t + \frac{P_t}{P_{d,t}}\Phi(U_t)K_{t-1}$$

国内外汇市场均衡条件为：

$$\frac{P_{d,t}EX_t}{e_t} + R_{f,t-1}B_{f,t-1} = P_{f,t}IM_t + B_{f,t}$$

其中，IM_t 为进口，$IM_t = C_{f,t} + I_{f,t}$。

（二）参数估计

选取我国 1995 年第一季度至 2020 年第三季度的产出、居民消费、固定资本形成、CPI、出口、进口、老年抚养比、平均受教育年限（代表人力资本）的环比增长率数据作为观测变量。其中，产出由各季度 GDP 同比增长推算得到；支出法 GDP 中有居民消费和固定资本形成的年度数据，但缺乏季度数据，可采用蔡群起和龚敏（2016）的方法，根据各季度社会商品零售总额和固定资产投资的数据分别插值得到，再利用 CPI 剔除价格因素；出口和进口由各季度美元值乘以美元兑人民币平均汇率得到，再利用 CPI 剔除价格因素；老年抚养比和平均受教育年限的季度值由年度值线性插值得到。最后将产出、居民消费、固定资本形成、出口、进口数据做 X12 季节调整。模型中折旧率设定为 $\delta = 0.02$，折合年度值 8% 左右，符合文献中 6%~10% 的通常设定。贴现因子 β 一般介于 0.995~1，这里设定 $\beta = 0.998$。稳态中政府消费和出口占比根据相关数据估算分别取为：$g/y = 0.15$，$ex/y = 0.16$。根据 1995 年以来我国老年抚养比及养老金支出的平均水平，设定 $\eta = 0.12$，$\vartheta = 0.4$。其余参数利用贝叶斯方法估计得到。

四、我国经济潜在增长率的动态变化趋势

利用所构建的开放型 DSGE 模型，可估计出近年来我国经济潜在增长率的动态变化趋势（见图 1）。下面从整体趋势、产出缺口、疫情冲击等方面展开具体分析。

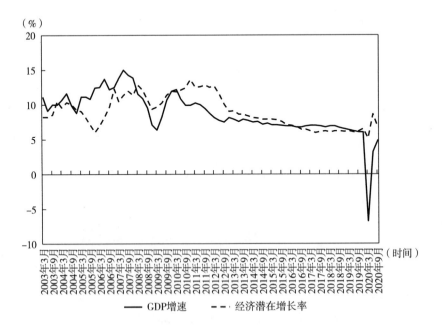

图 1　我国经济潜在增长率的动态变化趋势（季度同比）

（一）近年来我国经济潜在增长率呈平缓下降态势

2003 年第一季度至 2020 年第三季度，我国经济潜在增长率平均为 9%，高于 GDP 平均增速（8.7%）0.3 个百分点。分阶段看，2003～2011 年，经济潜在增长率由 8% 逐渐提升至 12%。虽然受全球金融危机影响，2008 年第一季度至 2009 年第一季度 GDP 增速下降了 5 个百分点左右，但是经济潜在增长率仅下降 2.6 个百分点，并在危机后的两年间较快地恢复至危机前水平。2012～2019 年，我国经济进入新常态，处于经济增长速度换挡期、结构调整阵痛期、前期刺激政策消化期的"三期叠加"时期，潜在增速出现较快回落。2016 年后，经济潜在增长率降至 7% 以下，并缓慢收敛于 6% 附近。

（二）疫情前我国现实经济增速与经济潜在增速基本一致

2013～2019 年，我国经济潜在增长率平均为 7.1%，现实增速平均为 7%，两者基本一致且变动趋势较为平稳。从产出缺口来看，2013～2015 年，经济潜在增长率平均为 8.1%，高于现实增速 0.7 个百分点。在此期间，我国适当调低存贷款基准利率，促进经济保持平稳增长，但随着我国发展阶段与要素禀赋的变化，经济潜在增长率仍在持续放缓，产出缺口被动缩小。此时，制约我国经济增长的因素主要在供给端，尤其是有效供给不足、低端产能过剩等结构性问题突出，不能满足潜在需求。2016～2019 年，经济潜在增长率平均为 6.3%，低于现实增长率 0.3 个百分点。在此期间，我国深入推进供给侧结构性改革，落实"三去一降一补"政策部署，优化资源配置，加强技术创新，并维持利率中枢稳定，避免大水漫灌，较好地推动经济平稳增长。2017 年后，我国经济潜在增长率企稳并在 2019 年末回升至 6.6%，但需求端受到贸易摩擦、不确定性风险上升的影响较大，现实增速放缓至 6%。

（三）疫情冲击对我国经济潜在增长率影响较小

受新冠肺炎疫情直接冲击，2020 年第一季度我国 GDP 同比下降 6.8%，测算显示第一季度经济潜在增长率为 5.2%，仅比疫情前下降了 1 个百分点左右，表明疫情冲击对经济潜在增长率的影响较小，但经济生产流通面临障碍，产出增速偏离潜在增速 12 个百分点。第二季度，潜在增速出现快速反弹，潜在产出已恢复至疫情前水平，可见由于我国较快地控制住疫情并加快推进企业复工复产，疫情对经济潜在增长率的影响较为短暂。第三季度，经济潜在增长率为 6.7%，随着投资、消费需求的持续修复，现实 GDP 增速恢复至 4.9%，产出增速缺口大幅缩小至 1.8%，第四季度经济增速基本恢复至疫情前水平。从供需两端来看，我国经济供给端的恢复速度快于需求端，主要是在疫情有效防控与政策的大力帮扶下，企业复工及时，2 个月后生产端很快重启。然而，在全球经济低迷、不确定因素较多、海外疫情剧烈蔓延的背景下，安全性资产短缺，社交活动受到约束，投资和消费意愿仍然不足。未来一段时期内全球总需求的持续低迷将对我国经济增长形成较大挑战，长期的不确定性可能造成经济主体偏好、信心、预期发生改变，影响经济潜在增速。

五、未来我国经济潜在增长率预测

本部分我们研判相关因素未来的变化路径，利用 DSGE 模型对我国 2021~2035 年的潜在增长率进行预测。

（一）不考虑各因素变化下的经济潜在增长率未来趋势

在利用现实观测数据对模型进行贝叶斯估计时，可得到各项冲击的当前数值。若各因素冲击按照模型方程自然收敛，不施加变化条件，则模型预测显示，2021~2035 年，我国经济潜在增长率将缓慢下降至 5.2%，平均增速为 5.7%。自然收敛下摩擦性冲击也将收敛于零，产出缺口较小，现实增速与潜在增速基本一致。由于2020 年第一季度 GDP 较低，2021 年第一季度 GDP 现实增速可能将达 15% 以上，与经济恢复增长态势吻合。

（二）各项因素变化下的经济潜在增长率未来趋势

现实经济运行始终处于各类冲击的不断扰动之中，潜在增长率也将偏离模型不考虑各因素变化下所模拟的自然收敛趋势。因此，为使模型预测更加契合我国未来的经济特征，我们根据已有数据资料或政策部署研判各项因素可能的演变路径，进而对模型施加各项因素变化条件后再对潜在增长率进行预测。

1. 人口因素变化下的经济潜在增长率未来趋势

根据联合国 2019 年发布的《世界人口展望 2019》，2021~2035 年我国总人口基本稳定，但 15~64 岁的适龄劳动力数量将从 10.1 亿下降至 9.4 亿左右，老年抚养比将从 17.7% 上升至 32.0%。按照上述人口展望数据设定模型中潜在劳动力和老年抚养比的变化路径，其他冲击保持自然收敛状态。模型条件预测显示，潜在劳动力变化条件下，2035 年我国潜在增长率将下降至 3.9% 左右，2021~2035 年平均增速为 5.1%，较自然收敛情形减少 0.6 个百分点，其中 2025 年后劳动力的加速减少将对经济潜在增长率形成较大冲击。老年抚养比条件下，2035 年我国经济潜在增长率为 5.3%，未来 15 年平均增速为 5.8%，较自然收敛情形仅提升 0.1 个百分点，原因可能在于老龄人群消费对劳动人口消费更多的是替代作用，难以产生较多的增量消费。

在考虑人力资本提升条件下我国经济潜在增长率未来趋势。根据崔吉芳（2019）的研究，2020~2035 年我国适龄劳动人口的平均受教育年限将由 10.7 年提升至 12.4 年左右，增长 16% 左右。由此，假设未来我国劳动力人力资本每年提升 0.1 年，其他冲击保持自然收敛状态。模型条件预测显示，2035 年我国潜在增长率为 4.6%，未来 15 年平均增速为 5.2%，较自然收敛情形减少 0.5 个百分点，这是由于模型中人力资本的自然收敛路径存在高估的情况，现实人力资本增速则较为缓和。

2. 资本因素变化下的经济潜在增长率未来趋势

考虑资本形成效率提升条件下我国经济潜在增长率未来趋势。随着我国供给侧结构性改革的推进以及稳健适度的宏观调控政策的实施，过去较为粗放的投资方式在近年来已得到初步遏止。未来，在结构性信贷政策优化，地方政府、国有企业、房地产等领域预算约束不断硬化的条件下，我国投资的资本形成效率将有较大的提升。假设我国资本形成效率提升 50% 左右，其他冲击保持自然收敛状态。模型条件预测显示，2035 年我国经济潜在增长率为 5.5%，2021~2035 年平均增速为 5.9%，较自然收敛情形提升 0.2 个百分点。

3. 技术因素变化下的经济潜在增长率未来趋势

当前我国技术水平与发达国家相比还有较大提升空间，创新驱动发展战略下我国自主创新能力将持续加强。假设 2021~2035 年我国每年自主创新的技术进步率能够提高 1.0~1.5 个百分点，其中，2021~2025 年提高 1 个百分点，2026~2030 年提高 1.2 个百分点，2031~2035 年提高 1.5 个百分点，其他冲击保持自然收敛状态。模型条件预测显示，2035 年我国经济潜在增长率为 5.8%，未来 15 年平均增速达到 6.2%，较自然收敛情形提升 0.5 个百分点。

在一些发达国家的技术封锁与打压下，未来我国引进技术的份额将进一步减少，这在一定程度上将延缓我国技术的进步。假设我国引进技术的份额缩减 50% 左右，其他冲击保持自然收敛状态。模型条件预测显示，2035 年我国潜在增长率将下降至 4.6%，2021~2035 年平均增速为 5.3%，较自然收敛情形减少 0.4 个百分点。

4. 需求因素变化下的经济潜在增长率未来趋势

2008 年全球金融危机后，外需占我国经济比重逐步下降，2015~2019 年出口平均增速仅为 3.7%。未来，世界经济低迷、贸易摩擦、逆全球化、产业链供应链本土化等现象将更为突出，但在国际分工基本格局保持不变的情况下，随着我国高水平对外开放格局的形成，外需萎缩程度有限。假设 2021~2035 年我国出口增速由 3% 逐步下滑至 -3% 左右，其他冲击保持自然收敛状态。模型条件预测显示，2035 年我国经济潜在增长率为 4.8%，未来 15 年平均增速为 5.4%，较自然收敛情形减少 0.3 个百分点。

扩大内需是未来我国对冲外需萎缩的重要手段。目前，增加消费受我国居民消费偏好较低、未来人口呈下降趋势、城乡发展不平衡、收入分配结构失衡等问题掣肘，内需的增长点可能在于通过产品创新、市场规范、消费者权益保护等手段提升我国商品质量，加大有效供给能力，实现更大程度上的进口替代。假设 2021~2035 年我国产品份额提升 5 个百分点左右，其他冲击保持自然收敛状态。模型条件预测显示，2035 年我国经济潜在增长率为 5.3%，2021~2035 年平均增速为 5.8%，较自然收敛情形增加 0.1 个百分点。

（三）综合各项因素变化下的经济潜在增长率未来趋势

综合上述所有因素变化条件，可得到2021～2035年我国经济潜在增长率趋势。模型综合条件预测显示，2035年我国经济潜在增长率为3.7%，未来15年平均增长率为4.8%。从模型对现实增速趋势预测来看，摩擦性因素自然收敛、产出缺口较小的情形下，未来15年平均增速为5.0%，略高于潜在增长率。这主要是因为，潜在增长率受疫情影响较小，2020年依然保持在6%左右，而2020年我国GDP基数较低，随着经济持续复苏，2021年GDP同比增长率可能达到9%左右，拉高了2021～2035年现实产出的平均增长率。依此发展趋势，2035年我国潜在产出将比2020年增加1倍，按不变价计算的2035年经济总量或人均GDP将比2020年翻一番。按当前汇率计算，届时我国人均GDP将达到2万美元左右，步入中等发达国家行列。

分阶段看，"十四五"时期是我国发展的重要时期，经济潜在增长率处于5.5%～5.8%，平均为5.7%。在此期间，潜在劳动力数量增长放缓速度相对较慢，技术封锁、外需萎缩等情况恶化程度较小，随着我国自主创新的推进、人力资本的提升、资本形成效率的改进、内需的扩大等有利因素释放，潜在增长率将基本保持平稳。随着老龄化程度加深，2026～2030年我国潜在劳动力数量下滑速度加快，面临的技术封锁、外贸萎缩等国际形势或将进一步恶化，经济潜在增速将下降至5.15%～4.29%，平均为4.70%。2031～2035年，潜在增速进一步下降至4.15%～3.67%，平均为3.89%。除去2021年现实产出高增长的情况，各阶段现实增速预测与潜在增速预测基本一致（见表1）。

表1 2021～2035年我国各阶段潜在增长率与现实增长率预测　　单位：%

预测	2021～2025年	2026～2030年	2031～2035年	2021～2035年
潜在增长率 （平均）	5.82～5.46 （5.68）	5.15～4.29 （4.70）	4.15～3.67 （3.89）	5.82～3.67 （4.76）
现实增长率 （平均）	9.36～5.33 （6.29）	5.08～4.28 （4.68）	4.17～3.72 （3.93）	9.36～3.72 （4.97）

六、政策建议

当前，我国经济发展面临深刻复杂的内外部环境变化，但仍然处于重要战略机遇期。基于对我国经济潜在增长率影响因素的分析以及未来趋势的预测，总体政策思路为：立足于我国基本国情与经济现实特征，把握新发展阶段，贯彻新发展理念，加快构建双循环新发展格局，促进经济增长动力因素充分释放，并提升宏观调控政策的协调性、精准性、有效性，在提升经济潜在增长率的同时，确保潜在增长率能够充分转化为现实增长率。

第一，针对新冠肺炎疫情对现实经济造成的巨大冲击，需要继续通过积极的财政政策与稳健灵活的货币政策做好稳企业、保就业工作，提升投资、消费信心，扩大总需求，促进现实产出恢复至潜在产出水平，稳定经济增长预期。

第二，针对我国经济潜在增长率下降的趋势，需要围绕深化供给侧结构性改革和扩大内需战略重点，推进产业基础高级化、产业链现代化，完善要素市场化配置机制，提高经济质量效益和核心竞争力，促进经济潜在增长率提升。一是构造现代产业体系，推动经济体系优化升级。加快发展新一代信息技术、新能源、高端装备、绿色环保等战略性新兴产业，促进互联网、大数据、人工智能等同各产业深度融合；加快发展现代服务业，推动生产性服务业向专业化和价值链高端延伸。二是推进要素市场化改革，激发增长内生动力。提升人力资本，建设高质量教育体系，通过深化户籍、土地、社会保障等制度改革促进人才优化配置；提升资本形成效率，优化投资结构，扩大战略性新兴产业投资，激发民间投资活力；加强基础性、前沿性、关键性技术研究，优化科研资源配置与共享，推进产学研深度融合。三是加大有效供给，多举措扩大内需。优化供给结构、改善供给质量，加大进口替代与出口转内销力度，协同推进国内市场和贸易强国建设，提升供给体系对需求的适配性；加快释放内需潜力，收入分配向中低收入群体倾斜，开拓城乡消费市场，推动发展"银发经济"，促进绿色、健康、安全消费。

第三，针对经济现实增长可能低于潜在增长的情形，需要通过加强宏观调控和减少市场摩擦的方式，缩小产出缺口，促进潜在产出有效转化为现实产出。产出缺口的缩小，也有助于树立良好的经济发展预期，促进经济潜在增长率保持平稳。一方面，完善宏观经济治理，优化宏观调控机制，提高逆周期调节能力，并重视预期管理。加强财政资源统筹，强化绩效管理，完善货币供应调控机制，健全市场化利率形成和传导机制，提升财政政策与货币政策的灵活性与适应性，为实体经济发展提供良好的财税金融环境。另一方面，进一步健全市场运行机制，减少垄断与摩擦，维护劳动者、消费者权益，促进弹性价格形成，降低全社会交易成本，提升市场运行活力。

参考文献

［1］蔡群起、龚敏：《中国的自然利率有多高——基于 DSGE 模型的再估算》，《财贸研究》2016 年第 6 期。

［2］崔吉芳：《2020—2035 年我国人力资源总量增长潜力及各级教育的贡献——基于教育人口预测模型的实证分析》，《教育研究》2019 年第 8 期。

［3］陆旸、蔡昉：《从人口红利到改革红利：基于中国潜在增长率的模拟》，《世界经济》2016 年第 1 期。

［4］易纲：《再论中国金融资产结构及政策含义》，《经济研究》2020 年第 3 期。

［5］Anderton R，Elding C，Haroutunian S，et al.，"Potential Output from a Euro Area Perspective"，*ECB Occasional Paper Series*，No. 156，2014.

［6］Adolfson M，Laseen S，Linde J，et al.，"Evaluating an Estimated New Keynesian Small Open Economy Model"，*Journal of Economic Dynamics & Control*，Vol. 32，No. 8，2008，pp. 2690-2721.

［7］Bouis R，Cournède B，Christensen A K，"Implications of Output Gap Uncertainty in Times of Crisis"，*OECD Economics Department Working Papers*，2012.

［8］Gali J，Monacelli T，"Monetary Policy and Exchange Rate Volatility in a Small

Open Economy", *Review of Economic Studies*, Vol. 72, No. 3, 2005, pp. 707-734.

［9］Heimberger P, "Potential Output, EU Fiscal Surveillance and the Covid-19 Shock", *Intereconomics*, Vol. 55, No. 3, 2020, pp. 167-174.

［10］Smets F, Wouters R, "An Estimated Dynamic Stochastic General Equilibrium Model of the Euro Area", *Journal of European Economic Association*, Vol. 1, No. 5, 2003, pp. 1123-1175.

［11］Smets F, Wouters R, "Shocks and Frictions in US Business Cycles: A Bayesian DSGE Approach", *American Economic Review*, Vol. 97, No. 3, 2007, pp. 586-606.

［12］朱军:《技术吸收、政府推动与中国全要素生产率提升》,《中国工业经济》2017 年第 1 期。

谁在用现金？
——北京市现金使用群体分析

马玉兰　等*

在移动支付等非现金支付方式日益普及的情况下，北京市现金投放回笼数量虽持续下降，但绝对数量仍然很大。为了摸清"谁在用现金"这个基础性问题，本文对 7 家商业银行、3 家企业和 2 万余名居民进行了走访调研和问卷调查，分析各行业、各居民群体现金使用特征和行为偏好。调查结果显示：不同行业呈现具有特异性的现金使用模式；居民是现金使用的最主要群体，现金交易以较小面额为主，用途集中于消费购物和人情往来，当前公众对现金卫生问题关注度高，年龄成为居民现金使用行为最主要的影响因素；大额存取现值得关注。我们建议建立现金使用大数据平台，实现精准化现金服务，完善突发卫生公共事件现金保障机制，加大反假货币力度，加快推进大额现金管理工作。

一、近年来北京市现金运行的基本情况

（一）北京市现金运行基本情况

1. 现金需求逐年下降

在中国人民银行发行库层面，2010~2019 年，北京市发行基金投放量降幅达 34.53%，发行基金回笼量降幅达 39.39%。发行基金投放、回笼量不断减少，流通量增长速率逐步变缓。特别是在 2020 年 2~3 月新冠肺炎疫情暴发期间，北京市发

* 马玉兰，中国人民银行营业管理部副主任。参与成员：郑林媛、卫宏泽、胡月、王超。其中：郑林媛、胡月、王超，供职于中国人民银行营业管理部货币金银处；卫宏泽，供职于中国人民银行中关村中心支行。

行基金投放数量较 2019 年同期下降了约 40%，回笼数量下降了约 60%。在商业银行层面，自 2015 年开始，北京市各银行对外现金收支规模呈逐年下降的趋势。

与此同时，北京市供应旺季的现金需求同样呈逐年下降趋势。2020 年供应旺季①（1 月 1~23 日），北京市投放发行基金较 2019 年度供应旺季（1 月 1 日至 2 月 3 日）减少 17.92%；回笼发行基金较 2019 年度供应旺季减少 34.56%；净投放发行基金较 2019 年度供应旺季减少 14.10%，降幅进一步增大（2019 年较 2018 年减少了 5.67%）。

2. 现金绝对量仍将维持相当长一段时间

从全国货币供应量来看，近年来我国流通中的现金（M_0）占 GDP 比重在逐年下降（在 1993 年达到拐点 16% 后，基本保持持续下降的趋势，2019 年降至 8%），这是我国货币政策实施、货币发行、经济增长综合作用的结果。尽管我国 M_0/GDP 持续下降，但是 M_0 仍在逐年上升，依然维持在较高水平（2016~2019 年，我国 M_0 分别为 6.83 万亿元、7.06 万亿元、7.32 万亿元、7.72 万亿元），表明我国经济社会发展依然需要现金。

从北京地区货币供应量来看，虽然经济社会发展对现金的需要程度在下降，但是近年来北京市现金供应一直呈现净投放的趋势。这表明，作为主要支付工具，现金在北京仍然存在较强的刚性需要。2009~2016 年，现金净投放逐年增加。2015 年，北京市现金投放量和回笼量出现双降，且回笼下降量更为突出；2016 年，现金投放量、回笼量进一步下降，但北京市现金净投放异常增长，创下了 556.50 亿元的历史新高，首次突破了 500 亿元②；2017 年、2018 年、2019 年现金净投放连续三年负增长，主要是非现金支付工具快速发展对流通现金替代作用所致。

---

① 现金供应旺季自元旦至春节放假前最后一个工作日。

② 2016 年，全国现金净投放也大幅增长，增幅高达 72%，经分析，可能是受多种因素的综合影响：农副产品收购价格上涨，持现机会成本降低；我国加大精准扶贫、棚户区改造等民生工程力度，推动了中低收入人群现金需求增长；不少企业为规避高税费而大量使用现金；境外人民币现金流通增加；等等。

（二）北京市现金运行特点

1. "节前大投放、节后大回笼"趋势明显，春节投回规模占比逐年上升

从 2018 年 2 月至 2019 年 6 月①现金运行的趋势看，北京市全年的现金运行模式呈现"投放—回笼—投放—回笼—投放"五个明显节点。元旦、春节、国庆期间的现金投放量在节后 2~3 个月内基本全部回笼，即年后回笼总量已经与年前投放总量持平，并出现拐点，全年现金运行方向由投放转为回笼，回笼持续到 5 月。

春节前后现金"大投放、大回笼"现象基本自上年 12 月持续至当年 3 月，按此计算，近年来春节前后现金投回规模在全年的占比由 2013 年的 44.6% 上升至 2018 年的 50%。同时，非旺季小长假对现金投放拉动作用明显减弱。自 2008 年实行小长假政策以来，2018 年清明节前首次未出现现金净投放；"五一"国际劳动节、端午节前现金净投放较上年分别下降 53%、35%，上述节日前现金净投放均趋于小长假实施以来最低，节日效应逐渐淡化。上述现象均说明春节以外日常时期现金投放趋弱。

2. 北京作为首都的"四个中心"定位，对现金运行产生明显影响

2014 年以来，习近平总书记多次就做好北京发展和管理工作提出重要指示：坚持和强化首都全国政治中心、文化中心、国际交往中心、科技创新中心的核心功能。与此同时，以疏解北京非首都核心功能为契机，推动京津冀协同发展。上述定位和发展规划，对北京市现金运行产生明显影响。

一是低端产业持续外迁，减少现金使用场景。近年来，动物园批发市场、大红门服装批发市场等低端产业持续外迁，一些街道和小区的菜市场也随着政策实施被疏解，现金使用场景大量减少了。据调查，动物园批发市场外迁后，周边银行网点现金收入下降幅度较大，有的网点下降比例达到 30%。二是产业结构以科创型、服务型产业为主，现金需求较少。2019 年，北京全市固定资产投资同比下降 2.4%，

---

① 受新冠肺炎疫情影响，2020 年 2 月后，中国人民银行营业管理部增加了原封新券的投放，降低了现金回笼的速度。因此，为更真实客观地反映现金运行实际变化，我们选取了 2018 年 2 月~2019 年 6 月的数据进行分析。

其中房地产开发投资下降 0.9%；分行业来看，租赁和商务服务业增长 1.6 倍，文化、体育和娱乐业务投资增长 77%，科学研究和技术服务业增长 27%。从上述数据可以看出，投资比例增长的产业均为现金需求较少的行业，而传统的房地产开发多为有较强现金需求的产业。三是人口数量呈现下降趋势，使用现金群体规模将减少。2019 年末，北京市常住人口数量为 2153.6 万，较 2018 年末减少了 0.6 万人，这已经是连续两年常住人口数量呈现下降趋势，预计这种趋势仍将持续。人口规模减少降低了个人、自助机具、银行网点、各类单位为满足交易需求而持有的现金量，并且对现金需求产生持续影响。四是以大兴机场、冬奥会场馆建设为代表的基建类项目，使现金的使用仍保持一定规模。在对北京三泰建设工程公司、北京国英建筑劳务公司的调研中了解到，当前建筑类企业在储备应急款项、结算工人工资时，现金仍占有较大比重，这种现象不会随着支付环境的变化而改变。因此，未来北京市以轨道交通、市郊铁路等为代表的基建类项目，仍将使现金的使用保持一定的规模。

综上所述，在北京作为"首都核心"的定位背景下，预计未来现金需求数量将略有下降，但依旧保持较大规模，且仍以净投放为主。

二、北京市行业现金使用情况分析

（一）行业现金收支整体情况

北京市各行业对公客户现金收入及支取占全部现金支取的比例约为 10%，趋势较为平稳。以 2020 年第一季度统计数据为例，北京市对公客户收入占全部现金收入比例为 11.9%，对公客户支出占全部现金支出比例为 13.45%。

2019 年，在已统计的银行业金融机构中，对公客户现金收入（见图 1）主要来自金融业，交通运输、仓储和邮政业，卫生和社会工作，以及批发和零售业；对公客户现金支出（见图 2）主要来自居民服务、修理和其他服务业，建筑业，金融业，交通运输、仓储和邮政业。

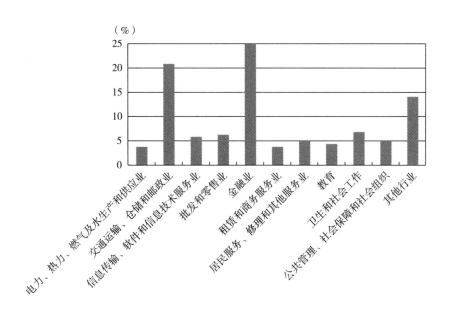

图 1 2019 年北京市金融机构对公客户现金收入行业分布情况

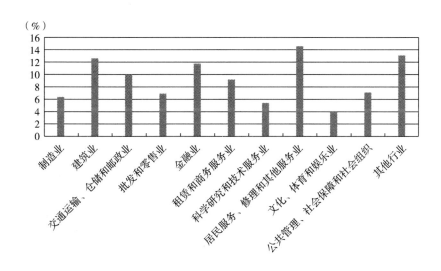

图 2 2019 年北京市金融机构对公客户现金支出行业分布情况

（二）行业现金使用特点分析

为了进一步掌握各行业现金使用的特点，我们采取整群抽样的方式，对中国工商银行北京市分行现金使用量较大行业的对公客户 2019 年现金收支情况进行统计（见表 1、表 2），并对其行业用现特点进行了分析。

表 1　2019 年中国工商银行北京市分行重点行业现金收入情况

行业名称	收入总额（万元）	交易笔数（万笔）	平均交易金额（元/笔）
金融业	837697.84	4.44	188670.68
交通运输、仓储和邮政业	666267.05	34.38	19379.50
卫生和社会工作	178197.65	5.56	32049.94
批发和零售业	152679.32	41.33	3694.15

表 2　2019 年中国工商银行北京市分行重点行业现金支取情况

行业名称	支取总额（万元）	交易笔数（万笔）	平均交易金额（元/笔）
居民服务、修理和其他服务业	322889.89	4.65	69438.69
建筑业	204222.66	1.10	185656.96
金融业	200329.9	0.20	1001649.50
交通运输、仓储和邮政业	309247.8	6.05	51115.34

1. 金融业

通过金融业单笔交易金额可以看出，无论在现金收入还是支取上，都以"大额少笔"为主，这主要是因为金融业中现金业务以银行同业间现金存取为主，该部分现金基本为行业间流通，进入流通领域较少。

2. 建筑业

该类企业单笔交易金额较高，主要与建筑企业现金用途有关。在对北京市部分建筑类企业及其劳务公司的调研中发现，建筑类企业现金的最主要用途为发放工资以及应对突发事件备用，因此在提取现金时数额较大。当前农民工工资发放基本上采取"按月发放生活费、按年支付清算工资"的模式，因此，建筑业在工资性现金支取中呈现明显的节律性特征，即企业用现高峰与旺季现金供应季重合，部分企业春节前夕取现量多于其他时间段取现量的总和。

3. 交通运输、仓储和邮政业

在该类企业中，地铁、公交公司和邮政服务较具代表性。地铁自动售票设备主要接受纸、硬币收款，找零需要大量 10 元以下的小面额现金，公交公司则大量回笼 1 元、5 角纸（硬）币，同时两者都会因充值业务回笼一定数量的大面额现金。这两类企业都是现金回笼，在小面额券别资源优化配置上有较强的互补性。互联网的普及对邮政行业发展具有显著的带动效应，邮政业中的快递业收款、找零也需要大量的中小面额现金，这进一步促进了现金的大量回笼。

4. 卫生、社会工作行业

该行业现金收入主要源于住院收入、门诊收入、医疗药品收入等方面。目前，北京市大型医院广泛应用微信挂号、扫码缴费等方式，现金收入大幅减少，但受限于就医群体老龄化和移动支付普及范围，且医院退还患者费用也大多需使用现金，导致医院中现金的使用比例仍然较为平稳。调查显示，该行业现金流基本稳定，无明显周期性规律，对零辅币有较强依赖性，且所需券别种类齐全。

5. 批发和零售业

批发和零售业涉及居民生活消费各方面，其客户中有相当部分使用现金结算，而其上游供货商以转账结算为主，因而整体多表现为现金净回笼，且单笔交易金额较小。在北京，批发和零售行业以大型商场、汽车销售、金属材料等资源性商品销售为主。调查显示，该类企业现金流相对稳定，受节假日等因素的影响有固定周期性变化规律，大面额现金回笼量较大，对 10 元以下的中小面额现金需求量较大且存在长期依赖性。

三、北京市居民现金使用情况分析

（一）居民现金收支整体情况

居民个人客户现金支取是现金支取的最主要组成部分。从 2020 年第一季度北京现金收支情况来看，个人客户现金交存和支取分别占到全部存取金额的80.52%和79.4%。对2020年2月北京市部分商业银行大额存取款客户（含公司、个人客户）的调查显示，存款和取款金额前100位的客户中，个人客户分别占有29位和40位，当月累计存取款金额均在100万元以上。

（二）居民现金使用特征分析——基于问卷调查结果

为了解居民现金使用基本情况及对现金的真实需求，本文采取纸质问卷与网络问卷相结合的形式，依托"中国人民银行北京市青年联合会"微信公众号及部分商业银行，以非随机抽样调查与主动参与调查相结合的方式，向北京地区居民发放《北京市现金使用情况调查问卷》。本次调查共历时20天，经汇总整理的有效问卷共计24293份，参与调查人数占北京市常住人口的比例约为1.12‰，参与调查的样本信息如表3所示。根据问卷调查结果，本文对相关数据进行了分析。

表3　参与《北京市现金使用情况调查问卷》的样本信息

类别		样本量	占比（%）
性别	男	10256	42.2
	女	14037	57.8
年龄	25岁（含）以下	2857	11.8
	26~35岁（含）	7764	32.0
	36~45岁（含）	4918	20.2
	46~60岁（含）	5413	22.3
	60岁以上	3341	13.8
受教育程度	大学专科以下	5894	24.3
	大学专科	4460	18.4
	大学本科	11731	48.3
	博士或硕士研究生	2208	9.1
所在区域	北京市三环（含）以内	4432	18.2
	北京市三环至五环（含）	7395	30.4
	北京市五环外	12466	51.4

续表

类别		样本量	占比（%）
月收入	5000 元（含）以下	7471	30.8
	5000~10000 元（含）	10956	45.1
	10000~20000 元（含）	4333	17.8
	20000 元以上	1533	6.3

1. 居民现金使用数量明显减少，卫生问题成为关注焦点

调查显示，从"新冠肺炎疫情防控期间居民使用现金数量变化"来看，选择"减少"的占 71.8%，选择"持平"的占 24.4%，选择"增长"的占 3.8%。在对居民"近期使用现金消费的笔数"调查中（见图 3），有 46.9% 的被调查者选择"0笔"，24.6% 的被调查者选择"1 笔"，选择"2 笔"及以上的合计为 28.5%。

5笔（含）以上	1139	4.7%
4笔	755	3.1%
3笔	1897	7.8%
2笔	3135	12.9%
1笔	5979	24.6%
0笔	11388	46.9%

图 3 "近期使用现金消费的笔数"调查结果

从"对现金使用量下降的原因"调查结果来看，选择最多的为"不卫生"，占比为 71.9%，其次为"交易烦琐"和"携带不便"，占比分别为 53.6% 和 52.5%。部分被调查者表示"因对现金携带病毒有所顾虑，日常交易时更倾向于非现金支付"，以及"在没有明确证据表明现金上不会携带之前，均不会使用现金交易"。

2. 现金交易集中于较小数额，100 元、10 元券别最受欢迎

从"在支付金额为多少时，你会选择现金/银行卡/移动支付（多选）"的调查结果来看（见图4），选择现金支付的集中于较小金额，以 500 元以下为主，其中选择"均不使用"的占比为 30.1%；银行卡支付集中于较大金额，5000 元以上的占比为 85.5%；移动支付适用范围最广，各金额区间选择数量均超过 25%，且处于"100 元以下""100~500 元""500~1000 元"三个区间，占比均超过 50%。

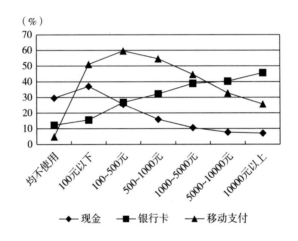

图 4　不同支付方式交易金额特征分析

从"纸币和硬币更喜欢使用哪一类"调查结果来看，选择"纸币"的占比 66%，选择"都不喜欢使用的"占比 18.5%，选择"都喜欢使用的"占比 10.8%，选择"硬币"的占比 4.7%。部分被调查者表示："硬币由于重量大、面额小，需要专门的钱包或零钱包携带，所以使用频率最少。"

从"使用频率排在前两位的券别"调查结果来看（见图5），使用频率较高的为 100 元及 10 元券别，占比分别为 63.9% 和 34.8%；使用频率最低的为 5 角及以下面额，占比仅为 2.7%。

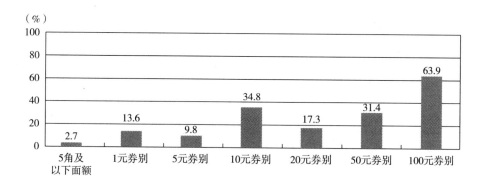

图5 "使用频率排在前两位的券别"调查结果

3. 现金用途主要集中于消费购物和人情往来

从"使用现金的主要用途（多选）"调查结果来看（见图6），排在前三位的分别是"日常生活用品采购""停车费/过路费""礼金红包"，选择比例分别占参与调查人数的38.6%、33.9%和32.9%。部分被调查者表示，"移动支付时常受到网络信号影响，身上会常备一些现金用于购物""采用现金方式给予礼金、发放红包较其他支付方式更具有存在感和厚重感""部分行政事业收费，如医院挂号、车辆管理所交验车押金等，都必须要求使用现金"。

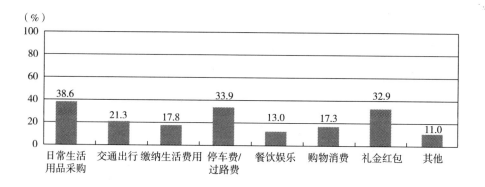

图6 "使用现金的主要用途（多选）"调查结果

4. 年龄成为影响居民现金使用行为的最主要因素

在分析年龄、学历、收入、居住区域等个人因素对现金使用行为影响时，运用 Speraman 系数①对日常携带现金金额、日均现金支付笔数两项现金使用行为进行研究。

如表 4 所示，分析结果表明，年龄是影响居民携带现金金额、日均现金使用频率的最主要因素，其次为学历、月收入、居住区域。其中：年龄、居住区域与其为正相关关系，即年龄越大、居住区域越远离市中心，携带现金、使用现金的数量、频次越多；学历与月收入与其为负相关关系，即学历越高、月收入越多，携带现金、使用现金的数量、频次越少。

表 4　个人因素对现金使用行为影响程度分析

	年龄	学历	居住区域	月收入
日常携带现金金额	0.191	−0.113	0.02	−0.049
日均现金使用频率	0.34	−0.33	0.12	−0.243

（三）居民现金存取习惯行为分析——基于 ATM 使用者画像分析

1. 对 ATM 现金存取的调研

ATM 是群众办理小额现金存取的主要渠道。通过对中国工商银行北京市分行 2019 年的 8500 万笔业务数据进行分析发现：一是存取行为男女有别。从用户性别上看，男性人数比女性略少 3.6 个百分点，但其存取款金额比女性高出 116.3 亿元。在结果上，男性净取现金 27.3 亿元，女性净存现金 260.3 亿元。二是使用人群后继乏力。如图 7 所示，从年龄上看，30~60 岁年龄段人数与金额占比约七成，

---

① Spearman 系数是衡量两个变量依赖性的非参数指标。它利用单调方程评价两个统计变量的相关性，当两个变量完全单调相关时，Spearman 系数为+1 或 −1。

是使用现金的主体。覆盖"90后""00后"等群体的18~30岁用户人数占比仅15.5%,在人数占比上比相邻的30~40岁年龄段下降了11.4%,现金存取金额下降了70.4%。这预示着未来现金使用人群会明显萎缩。三是职业分布事业单位和自由职业靠前。除其他行业外,排名靠前的职业有事业单位员工(11.1%)、自由职业者(含个体户,11.0%)、旅游饭店行业员工(6.6%)、公务员(4.8%)、工人(4.5%)、金融从业人员(3.9%)、制造业职员(3.5%)。四是夜间存取数量可观。晚6点至晚12点时段发生的现金存取笔数占比为15.0%。因此,夜间存款的小商户等客户的安全防护不能放松。

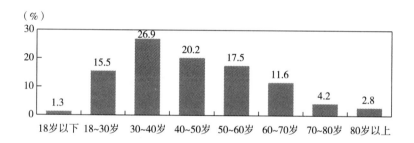

图7　ATM现金存取用户年龄分布

2. 对个人大额存取现金的调研

通过对个人业务业内领先的招商银行北京市分行个人大额现金存取数据进行分析发现:一是大额现金存取必要性不强,企业主大额存取现金值得关注。前100名大额存款金额从400元到1500万元不等,年龄为7~83岁,多为整捆交存,凭冠字号码不能反追取款账户,从封签看既有本地也有外地,来源自称卖房款、还款、薪资收入等,存入后去向依次为转账、理财、基金、存款。前100笔大额取款金额为333万~1200万元,年龄为8~71岁,去向自称消费、发薪、还款。从银行反映和天眼查数据看,大额现金存取人员中一部分为私营企业主或公司高管。从当前的支付环境以及所称用途来看,这些大额现金存取的必要性不强。二是未来大额现金管理业务量可控。单笔 20 万元以上存取现 9.6 万笔，占比为 4.5%；单笔 30 万元以上存取现 5.3 万笔，占比为 2.5%。据此，若北京参照深圳、浙江选择 20 万元或者 30 万元作为对私大额现金管理起点，银行的工作增量可控。

四、政策建议

（一）坚持"需求管理"理念，提高现金供应科学化水平

建立多元化的现金使用反馈机制，完善现金使用行为抽样调查，依托支付日记账、"行业龙头"现金定向监测机制等形式，掌握一手资料，将 ATM 存取数据纳入大数据规划，持续采集，将其作为研判现金使用、流通形势的重要依据。针对不同地域、年龄等群体需求，采取适当的现金供应方式，如在北方地区适度加大纸币的投放力度，进一步强化老年人较多的老城区、远郊区县的现金供应，加大重点地区 ATM 机具的布放等。

（二）建立突发卫生公共事件现金保障机制

调查结果显示，新冠肺炎疫情防控期间，居民对现金的卫生情况尤其关注，卫生安全性成为影响现金使用的最主要因素。因此，应建立适应地区特点的突发公共卫生事件现金保障机制，疫情防控期间，协调区域现金供应联动，加大原封新券投放力度，采取科学方式对回笼现金进行消毒处理，加强宣传引导，消除公众顾虑。

（三）加大反假货币力度，保障居民现金使用权益

强化人民币防伪知识宣传，提高居民识假、反假能力，联合公安部门开展打击假币专项行动，消除假币犯罪土壤。畅通现金使用渠道，依法整治拒收现金行为，维护现金的法定支付地位，保障居民合法权益。通过"以新逐旧"的方式，加大残损币的回收力度，不断提高流通中人民币整洁度，让公众"敢用钱、用新钱"。

（四）推进大额现金管理

通过对比调查结果与 2020 年 2 月北京市大额客户的存取款情况发现，有相当

一部分大额现金去向难以解释。中国人民银行应全面推广大额现金管理制度，将大额现金管理纳入对银行业金融机构的考核，督促商业银行落实现金管理和反洗钱工作要求，引导商业银行建立大额现金流通内控制度，提高员工对该项工作的重视程度；加快现金冠字号码集中，扩展冠字号码应用，对成捆现金实现二维码追踪，防止冠字号码因打捆而中断，让冠字号码成为压缩不合理现金使用的"撒手锏"；发挥大数据作用，与税务等其他部门共享资源，通过比对数据及时发现偷税漏税等违法行为；营造合理使用现金的社会氛围，优化现金服务，不断提升大额现金管理水平。

国际原油价格波动对我国宏观
经济的影响研究

刘玉苓　等*

国际油价跌宕起伏对我国宏观经济的影响日益凸显。本文在对我国原油进口和消费情况进行定性分析的基础上，运用结构向量自回归（SVAR）模型和动态随机一般均衡（DSGE）模型等方法，分析国际原油价格波动对中国宏观经济的影响。结果表明：国际原油价格波动是宏观经济的重要外生冲击，是引起产出、投资、消费、通货膨胀、国际收支等经济变量产生波动的重要影响因素。为此，我们建议转变经济增长方式，促进经济集约化发展，贯彻绿色发展理念，建立健全原油战略储备体系，大力发展原油期货市场以及加强对国际原油价格的监测预警，有效隔离原油价格外部不确定性冲击对我国经济的影响。

一、引言

原油是主要能源之一，大量研究发现，原油价格波动对经济而言是重要的外生冲击，且随着世界经济发展阶段和全球经济环境的变化，其表现形式和影响途径会有所差异。近20年来，国际原油市场的不确定性和挑战与日俱增，国际原油价格波动剧烈。2020年新冠肺炎疫情暴发以来，全球经济遭受重创，原油需求疲软，油价深度下跌。2020年4月20日，美国5月WTI原油期货价格暴跌，收于每桶−37.63美元，这是历史上第一次出现负油价。

* 刘玉苓，中国人民银行营业管理部副主任。参与成员：周丹、卜国军、肖义欢、于静静、陈杨。其中：周丹、卜国军、肖义欢、于静静，供职于中国人民银行营业管理部国际收支处；陈杨，供职于中国人民银行营业管理部经常项目管理处。

目前，中国已成为世界第二大石油消费国和第一大石油进口国，2019 年原油依存度为 70.8%，原油供需缺口不断扩大，原油供给和价格波动受到了越来越多的关注，研究国际原油价格冲击对我国宏观经济影响具有较强现实意义。本文运用 SVAR 模型和 DSGE 模型等方法，分析油价冲击的途径和程度，以期对原油等能源冲击效应形成较深入的系统探讨。

二、文献综述

（一）原油价格波动与实际产出

Hamilton（1983）是较早关注油价波动与美国宏观经济之间关系的学者之一，他研究了石油价格上涨对美国和 OECD 相关国家实际产出的影响，认为石油价格上涨是经济衰退的主要原因之一，并进一步表明 20 世纪 70 年代美国经济出现滞胀是受国际油价冲击影响。Mork（1989）将油价冲击分为上涨和下跌两种情况分别进行考察，发现两者对宏观经济的影响并不完全相同，油价下跌的负面效应相对较小。而 Segal（2007）的研究结果是，并未发现近年来经济下行与油价波动有关。朱启贵等认为，实际产出对油价冲击的反应是先降后升，油价上涨在短期内导致产出下降，但从长期来看并无显著影响。

（二）原油价格波动与通货膨胀

国内学者的研究结果基本都认为国际油价冲击与国内通货膨胀之间存在联系。何启志（2012）用非结构化模型的 VAR 和 BVAR 方法研究了影响中国通货膨胀的国际因素，发现国际石油价格对中国通货膨胀水平有重要影响。方毅等（2013）从外生性和长短期动态乘子角度考察油价对金砖国家经济的影响，认为石油冲击并非是各国经济衰退的主因，但它是形成国内通货膨胀的重要因素。

（三）原油价格波动与货币政策

学者对于货币当局是否应该对国际油价波动做出政策反应形成了两种截然不同

的观点。Bernanke 等（1997）的研究表明，国际油价波动与一国宏观经济之间并无显著关联关系，事实上美联储在应对油价波动时采取的紧缩性货币政策在一定程度上恶化了油价波动本身带来的影响。唐运舒和焦建玲（2012）认为，油价波动对经济产生的影响主要是由央行采取的货币政策应对所致，且紧缩的货币政策会进一步加剧经济衰退。肖强等（2015）认为，货币当局在面对油价上涨导致的滞胀时，更应该采取货币政策应对。

（四）原油价格波动与股票市场

随着石油金融属性的增加以及石油期货市场的日渐成熟，越来越多的人将石油作为投机和避险的交易标的，这间接提高了油价与股票市场的关联性。劳杰男（2008）研究表明，国际油价每上涨 1 个百分点，上证综合指数随之上涨 0.06 个百分点。金洪飞和金荦（2010）研究了不同行业股票收益率与国际油价波动之间的关系，结果表明，除建筑业、公用事业和汽车制造业等以石油为生产投入要素的行业显著受到油价冲击带来的负面效应外，其他行业股票收益率并无明显变化。

三、国内能源消费情况

（一）国内原油进口概况

受国内经济增长和消费增长的共同驱动，我国成为全球最大原油净进口国。自 1993 年成为石油净进口国以来，我国原油进口量逐年增加。据相关数据统计，国内每天生产石油规模约为 500 万桶，但每天消耗的石油数量达 1300 万桶，对外依存度达 60% 以上。2019 年，我国进口原油 48377 万吨，同比增长 11.9%，进口额为 2452 亿美元，占我国进口总额的 11.8%（见图 1、图 2）。

我国原油进口量持续增长，进口额受原油价格影响呈现波动增长（见图 1、图 2）。2000 ~ 2019 年，我国原油进口量增长超 9 倍，平均年进口量同比增速达 12.9%，其中，除 2002 年同比出现负增长外，其他年度原油进口量均为同比正增长［见图 3（a）］。进口额同比变化受油价变动影响较大，2000 ~ 2019 年，我国原

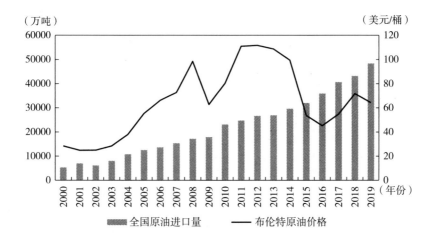

（万吨）　　　　　　　　　　　　　　　　　　　　（美元/桶）

图1　2000~2019年我国原油进口量以及国际原油价格

资料来源：Wind 数据库。

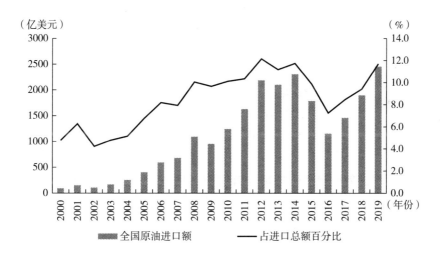

（亿美元）　　　　　　　　　　　　　　　　　　　（%）

图2　2000~2019年我国原油进口额以及占进口总额比例情况

数据来源：Wind 数据库。

油进口额增长超 26 倍，平均年进口额同比增速达 23.1%，其中，2008 年由于布伦特原油期货结算价格同比增长 36%，同期原油进口额同比大幅增长逾 60%，成为近年来原油进口的峰值［见图 3（b）］。

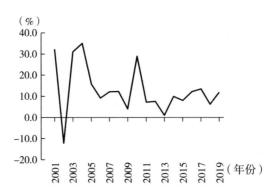

（a）2001~2019年我国原油进口量同比变化情况

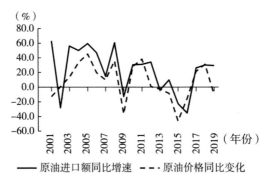

——原油进口额同比增速　---·原油价格同比变化

（b）2001~2019年我国原油进口额及原油价格同比变化情况

图3　2001~2019年我国原油进口额以及国际原油价格同比变化情况

资料来源：Wind 数据库。

　　原油作为重要的基础资源和工业原料，在我国大宗商品进口中稳居第一位。2019 年，我国原油进口额仅次于机电产品、高新技术产品和集成电路，成为第四大进口商品，进口额占全国进口总额的比重为 11.7%。目前，我国原油进口主要集中于伊朗、伊拉克、安哥拉、沙特、俄罗斯、美国、苏丹、巴西等国家和地区。

（二）国内能源消费情况

　　2019 年，石油消费占全国能源消费比例近两成。如图 4 所示，从我国能源消费情况来看，2000 年以来能源消费逐年增加，2019 年全国能源消费总量为 487000 万吨标准煤，其中煤炭消费、石油消费、天然气消费以及水电等能源消费分别为 280999 万吨标准煤、92043 万吨标准煤、39477 万吨标准煤和 74511 万吨标准煤，占能源消费的比重分别为 57.7%、18.9%、8.1% 和 15.3%，煤炭仍是我国最主要的能源，但煤炭消费量呈下降趋势，而石油消费则呈现逐年增长趋势，天然气及水电等清洁能源的消费也呈上升趋势。

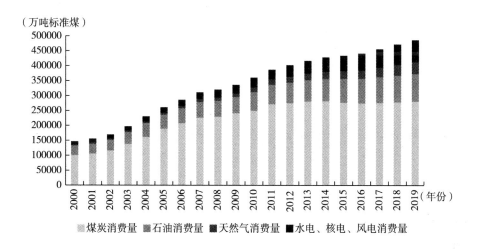

图 4 2000~2019 年我国能源消费量

资料来源：国家统计局。

原油消费仍呈现逐年增长趋势。如图 5 所示，从能源消费增速来看，2001~2019 年，能源消费增速整体呈下降趋势。2004 年能源消费增速为 16.84%，2015 年降至 1.35%，2019 年能源消费增速为 3.19%。天然气和水电等清洁能源的增速整体高于石油和煤炭，煤炭消费的增速最慢，一度降为负值，这表明在绿色发展理念下，我国能源消费结构不断改善。石油消费增速维持在 5% 以内，依然保持每年正增长的趋势，我国经济发展对原油的消费需求仍较大。

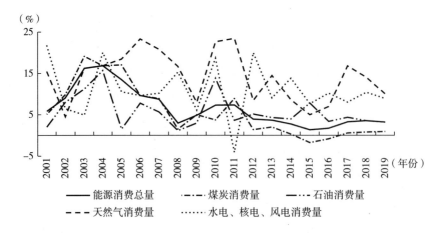

图5　2001～2019年我国能源消费增速

资料来源：国家统计局。

四、原油冲击对宏观经济影响研究

现有研究表明，国际油价波动主要是通过影响 CPI、实际产出、货币需求以及资产价格等方面影响宏观经济运行。

（一）SVAR 理论模型的构建与估计

为有效分析原油对我国宏观经济发展的具体影响效应，在经验事实基础上，我们将进行实证分析。为分析不同变量之间的相互影响，本文构建了 SVAR 模型。

我们假定原油（Brent）价格是由国际市场决定的，在模型中属于外生变量，而规模以上工业增加值的增长率（gy）、广义货币供给增速（gM2）、通货膨胀率（CPI）、原油依存度（Depend）、贸易差额（Import）、上证综合指数（sz）均为模型的内生变量，根据以上变量构建 AB 型的 SVAR（7）模型①。

1. 脉冲响应分析

脉冲响应结果（见图6）显示了在受到1单位标准差的石油价格冲击后，各变

---

① 本文的 SVAR 模型构建借鉴陈强的《计量经济学及 Stata 应用》一书。

量作出的反应。纵坐标表示各内生变量对冲击响应的程度大小，横坐标表示时间，考察影响时滞，实线表示脉冲响应函数，阴影表示正负两倍标准差偏离带，选取 8 期进行分析。

（1）国际原油价格对产出的影响。

从图 6 可知，受 Brent 原油价格 1 单位标准差冲击后，产出首先是正向响应，并在第 2 期达到最大，在第 3 期为负，从第 4 期开始影响效应在波动中趋于稳定。这表明油价上涨在初期反而使产出增加，产出下降的影响到第 3 期开始显现，呈现明显的滞后性。这可能的原因是，国内的原油价格调控滞后于国际市场，且存在相应的管制措施，同时国内生产的调整也需要一定时间，故油价波动对国内经济影响存在一定的滞后性，油价上涨没有引起国内产出的迅速降低。

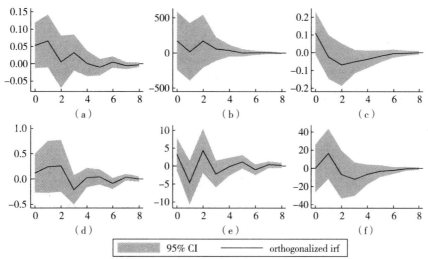

Graphs by irfname, impulse variable, and response variable

图 6　SVAR 脉冲响应

（2）国际原油价格对通货膨胀的影响。

脉冲响应结果表明，受 Brent 原油价格 1 单位标准差冲击后，CPI 首先是正向响应，并在第 1 期达到最大值 0.7，在第 2 期降为 0，第 3 期再次反弹至 0.25，从第 4 期开始影响效应在波动中趋于稳定。这是因为原油作为主要的生产原材料之一，其价格上升会直接导致原材料和燃料成本上升，进而引起物价水平的整体上涨，也即原油价格上涨给我国带来了输入型通货膨胀。政府的调控可能会在短期内降低通货膨胀水平，但是原油价格上涨带来的相关成本上升仍会导致通货膨胀水平的上升。

（3）国际原油价格对原油依存度的影响。

我国经济快速发展，但受我国原油产能的限制，原油消费需求对进口依赖程度较高，未来随着原油进口量增加，油价波动对我国经济的影响会更大。脉冲响应结果显示，受 Brent 原油价格 1 单位标准差冲击后，原油对外依存度变量第 1 期影响较小，在第 2 期达到最大值，第 3 期影响降低，从第 4 期开始影响效应逐渐趋于稳定。一般情况下，随着国际原油价格上涨，原油进口会减少，原油依存度会有所降低，但脉冲响应结果与此不符。这可能的解释是，原油是工业生产重要的原材料，需求具有一定的惯性，即使价格上涨，工业企业也不能迅速地调整原油需求。

（4）国际原油价格对广义货币供给的影响。

脉冲响应结果表明，受 Brent 原油价格 1 单位标准差冲击后，广义货币供给变量第 1 期响应为负，在第 2 期负向影响达到最大值，第 3 期影响效应降低并逐渐趋于稳定。这表明，国际原油价格上涨后，为应对输入型通货膨胀，货币当局宏观层面货币供给减少，随着油价上涨带来的通货膨胀逐渐被消化、物价和消费逐渐平稳，货币政策再度回归正常。

（5）国际原油价格对上证指数的影响。

上证指数较好地反映了我国金融市场运行情况，受 Brent 原油价格 1 单位标准差冲击后，上证指数第 1 期呈现正向响应，第 2 期为负向响应，第 3 期负向响应达到最大，第 4 期负向响应减少，从第 5 期后油价冲击的影响效应逐渐消失。国际油价上涨，可能是全球经济发展良好带来原油需求增加，因此，在原油价格上涨的初期，由于国际经济形势的向好，国内股市会随之上涨，但一段时间后，原油价格上涨使工业、交通运输等行业成本增加，在一定程度上影响了经济的发展，股市也会随之下跌。长期来看,油价冲击对股市的影响会逐渐消失,股市的行情取决于行业、企业本身的发展状况。

(6)国际原油价格对贸易差额的影响。

贸易差额是衡量我国对外贸易状况的重要指标,受 Brent 原油价格 1 单位标准差冲击后,贸易差额第 1 期呈现负向响应且为最大值,第 2 期为正向响应,第 3 期为负向响应,从第 4 期后油价冲击的影响效应逐渐消失。由于我国是原油净进口国,当原油价格大幅上涨时,付汇增加,导致进口总额明显增加,在出口不变的情况下,贸易差额减小,即顺差减少,因此呈现负向响应。近年来,随着外汇避险措施增加,原油价格大幅波动带来的支付风险在后期会通过各种措施进行对冲,且政府和企业会灵活调整原油的进出口和储备量,因此油价波动的风险会逐渐降低。

2. SVAR 方差分解分析

本文对 6 个内生变量进行方差分解,进一步分析结构性冲击对内生变量波动的贡献度。由于本文主要研究油价冲击对国内宏观经济的影响,因此,我们重点分析原油对各变量波动的贡献度,结果如表 1 及图 7 所示。

表 1 SVAR 方差分解结果

期数	贸易差额	原油依存度 (Depend)	规模以上工业增加值的增长率 (gy)	通货膨胀率 (CPI)	广义货币供给增速 (gM2)	上证综合指数 (sz)
1	0.0099	0.0034	0.0017	0.0118	0.0159	3.0e-06
2	0.1581	0.0037	0.0050	0.0223	0.0154	0.0062
3	0.0220	0.0065	0.0087	0.0205	0.0196	0.0072
4	0.2337	0.0068	0.0113	0.0230	0.0222	0.0105
5	0.0226	0.0069	0.0111	0.0225	0.0236	0.0115
6	0.0228	0.0069	0.0110	0.0226	0.0240	0.0117
7	0.0232	0.0069	0.0114	0.0227	0.0240	0.0119
8	0.0231	0.0069	0.0115	0.0227	0.0240	0.0119

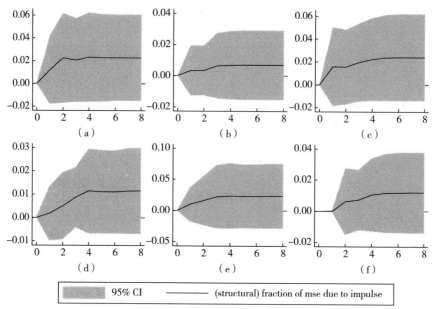

Graphs by irfname, impulse variable, and response variable

图 7　SVAR 方差分解

从方差分解结果可知，原油冲击对规模以上工业企业产出贡献度维持在较低水平，对依存度和证券指数影响较小，但对净出口冲击影响较大，在第 4 期达到最大后才逐渐减小，对 CPI 和货币增速影响也较明显。

从以上脉冲响应结果可知，油价对六个内生变量的波动均有显著的贡献度，表明国际油价波动对国内经济运行产生了较显著的影响。方差分解结果表明，油价冲击虽然对实际产出的贡献度不高，但是考虑到变量取了一阶差分，因此，油价对实际产出的影响仍值得关注。

（二）DSGE 分析

1. 脉冲响应分析

本部分我们将采用 DSGE 模型对原油冲击对主要宏观经济变量的影响做进一步

研究。[①] 根据校准的模型参数值，模拟石油价格冲击、技术冲击对产出、消费、投资、劳动需求、投资回报率、原油需求 6 个宏观经济变量的脉冲响应图（见图 8）。

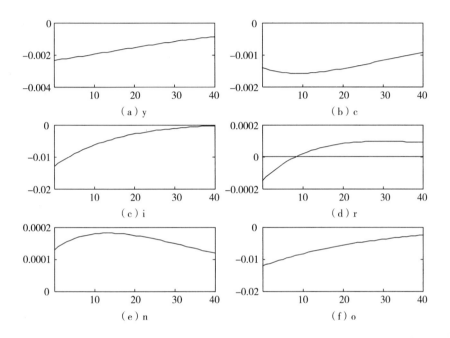

图 8　原油价格冲击脉冲响应

本模型的脉冲响应（见图 8）刻画的是 1% 正向外生冲击对内生变量相对稳态值偏离程度的影响。由图 8 可知，原油价格上涨对国内生产 y_t 迅速产生较明显的负向作用。原油价格每上升 1%，国内产出就会下降 0.23%。原油价格上升导致石油化工等产业的生产成本上升，产量下降。

从我国的产业结构来看，1990~2019 年，第二产业约占到 GDP 的 44%，且以工业为主。原油作为工业的重要投入品，原油价格上涨导致工业生产萎缩，会对我国产出造成较大的影响。由于原油价格上升，原油消费量 o_t 开始就下降了 1.2%。

---

① 此处省略具体模型推导过程。

受原油价格冲击，产出下降的同时，投资也随之减少，投资回报率开始下降至均衡值以下，在第 10 期以后才逐渐恢复。受到原油投入减少的影响，劳动 n_t 作为替代生产要素的投入相应增加。劳动投入的增加降低了劳动的边际生产率，厂商意愿支付的工资水平就会降低，并选择减少产出以避免雇用过多劳动。图 9 中劳动投入在第 14 期增加到最高值之后，逐渐下降。产出减少直接影响居民收入水平，故原油价格每上升 1%，国内消费下降 0.14%。此后，随着受冲击影响的逐渐减弱，原油消费量、产量、投资和居民消费逐步得到回升。

在技术冲击方面，从图 9 可以看出，正向技术冲击对主要经济变量均产生了正向影响。每 1% 的技术冲击，即生产效率提高，最初带来 1.3% 的产量增长，同时带动投资增加 13.1%，原油投入增加 1.3%。产出增长，居民消费随之上升，每 1% 的技术冲击将导致 0.3% 的消费增长。

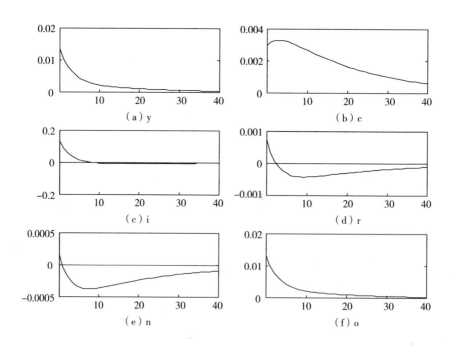

图 9　技术冲击脉冲响应

2. 方差分解分析

下面采用方差分解进一步分析原油价格冲击和技术冲击对主要宏观经济变量波动的影响。表 2 列示了 DSGE 模型各经济变量关于外生冲击的方差分解情况。

表 2   DSGE 模型方差分解结果   单位:%

变量	技术冲击	原油价格冲击
y	81.18	18.82
c	66.06	33.94
i	96.41	3.59
r	89.54	10.46
n	65.43	34.57
o	19.95	80.05

从表 2 可以看出,技术冲击是产出波动的主要冲击因素,对产出波动的解释力度达到了 81.18%,原油价格冲击的解释力度为 18.82%,这表明我国生产技术推动性特征要大于能源推动。原油价格冲击对居民消费和劳动供给波动的影响也相对较大,分别达到了 33.94% 和 34.57%。这与原油主要是作为生产要素投入有关,其价格波动首先是通过影响生产成本来影响生产,再通过收入来影响居民消费。而劳动投入与原油投入具有一定的替代性,特别是在原油冲击早期,生产部门的调整难以到位,两者之间的替代效应更显著。原油价格冲击对投资回报率波动的解释力度为 10.46%,而技术冲击对其解释力度达到 89.54%,说明技术提升带来的效率提高等对投资回报的影响要远大于原油价格提高导致的生产成本增长影响。

五、结论和政策建议

(一) 结论

本文将原油价格冲击引入真实经济周期模型后研究发现,虽然中国经济体系在国际油价冲击面前并不是那么脆弱，但是目前原油价格波动确实已对我国宏观经济造成一定程度的影响。实证研究表明，原油价格每上升 1% 可导致国内产出下降 0.23%；油价冲击对国内消费影响明显，DSGE 模型显示原油价格每上升 1% 导致国内消费下降 0.14%；原油价格冲击是导致劳动供给和国际收支波动的重要因素。SVAR 方差分解结果还显示，油价冲击短期会引起通货膨胀和股市的变化；油价对贸易差额波动的解释力最大可达到 23.4%。

（二）政策建议

原油价格冲击模型及实证分析结果，为我国制定相关经济和能源政策带来一定的启示。尽管我国已成为原油进口和消费大国，但是并不具备国际原油定价话语权，在面临能源价格冲击的同时，还面临着能源效率较低、运输风险和环境污染等方面的挑战。能源对宏观经济的影响不容忽视。为此，我们认为中国的能源政策必须着眼于长远目标，并提出以下建议：一是转变经济增长方式，持续优化经济结构；二是贯彻绿色发展理念，降低石化能源消耗，保证国家能源供应安全；三是建立健全战略储备体系，增强原油供应体系安全性；四是加强对国际原油价格的监测预警，增加宏观决策中能源冲击因子权重；五是大力发展原油期货市场，积极参与国际原油的定价，有效隔离原油价格外部冲击对我国宏观经济的不确定性影响。

参考文献

［1］Hamilton J D，"The Macroeconomic Effect of Petroleum Supply Disruptions"，*Unpublished Paper*，1983.

［2］Bernanke B S，Gertler M，Waston M，"Systematic Monetary Policy and the Effects of Oil Price Shocks"，*Working Paper*，1997.

［3］Mork K A，"Oil and the Macroeconomy When Prices Go Up and Down: An Extension of Hamilton's Results"，*Journal of Political Economy*，Vol. 97，No. 3，1989，pp. 740-744.

［4］Segal P，"Why do Oil Price Shocks No Longer Shocks?"，*Working Paper*，2007.

［5］方毅、于大力、张筱婉：《石油冲击对"金砖国家"经济增长和通胀的影响》，《世界经济研究》2013 年第 5 期。

［6］金洪飞、金荦：《国际石油价格对中国股票市场的影响——基于行业数据的经验分析》，《金融研究》2010 年第 2 期。

［7］劳杰男：《石油价格对上证综合指数有影响吗？——基于 2000—2007 年数据的一个实证分析》，《世界经济情况》2008 年第 5 期。

［8］唐运舒、焦建玲：《油价冲击、货币政策调整与产出波动——基于中国的经验证据》，《经济理论与经济管理》2012 年第 7 期。

［9］吴力波、汤维祺、孙立坚等：《原油价格冲击的动态传导机制——基于中国工业部门的实证研究》，《世界经济文汇》2011 年第 4 期。

［10］肖强、张晓峒、滑冬玲：《国际油价对我国经济冲击的非对称效应分析》，《国际贸易问题》2015 年第 6 期。

［11］朱启贵、段继红、吴开尧：《国际油价向中国通货膨胀的传递及其影响因素研究》，《统计研究》2011 年第 2 期。

［12］何启志：《国际因素有助于中国通胀水平预测吗?》，《管理世界》2012 年第 11 期。

基于金融机构的大数据治理和场景创新应用研究

曾志诚 等*

一、国内金融机构大数据应用发展现状

2019 年 8 月，中国人民银行发布《金融科技（FinTech）发展规划（2019—2021 年）》，指出要加快完善数据治理机制；2018 年 5 月，中国银行保险监督管理委员会（以下简称银保监会）发布了《银行业金融机构数据治理指引》，对银行数据治理能力提出了明确要求。随着金融信息化的飞速发展，金融行业积累了海量数据资源，特别是 2012 年第二代支付清算系统以"一点接入、一点清算"模式上线运行后，极大地推动了商业银行数据大集中的进程。近年来，信息系统基本实现了对业务和经营管理的全面覆盖，资金融通、支付结算等多种交易数据转变成金融数据并得以大量积累，从而为金融行业带来了新的发展机遇和巨大的发展动力。

在大数据时代，如何从庞杂的数据中提取有价值的信息是一个重大课题。随着大数据、人工智能的迅猛发展，相应的工具和服务也开始应用于包括金融行业在内的各个垂直领域，并正在通过消除语言标签、结构化数据和知识图谱的建立，实现大数据的全球化应用，将大数据价值最大化。

———————————

* 曾志诚，中国人民银行营业管理部副主任。参与成员：李海辉、吕伟梅、毛星宇、陈崇、张雪、周凯。其中：李海辉、陈崇，供职于中国人民银行营业管理部支付结算处；吕伟梅、毛星宇，供职于中国人民银行营业管理部清算中心；张雪，供职于中国人民银行营业管理部营业室；周凯，供职于中国人民银行营业管理部货币信贷管理处。

二、商业银行当前大数据应用现状

（一）调查问卷基本情况

为了更深入地了解各商业银行利用大数据技术在金融创新方面的应用和数据治理的水平，我们精心设计了调查问卷，从大数据技术及平台建立基本情况、大数据应用领域及基本案例、大数据技术应用存在的问题及建议等方面出发，向北京地区所有总行及北京分行发放了调查问卷，最终收回有效调查问卷90份。

本次调研覆盖范围广，涵盖中国工商银行、中国农业银行、中国银行、中国建设银行、中国邮政储蓄银行五大行总行及37家在京法人机构，以及53家商业银行北京分行，分类统计如图1所示。其中，中资银行总行18家、外资银行总行19家、中资银行北京分行33家、外资银行北京分行20家。调查中我们看到，中资银行对大数据应用的研究积极性和重视程度非常高，研究投入成本高，多家银行在数据治理和应用方面进行尝试，尤其是大型银行和规模较大的股份制银行在大数据应用和数据治理方面做得较为突出，而外资银行由于国内业务较少、客户量较小，加上资金投入较少，其在大数据领域多数还未实际开展研究。

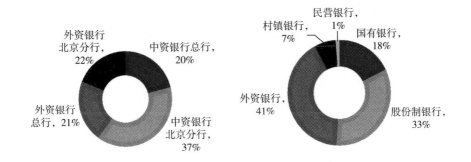

图1　参与调研的商业银行分类统计

（二）多数中资银行建立数据应用标准，外资银行尚在起步阶段

在数据应用标准建立方面，中资银行（包括国有、股份制、村镇、民营）建立数据标准比例明显高于外资银行，多家商业银行总行已建立基于 Hadoop 的大数据应用平台，具体如图 2 所示。

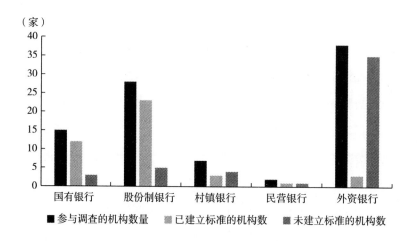

图 2　商业银行建立大数据应用标准的情况统计

（三）多家中资银行已搭建大数据应用平台

在本次调研的 90 家商业银行中，表示已搭建大数据平台和系统的机构达到 47 家，86% 的中资银行已着手搭建或已建成投入使用的大数据应用平台，但外资银行由于在国内业务量小、人员紧张，大数据平台建设尚处研究起步阶段，具体如图 3 所示。

工农中建邮储等大型国有商业银行在大数据应用领域走在前列，搭建的大数据平台已很好地完成了行内外数据的整合工作，并经过数据清洗、建模等基础工作，初步实现各领域个性化的分析、挖掘和数据服务。而中小银行还处于数据整合和初步尝试应用的阶段。

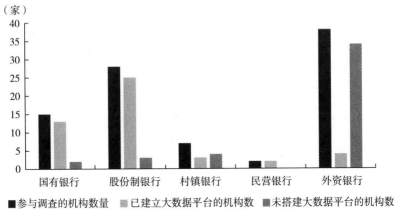

（家）

■ 参与调查的机构数量　■ 已建立大数据平台的机构数　■ 未搭建大数据平台的机构数

图3　商业银行大数据应用系统建立情况统计

（四）商业银行数据治理平台多数采用"外购+定制"开发模式

商业银行数据治理平台底层多数基于科技公司，选取了国内主流大数据治理公司产品，然后根据各行的数据对底层平台进行本地化的定制开发，对数据标准、数据质量和元数据的相关功能进行独立开发。少数银行采用自建系统，主要包含数据标准管理、数据质量管理、元数据管理、电子流程审批等功能模块。

三、大数据治理的难点和挑战

（一）大型银行数据来源广泛，但数据整合处理难度大

各商业银行数据归纳起来主要包括两大类：一是行内业务系统，即来自核心系统、影像集中处理系统、外围系统、信贷系统、供应链金融系统、国际结算系统、管理会计系统、征信系统、客服系统、交易反欺诈系统等各业务源头系统；二是外部获取数据，即基于外部合作或采购等通过外部数据提供方获取数据，如各地政府数据平台、监管、司法、工商、税务、社保、运营商、水电、物业、通信、行业、产业等多方数据来源，也可以来源于企查查、天眼查、企业预警通等第三方独立

平台。

随着线上化场景的普及，对数据处理时效性要求不断提高，合规且可持续大规模应用的外部客户信息采集渠道依然较少，深度应用依然有限。此外，由于内外部数据的数据标准有差异，数据融合应用方面存在困难。

（二）中小银行对政府工商、税务等公共数据获取需求较为迫切

中小银行表示核心企业通常不愿意分享掌握的数据资源，或对分享数据资源持谨慎态度，且存在权威数据提供方短缺，数据准确性、真实性较难核验等问题。例如，票据业务的主要难点在于寻找比较权威的全国性数据源。中小银行对市场监管局提供的工商登记变更基本信息、税务登记基本信息和行政处罚信息，国家共享数据机构提供的涉金融黑名单、失信被执行人名单和异常经营名录等数据需求最为迫切。

（三）外部数据来源广泛，需关注数据跨行业流通及使用风险

近年来，全国金融标准化技术委员会发布了一系列大数据建设标准，包括银行业数据元的设计原理、数据标准、数据标准管理维护等，以及银保监会发布的《银行业金融机构数据治理指引》，规范了银行业大数据应用。关于外部数据，多家银行表示，需特别关注数据来源的合规性，跨行业的数据流通以及数据使用中的信息泄露、信息篡改等数据安全问题。

（四）数据技术有待进一步提升，模型创新性与稳定性有待加强

随着人工智能技术的快速发展和应用，模型准确度和模型可解释性之间、模型性能与模型稳定性之间的矛盾日益突出，需配套灵活迭代的平台管理工具和独立审慎的模型评审规范，才能真正发挥人工智能应用的创新价值。以深度学习为例，深度学习需要通过海量数据进行模型训练，从而不断改进，但"数据孤岛"问题使数据价值难以得到有效释放。

（五）数据应用能力和人才欠缺问题

目前，由于数据来源众多，行内、行外数据质量参差不齐，需要进行专业性较

强的数据清洗与加工后才能使用；在授信环节，多维度的行内数据如何同时用于额度测评，无法由信贷管理人员确定，需进行多维度建模分析。而行内针对大数据应用方面的人才队伍建设不足，导致其数据应用能力欠缺。

四、大数据背景下的金融创新场景分析

商业银行应用大数据将有助于推动金融机构金融产品创新、营销方式转变、客户行为跟踪、经营战略调整、业务风险防控等方面发展。

1. 有利于创新金融产品

随着大数据、云计算、区块链、人工智能等信息技术的突破，并且在越来越丰富的场景中落地，技术引领的创新将带动金融产品的创新和迭代升级，逐步实现线下到线上的转换。与传统的金融产品相比，线上金融产品更高效、更便捷、更智能。我们可以通过全面整合各业务场景的服务入口，打造全渠道获客平台，提高业务处理效率，提升客户满意度。

2. 为精准营销奠定基础

通过分析识别客户圈子，构建客户关系网络，分析客户经营状况和趋势，可以预测客户的金融产品需求与偏好，并结合重点客户的资金上下游优质客户实现链式营销。利用机器学习算法构建客户活跃转睡预测模型和客户活动响应偏好预测模型，并据此精准触达客户，以促进活跃度和提升客户体验为目标深耕客户精细化经营，从而为精准营销奠定基础。

3. 加快银行经营战略的调整

大数据时代，商业银行的运营方式将面临重大变革，主要体现在运营的精细化、虚拟化和科学化。银行将不断减少传统柜台服务，电子渠道将是未来商业银行发展的主流方向。银行将会主动进行大数据化改革，从数据中获取洞察力，实现传统银行向智慧银行的转变。银行的发展战略、业务处理模式都需要向数字化转型，并将数据决策贯穿于银行的营销、管理等运营活动的全过程。

4. 转换风控模式，实现数据共享

数据信息是风险管理的基础，对数据信息的采集、整合及数据挖掘、数据分析的能力决定了银行的风险管控能力。传统的风险管控模式已不能适应业务发展，银行应构建专业的风险数据集市或风险监测平台，统一采集多方信息，包括采集行外第三方信息数据以辅助决策，通过不断完善、丰富风险预警模型实现业务流程的预警自动化管理；加强对风险事项的监管，整合统一的风险管理视图，通过采集、整合、分析等手段将风险信息可视化，消除银行前、中、后台所有经营、管理条线的数据隔阂，全面覆盖业务，最终集成客观外部信息披露和主观管理决策信息。

五、大数据金融创新与治理的政策建议

（一）做好大数据治理的顶层规划

建议按照统筹规划、资源整合、协同共享和创新驱动的原则，做好中国人民银行大数据治理在平台建设和制度保障方面的顶层设计，例如在支付清算系统建设方面，可以统筹规划中央银行会计核算数据集中系统（ACS）和支付系统等中央银行核心支付清算系统的建设，有效整合数据资源，努力建成以大数据为支撑的中央银行决策平台，充分利用大数据技术做好支付清算系统数据的采集、加工和处理，努力挖掘数据的内在价值，精准辅助中央银行宏观调控、金融监管和决策评估等工作，促进中央银行高效履职。

（二）打破壁垒，促进数据融合共享

一是加强行内不同业务系统和各部门之间的数据共享。建议打破内部系统和部门间的数据壁垒，通过首先实现内部数据的共享，释放更大的数据效能和监管效能。二是健全政府部门信用信息共享机制，建立跨层级、跨地域、跨系统的金融数据共享平台，促进工商、税务、海关、监管机构、司法机关、银行等部门和机构之

间在公共数据和信用风险信息资源上的互联互通。

（三）引导金融行业合规开展数据创新合作

一是完善数据治理的法律体系，从国家层面引导和规范大数据应用，为金融业更深入地推进大数据应用提供制度保障。二是统一金融行业数据标准，推动建立健全行业数据标准体系，制定通用的数据接口和质量管理体系，在数据的采集、存储、分析、加工及使用等方面指导金融机构进行规范化管理，并对大数据的应用进行有效监管，谨防大数据泄露。建立健全行业数据标准体系是全行业数据治理工作的基础和关键一环。三是在数据共享特别是在政府大数据的应用方面，为中小金融机构提供更多大数据方面的培训、交流机会或平台，鼓励金融机构和高校、金融科技公司联合创新。

（四）重视数据治理中的信息安全问题

一是进一步明确数据信息安全标准和数据应用合理范围。随着第三方支付平台的发展，以及外资清算机构进入国内市场，我国支付风险形势日益复杂，建议监管部门针对支付行业不同主体、不同业务制定统一的数据监管体系。二是进一步挖掘多方安全计算的应用潜力。多方安全计算是解决数据安全共享问题的优选技术，但是，目前还存在相关应用标准缺失、大规模商业化应用综合成本高、市场接受程度低等问题。

（五）打造专业化人才体系，做好组织保障

一是着力培养专业人才的业务能力、分析能力、计算与科研能力、统计分析能力和创造力，并让这些关键基层人员参与到本单位的数据战略制定和实施过程中。二是加快大数据分析和治理团队的建设，形成稳定的组织架构，提供大数据应用从研发到测试投产全流程的专业化运作，为发展大数据应用提供坚实的组织保障。

关于远程开户的实证研究

姚 力 等[*]

2020 年新冠肺炎疫情暴发，非接触式金融服务需求日益旺盛，倒逼银行加速数字化转型。账户作为资金交易起始点，在党中央加速国内大循环、加强疫情防控要求的背景下，试点远程开户迫在眉睫。2020 年 7 月，中国人民银行营业管理部获总行批复开展远程开立单位银行账户试点，成为全国唯一的试点单位。12 月 11 日，试点正式上线，这成为我国金融监管改革的里程碑式工作。探索远程开户实证研究，一是基于试点推进中的工作经验，全面分析远程开户的必要性和风险管理；二是基于美国、英国、德国等 14 个国家和地区远程开户现状调研，为我国改革提供可借鉴经验；三是基于全辖 32 家互联网支付持牌机构开展支付账户管理调研，以借鉴支付账户远程开立工作经验；四是通过对辖内 7 家商业银行深度调研，提炼出制约我国远程开户发展的因素；五是通过试点上线后的实践经验总结，梳理出业务标准、技术标准、风险监测模型"三位一体"的远程开户金融标准；六是为适应不同时期和地区金融基础设施建设程度，提出限制场景、限制功能和全面开放三种渐进层次的远程开户工作方案；七是提出政府部门、金融监管和商业银行不同主体的工作推进思路。

---

* 姚力，中国人民银行营业管理部副主任。参与成员：李海辉、徐海勇、刘丽洪、孙宇、韩学红、徐晶晶、倪璐、鲁楠、邵旖旎、许莹、王琦、孙昊、王磊磊、齐雪菲、尼玛玉珍、高艺洁。其中：李海辉、徐海勇、韩学红、徐晶晶、倪璐、鲁楠，供职于中国人民银行营业管理部支付结算处；刘丽洪、许莹、王琦，供职于中国人民银行营业管理部反洗钱处；孙宇、邵旖旎，供职于中国人民银行营业管理部法律事务处（金融消费权益保护处）；孙昊，供职于中国人民银行营业管理部科技处；王磊磊、齐雪菲、尼玛玉珍、高艺洁，供职于中国人民银行中关村中心支行。

一、远程开户的基本情况

（一）远程开户的概念

远程开户，是指在开户过程中，客户线上提出开户申请，银行通过线上渠道对企业身份、资料真实性和开户意愿的真实性进行审核，全程通过线上办理业务的过程。

远程开户的特点包括以下几点：一是开户过程更便捷，企业客户不再受制于银行网点营业时间、营业地点的限制，选择网上银行、手机银行等自助终端即可办理；二是企业身份更隐蔽，不同于传统柜面沟通的开户业务模式，银行通过非面对面的方式为客户提供服务，更难以核验客户的真实身份和开户意愿表达；三是技术要求更高，资料传输、客户沟通、交易管理全程线上化，对银行金融科技手段和风险管理水平提出了更高要求。

（二）远程开户的必要性

第一，满足企业管理需求，优化营商环境建设。随着市场经济的发展，新兴产业不断涌现，企业需求精细化、个性化，电商平台、供应链金融、反向保理、异地企业授信、集团下属企业异地经营等多场景萌生远程开户诉求。目前，银行主要采取客户经理前往异地上门开户、跨分行协作代理见证等方式解决需求问题，耗费大量人力、物力资源，且效率低、客户体验差。远程开户能有效地解决开户效率和地域限制问题，降低银行经营成本，为企业提供便利，优化营商环境。

第二，提升银行在企业端的服务能力和竞争力。随着金融创新深化，新金融业态持续冲击传统金融，以支付机构为代表的互联网金融收益高、成本低、效率高，吸引了大量客户，导致银行存款转移，竞争力减弱。远程开户能够帮助银行提升服务效率，拓宽获客空间，提升市场辐射宽度和广度，同时，可以优化业务布局，激励产品创新，更好地发挥金融媒介功能。

第三，完善顶层架构，探索账户管理新模式。信息时代，银行账户管理逐渐受到来自技术和制度层面的多重冲击，传统管理模式难以匹配现代经济活动需求。账户作为资金收付的起点和终点，应为市场主体提供便利，满足市场日益增长、多样化的支付结算需求。推进远程开户是创新账户服务与监管的重要方式，是加强金融为各类市场主体服务，强化金融风险防范的重要手段。

第四，符合互联网和金融科技创新趋势。近年来，科技发展进入密集活跃期，以深度学习为代表的人工智能、云计算、大数据技术快速发展。金融科技产业不断从"互联网+金融"迈向科技与金融的深度融合，极大地提升了金融服务效率。远程开户通过科技赋能企业管理，符合金融科技创新发展趋势，顺应时代需求，使金融更好、更扎实地服务于实体，满足经济社会发展的需求，同时有效地提高监管效能。

（三）远程开户的风险

第一，真实性审核风险。采取远程方式开立企业银行账户，银行缺少亲见法人和上门核实步骤，或存在真实性核实不到位的风险。例如，银行无法人工检验客户本人和身份证是否为同一人，而是通过线上方式核实身份证件信息真伪，辅以人脸识别等技术完成验证。而现有的人脸识别、语音识别、电子签名等技术在银行端的应用尚无市场统一标准，准确性难以保证，从而产生身份的真实性无法核实的风险。

第二，信息安全风险。远程开户过程时，客户身份信息、企业和银行间的影像、声音信息交互需在线上传输和留存，使得企业及个人的隐私信息在互联网上被透明化，可能产生信息安全风险。一是技术手段风险。远程开户身份核验依赖于人脸识别技术，依赖于人工智能算法模型，而其尚处在发展阶段，无国家或行业应用标准进行参考，未完全成熟。二是数据采集和保护风险。目前，在移动终端应用场景中，可信环境（如 TEE、Encalve 等）仅在 rich os（富客户端）非受控终端上进行数据保护，密钥保护的安全性未被业界认可，技术攻击成本低，存在数据泄露风险和假冒风险。

第三，支付结算风险。一是交易指令核验风险。远程开户中企业未在银行留存传统业务凭证，导致银行事中、事后监督存在一定困难，如未留存预留印鉴导致银行对交易指令真实性难以验证。二是电信诈骗风险。由于单位银行账户的资金均通过非柜面渠道划转，若银行未设置账户交易限额，可能导致交易风险不可控，被不法分子利用，进行电信诈骗、洗钱等活动。

第四，反洗钱风险。一是客户身份识别。远程开户中，不法分子可能通过伪造证件、虚构身份等方式开立账户，随着业务规模扩大，银行可能降低审核要求，可能涉及制裁交易。同时，远程开户不便于通过实地查访等措施确定企业经营地址等情况，不易发现空壳公司等异常经营企业。二是可疑交易监测分析。远程开户不利于银行发现客户相关异常行为，也限制了通过实地查访措施发现客户异常身份和经营情况，影响后续资金监测分析。

第五，法律和消费者保护风险。一是合作协议法律风险。银行与客户签订合作协议，如未明确双方在风险处置、消费者权益保护、信息共享方面的权利、义务和法律责任，易发生纠纷和客户舆情事件。二是消费者保护风险。银行内部人员由于掌握系统留存业务数据，如出现道德风险，将造成企业信息泄露、贩卖等风险事件。

第六，客户服务缺失风险。远程开户中，银行与客户交流方式由"面对面"转为"屏对屏"，制度和产品宣传可能受到一定的阻碍。银行对账户使用和限制等规定的介绍更多以文字形式传递给客户，相比于柜面人员，客户对文字接收度低，可能会对账户使用合规性产生不利影响。

二、国际远程开户经验借鉴

（一）境外远程开户现状

远程开户一直是各国金融监管机构审慎管理的业务，即便是持允许态度的国家，远程开户规模也相对较小。基于中国人民银行总行组织营业管理部等多家单位参与的对美国、英国、德国等 14 个国家和地区[①]的调研结果可知，目前除俄罗斯和

[①] 包括美国、英国、德国、法国、日本、韩国、意大利、俄罗斯、澳大利亚、新加坡、印度、中国香港、中国澳门、中国台湾。

中国澳门外，其余 12 个国家和地区的银行均不同程度地实施了远程开户。其中，美国、德国、日本、澳大利亚 4 国支持远程开立单位银行账户，但开户流程及材料大多烦琐复杂，且均在账户功能、开立形式等方面有所限制。在持禁止态度的国家中，俄罗斯金融监管当局的《115-FZ 反洗钱法案》明确禁止在客户不到场的情况下开立银行账户或存款账户。

（二）可借鉴的国际经验

第一，健全系统性法规，全面规范远程开户行为。境外已实践远程开户的国家金融监管部门均对此持审慎态度，强调统筹考虑远程开户中安全与效率的平衡，通过制定事前行为规范和事后追究处罚条例，督促银行强化远程开户的制度和业务流程设计，包括限定允许远程开户的条件、个人和企业信息保护要求等内容。例如，远程开户实践较广的德国，在其反洗钱法中指出，在遵循反洗钱法规定、安全性和可靠性达到面对面见证标准的前提下，可进行非面对面的身份验证；税法通则中要求银行在远程开户时要准确采集和核对个人税务信息、居住地址；数据保护法要求银行在办理业务时应确保个人信息不被泄露，情节严重的最高可被处以 2000 万欧元或上一年度总营业收入 4% 的罚款；金融监管当局对远程视频见证的方式、对象、环境等也有详细要求。

第二，应用新兴技术手段，强化开户身份核验。一是多重数据库交叉验证。支持远程开户的国家和地区普遍具备较为完善的第三方数据库或公共数据库，且大多直接对接银行内部系统，银行可通过数据库实现客户身份信息的交叉验证，提高客户身份核实水平。例如，美国富国银行通过比对 Dunn & Bradstreet 机构报告与客户预留信息进行核验；新加坡星展银行、大华银行等使用新加坡电子身份信息系统（MyInfo）进行客户身份验证。二是技术手段确保信息安全可信。通过生物识别、电子签名等技术，保障客户信息安全且不被篡改，以实现在非面对面的情况下远程验证客户身份。例如，印度的 Aadhaar 国家生物识别项目，收集公民照片、指纹、虹膜等生物信息，为银行提供客户身份识别渠道；美国摩根大通银行为企业提供基于电子签名技术的在线开户申请签署功能。

第三，分级管理账户风险，限定远程开户行为。境外已实践远程开户的国家和地区普遍给予银行较高的风险评判权力，银行可结合客户业务背景、组织架构、经营状况等情况以及银行身份核验、风险控制水平，对客户或账户的风险进行评级并采取相应控制措施，如限定远程开户数量、账户类型、账户资金流向、账户余额和交易额等。例如，韩国各银行普遍规定客户通过远程渠道仅能在一家银行开立一个账户；日本银行规定客户通过远程开户渠道仅能开立普通存款账户，不能开立理财账户；德国 N26 银行限定客户 24 小时内提现总金额不得超过 900 欧元。

三、支付账户远程开立经验借鉴

2015 年中国人民银行发布的《非银行支付机构网络支付业务管理办法》赋予了支付账户合法地位，我国支付账户全面实现线上开立。为借鉴支付账户远程开立的管理经验，对辖内法人支付机构开展支付账户调研。

（一）北京地区支付账户总体情况

调研结果显示，截至 2020 年 6 月 30 日，北京地区 32 家拥有互联网支付业务牌照的支付机构共开立支付账户 951203966 个，其中，单位支付账户 1645166 个、个人支付账户 949558800 个。2020 年上半年新增支付账户 78761249 个，其中，个人支付账户 78549218 个、单位支付账户 212031 个。

（二）支付账户身份验证渠道

第一，个人身份验证渠道方面。这包括：①银行卡绑卡验证，其中通过商业银行验证个人客户身份信息的，应为 I 类银行账户或信用卡；②移动或联通等运营商验证；③公安网验证，如全国公民身份证号码查询服务中心（户籍库）或公安部第一研究所身份认证等；④铁路部门（中国铁路工程集团）验证；⑤国政通系统、北京远鉴、上海骏隼、上海爱金等第三方数据库；⑥银联的银行卡实名验证通道。

第二，企业身份验证渠道方面。这包括：①中国金融认证中心（CFCA）、天眼查、企查查、鹏元系统、国政通系统、中诚信系统、上海骏隼、安洛普等第三方服务商合作，进行工商信息和法定代表人的核验；②中国支付清算协会风险信息共享系统；③自主采购的商业黑名单数据库；④通过代付渠道向企业对公账户进行打款，客户回填验证金额，进而验证当前客户与企业的关联性；⑤工商企业信用信息网；⑥全国公民身份证号码查询服务中心（法人身份验证）；⑦面对面验证、视频验证。

（三）支付账户管理的经验借鉴

第一，实行机构条件准入制。《非银行支付机构网络支付业务管理办法》对支付账户有明确的定义："是指获得互联网支付业务许可的支付机构，根据客户的真实意愿为其开立的，用于记录预付交易资金余额、客户凭以发起支付指令、反映交易明细信息的电子簿记。"支付账户开立需获得互联网支付业务许可，互联网支付业务许可相对银行卡收单等其他支付业务许可，对支付机构的科技水平、风险控制能力等要求较高，可借鉴其对从事远程开户的银行从风险控制能力、科技水平等方面进行有条件准入。

第二，实行限额管理。个人支付账户目前实行分类管理，每类支付账户所需外部验证的渠道数量、账户付款功能及交易限额不尽相同，这一分类管理思路可被借鉴用于对远程单位账户，根据核验程度不同，设置不同交易限额，以限额把控总体风险。

四、制约我国远程开户发展的因素

第一，企业身份识别方面。一是电子营业执照尚未全面实现线上应用。电子营业执照支持线上、线下应用，目前北京等部分省市已实现线下应用，企业开户可通过现场扫描二维码的方式实现。线上应用已具备技术条件，国家市场监督管理总局提供接口，银行通过接口调取信息和版式。有需求的银行可向国家市场监督管理总局提出合作申请，但需要银行总行统一对接。二是电子印章尚未应用。目前，全国仅上海等个别城市已应用电子印章，如交通银行总行与国家市场监督管理总局对接电子营业执照和电子印章平台，支持企业在线使用电子营业执照和电子印章在交通银行开立单位银行账户。

第二，个人身份识别方面。目前，居民个人电子身份证尚无统一技术标准，主要有两个技术路径，包括公安部第一研究所的居民身份证网上功能凭证（CTID）和公安部第三研究所的公民网络电子身份标识（eID）。两项技术目前均处于研发阶段，仅在部分地区试点。如 eID 在江苏、江西政务服务系统应用，CTID 在广东"粤省事"平台应用。

第三，政务数据共享方面。一是实用性不足，数据与需求不匹配。尽管各地对政务数据已进行不同程度共享，但是共享字段主要是已在互联网公示的基础信息，无核心数据项，未能涵盖银行真正关心的数据。例如，工商部门共享的数据主要是企业基本注册信息，而未包括异常名录、严重违法和股东等信息。二是开放性不足，共享对象受限。目前，数据共享多以银行主动申请合作、接口对接政府部门的形式实现，数据难以惠及技术力量弱、预算紧的小型银行，资源倾斜导致"强者愈强、弱者愈弱"的局面，违背金融监管的公平、公正、公开原则。三是普惠性不足，增值服务仍需付费。目前，政府信息共享多为基础数据免费、增值服务收费的形式，银行若需要查询核心的数据，仍需要按查询笔数等形式进行付费，违背了数据共享的核心理念。四是安全性不足，难以动态、准确共享政务数据。目前，政府共享数据的数据来源、准确性、更新频率尚不明确。尽管很多地区大数据管理部门负责数据归集并统一对外使用，但是共享数据大多未明确责任单位，导致出现有人共享、无人治理的局面。

五、远程开户金融标准

通过试点实践经验总结，我们提炼了远程开户业务标准、技术标准、风险监测3 个维度共计 114 项规则的金融标准体系。

第一，业务标准，主要包括账户管理、合作方资质、企业身份核验、个人身份核验、开户意愿核验、企业资质、消费者权益保护 7 大类共 53 项业务规则。例如，账户管理方面，要求试点银行为每个企业仅开立一个远程账户，账户性质为专用存款账户；远程账户应进行"双闭环"管理，即远程账户间应基于场景形成交易闭环，同时远程账户与同名基本户间应形成资金充值和转出闭环；远程账户不可进行柜面取现。

第二，技术标准，主要包括人脸识别、视频核验、网络安全、终端技术安全 4 大类共 29 项技术规则。例如，试点方案应包含数字证书、系统防火墙、移动终端等方面的技术要求，同时，试点银行应按照相关技术标准和监管要求，妥善做好客户信息保护工作。

第三，风险监测，主要包括交易行为偏离自身模型、账户开立合规监测模型、账户异常行为监测模型、企业涉嫌非法金融活动风险资金交易监测模型、异常经营资金交易监测模型、账户异常信息调整监测模型 6 大类共 32 项监测规则。

六、远程开户工作方案及建议

（一）建立分层次的远程开户监管方案

由于制约我国远程开户发展的金融基础设施、数据共享程度仍处在长期发展过程中，远程开立单位银行结算账户制度建设，可根据不同时期、不同地区的现状条件，按照不同监管强度的思路进行分层次管理。通过借鉴国外远程开户、支付账户的管理经验，探索形成限制场景的强监管、限制功能的中监管和全面开放的弱监管三种工作方案。

第一，限制场景的强监管方案。基于现有账户管理体系，在专用存款账户中增设网络账户，针对具体业务场景限制资金交易。该方案的特点为：一是网络账户不具有完整结算功能，仅能限定场景闭环交易以及同名账户资金往来；二是网络账户不得取现、不得出售重要空白凭证和开通柜面支付渠道等。在场景选择上，可设置电商平台、公共事业缴费、供应链金融等场景限制。采取"一事一议"原则，商业银行申报项目，由中国人民银行审核，审核通过后具备远程开户资质。该方案的优势在于严格控制账户风险，劣势在于无法穷举场景，且各地监管审核标准不统一。

第二，限制功能的中监管方案。在现有账户体系基础上增设限制功能的网络账户。该方案的特点为：一是开立初期限制交易额度，银行可选择工商信息登记无异常、征信记录良好的企业提供远程开户服务，初期设置限额；二是设置交易监测观察期，观察期内根据反洗钱和账户风险监测结果，结合监管、第三方数据共享信息，评估该账户是否合规，通过评估的网络账户，可被放开交易限额限制；三是加强事中监管，放开限额后的网络账户，仍需加强监测，若发现异常应实时调整额度。该方案的优势在于可根据实际业务灵活调整限额，实现动态管理，劣势在于初期限额可能无法满足企业需求，引发客户不满情绪。

第三，全面开放的弱监管方案。基于数字身份认证和信息共享等基础设施，金融监管部门制定明确技术检测标准，第三方检测机构对银行进行评估，通过评估的商业银行可向企业提供全面远程开户服务。该方案的特点为：一是实现远程开户全面推广；二是加强事中、事后监管，通过非现场监测系统实时监测，并加强现场检查力度，一旦发现风险事件或违规现象，则暂停银行远程开户资质。该方案的优势在于便利小微企业优化营商环境，劣势在于监管部门需制定严密的技术标准，协调政府提供大数据共享作为前置条件，同时商业银行风控难度加大。

（二）政府、金融监管和银行共同推进探索远程开户

第一，政府部门层面，通力建设数字身份认证体系。通过建立官方认可的权威、安全、可靠的数字身份验证体系，包括但不限于电子营业执照、电子印章、电子身份证等基础认证工具，同时包括向银行全面开放使用的政务数据信息，并根据银行身份核验需求的提升，实时推进数据治理进程。

第二，金融监管层面，日臻完善顶层制度设计。一是明确监管规则。通过积极探索远程开户电子认证方式，制定远程开户业务规则、技术标准和监管规则，同时引入第三方检测机构机制，协助监管部门进行远程开户技术检测。二是建设账户风险监测体系，基于账户全生命周期管理理念，对远程账户实施动态管理。三是加强

与公检法、工商、电信部门联动，持续加强数字身份验证体系建设。

第三，银行层面，加强账户全生命周期管理。2019 年中国人民银行取消企业银行账户行政许可后，账户管理由阶段性管理转向全生命周期管理，仅依赖运营或柜面人员已难以满足管理需求，商业银行应统筹运营、反洗钱、合规、消保多条线共同推进账户风险防控，从账户风险分类分级、提升金融科技手段等多方面提升客户身份识别和风险防控水平。

金融科技在商业银行服务小微企业领域的应用研究

洪 波 等*

金融科技是指技术驱动的金融创新，旨在运用现代科技成果改造或创新金融产品、经营模式、业务流程等，推动金融发展提质增效。[①] 伴随着区块链、大数据、云计算、人工智能等新技术的飞速发展，金融机构使用互联网、移动设备、软件技术或云服务等信息技术提供或连接金融服务，包括移动支付应用程序等，有效提升金融发展效能、降低运营成本，同时，金融业务以海量数据为基础，不断与新技术深度融合，释放出金融创新活力和应用潜能。近年来，商业银行在金融科技研究方面纷纷投入大量人力、物力，不断提升金融科技能力，推动金融业转型升级，有效促进金融业整体发展，在运用金融科技服务小微企业方面呈现出良好态势。我们选取 A 银行、B 银行和 C 银行三家银行进行了典型案例调研。在梳理商业银行金融科技发展概况、金融科技在金融支持小微企业领域应用现状的基础上，分析商业银行运用金融科技在服务小微企业金融领域遇到的主要问题，并提出相应建议。

　＊　洪波，中国人民银行营业管理部纪委书记。参与成员：李涛、马黎宏、陈莉莉、何鲁泽、唐柳。其中：李涛、马黎宏、唐柳，供职于中国人民银行营业管理部内审处；陈莉莉，供职于中国人民银行营业管理部调查统计处；何鲁泽，供职于中国人民银行营业管理部货币信贷管理处。
　①　该概念由金融稳定理事会（FSB）于 2016 年提出，被《金融科技（FinTech）发展规划（2019—2021 年）》引用。

一、商业银行金融科技发展概况

（一）商业银行金融科技体系的构建

1. 明确金融科技战略地位，建立金融科技发展机制

第一，明确金融科技战略地位。持续推进金融科技战略，金融科技注重构建自有平台、连接合作伙伴平台、共建用户生态圈，实现面向未来的可持续发展，逐步打造科技金融与数字普惠金融双轮驱动的核心业务体系。

第二，建立金融科技发展机制。设立金融科技专营部门，牵头金融科技战略推进工作，持续提升信息技术和大数据应用能力，在微观层面实现业务升级、为客户创造价值，在宏观层面有效助力经济发展。

2. 多方面开拓金融科技应用场景，多角度变革金融业务模式

商业银行在运用金融科技时，主要方式为从技术维度出发变革金融业务模式。在人工智能领域，通过智能客服等方式提高服务效率，对长尾客户①实现个性化服务；在大数据领域，挖掘高价值数据资产，在客户识别、风险判断和精准营销等多方面创新业务模式，优化业务管理方式。

3. 提升金融科技赋能，数字技术驱动特征日益明显

商业银行运用金融科技不断改善金融业务能力。在支付结算方面，持续优化个人支付、聚合收款和现金管理等产品，解决客户支付中的便利性问题；在客户融资方面，对信用卡、消费信贷、企业贷款、票据、供应链融资等业务创新风险管控模式，提高线上服务能力，赋能实体经济。

---

① 长尾客户指的是个人所拥有的、能够支配的资产规模比较小但是总体数量比较庞大的客户。

（二）商业银行金融科技发展现状

1. 以交易为中心，逐步建立金融风险防范机制

第一，建立交易风险防范机制。在公司金融方面，融合内外部数据，构建客户关联知识图谱，加强针对具体场景的风险分析能力，建立多场景的风险特征模型。

第二，提高线上服务的风控能力。建成了以数据为驱动、模型为核心的风控体系，采用大数据技术，对来自合作方、渠道系统、征信、第三方数据服务的数据进行全面的风险分析。

2. 以客户为中心，金融服务水平不断提升

第一，深挖现有资源的新价值。商业银行发挥营销协同支持作用，实现客户在银行开立账户的同时，将账户信息共享给市政府各委、办、局，线上同步完成各委、办、局代扣协议的签约，实现让数据多跑路、企业少跑路。

第二，优化基础设施提升客户体验。在大数据建设方面，打造客服云、舆情云和视觉云等大数据平台；在人工智能建设方面，构建并逐步投产人工智能应用场景；在"5G+智能"方面，实现智能银行 4K 高清视频直播，提供更加精准的远程服务。

3. 以账户为中心，金融科技支撑不断完善

第一，金融服务水平稳步提升。通过多样化的企业服务，构建线上服务生态，提升账户使用满意度。加快推进对公账户高频业务线上化，不断丰富金融产品供给。

第二，坚持科技创新驱动。以数据为关键生产要素、以科技为核心生产工具、以平台生态为主要生产方式，搭建线上线下相结合，创新驱动的综合营销体系。

二、金融科技在小微企业金融服务领域应用案例分析

（一）借助金融科技拓展获客渠道，简化业务流程

随着信息技术在越来越丰富的场景中落地，金融科技服务小微企业也变得更高

效、更便捷、更智能。银行根据小微企业客户特点，从客户结算、交易、纳税、采购等场景切入，进行数据整合，设计个性化产品。

1. 整合多维数据进行客群特征画像，开发小微专属产品

第一，创设税务数据融合产品，补足小微企业财务管理不规范的短板。例如，A银行"结算流量贷"线上信贷产品，将"银税互通"提供的企业纳税数据结合本行结算数据进行测算。企业仅需在线进行授权和申请，就可随时了解额度的预审批情况，并在额度最终审批通过后，实现自助提款、还款。C银行"惠业贷"产品，通过与税务系统对接，基于小微企业纳税数据给予企业一定比例的纯信用贷款额度。

第二，基于征信、国库等数据分析设立小微产品，补足小微企业信用评级"短板"。B银行"创信云贷"产品，运用大数据技术分析评价征信、国库数据，采用全线上自助贷款流程办理可循环人民币信用贷款业务。

第三，借力担保公司，打造信用类快贷产品。C银行与某担保公司合作服务于科创小微企业的产品，是在已有其他银行授信或担保公司担保额度的基础上，C银行额外给予一定比例纯信用贷款的额度支持。

2. 打造小微企业客户线上服务统一入口，提高审贷效率

A银行推出小微客户专属贷款App，实现小微企业随时随地可申请贷款，一分钟即可获知预审结果。预审通过后由专职普惠金融客户经理联系客户办理贷款手续，大幅缩短面签时间，提高了客户申贷效率。B银行依托网络系统的标准化处理，实现从客户申请、业务评价、贷款审批、合同签订、贷款支用、贷后管理到贷款归还的网络系统化操作，多渠道提供融资服务。C银行信贷服务平台通过微信银行、手机App等渠道实现了贷款线上服务，通过科技创新支持客户一站式申请、授信、签约、提款和还款，同时向合作伙伴提供标准的信贷接口服务，形成健康发展的金融产品生态。

3. 与多平台合作，拓展小微企业获客渠道

C银行通过合作的头部流量平台协助获客，依托自身风控能力对小微客户进行

自动准入审批、额度测算以及风险定价，客户自助通过合作平台或 C 银行电子渠道在线办理贷款申请、提款和还款等业务，提供全流程线上化的数字普惠金融服务。B 银行引入第三方大数据云产品，实现多个计算集群共享数据，打造小微企业大数据云平台。

（二）构建风险数据集市或风险监测平台，实现风控信息可视化

数据是风险管控的基础，对数据信息的采集、整合及数据挖掘、数据分析的能力决定了银行的风险管控能力。商业银行通过构建风险数据集市或风险监测平台，实现业务流程的预警自动化管理。通过采集、整合、分析等手段将风险信息可视化，消除银行前、中、后台所有经营、管理条线的数据隔阂，对早期风险预警模型进行优化，对贷款资金用途由事后预警向事前、事中进行控制转变，进一步防范风险。

1. 在业务源头统一风险偏好

在贷前环节，应用金融科技对借款客户的用户身份、信贷行为和信用特征进行分析和画像。例如，B 银行借助互联网、大数据、人工智能等技术，构建了批量化获客、精准化画像、自动化审批、智能化风控、综合化服务的普惠金融经营模式。C 银行依托行内黑名单信息、客户身份信息、三方数据源信息、征信数据等数据元素，不断优化客户模型，建立线上业务的大数据风控体系，通过自动审核实现精准筛选、快速审批。

2. 提升贷后管理效率和管理水平

基于银行和客户间信用基础的传统贷后管理模式存在成本高、效果有限的短板，在金融市场日益复杂化的形势下，贷后不确定因素显著上升，这一短板可以通过金融科技带来的数据挖掘和分析技术补足。在实际操作中，有的银行积极实践依据小微客户群特点建立不同风控体系。一是在小企业客户贷后风控措施方面，A 银行采用季度定期核查、主动调查和触发式预警相结合的方式，运用金融科技将部分非现场贷后风险检查自动化处理。二是在零售信贷小微企业贷后风控措施方面，零

售信贷小微企业贷款多为个人贷款，风控集中在贷前阶段，在贷后阶段 A 银行对全量零售贷款进行风险监测，对违规行为进行自动监测和预警，防范合规性风险。

（三）借助金融科技优势，多方面提升小微企业客户体验

互联网的发展使得与客户特征相关的各项数据更容易获取，商业银行通过加强客户价值分析并对客户群体进行合理细分，可以有针对性地回应不同客户的个性化需求，在信息连通性、操作流畅性、交互安全性、业务便捷性等方面积累优势。尤其是对于普遍抵押物不足、政府数据不完善的小微企业，银行可以借助金融科技获得外部数据完善企业量化评价。

B 银行将普惠金融服务从融资环节向企业全生命周期延伸，由信贷服务向综合赋能扩展，不断满足客户的深度服务需求。该行依托自行开发的小微企业一站式信贷服务平台，推出工商、税务等在线综合服务，支持线上贷款测额、预约开户、客户识别、在线授权，以及贷款申请、签约、支取、还款等功能在移动端的快捷办理。

C 银行致力于简化客户操作，整体优化业务流程，与业务场景融合，实现全线上互联网贷款。一是对接头部平台或社交平台等通道，使各类产品宣传直达客户；二是在客户身份识别环节，使用光学字符识别（OCR）技术自动提取证件信息，使用生物识别技术保障关键业务操作环节安全；三是在授信申请环节，使用第三方数据简化客户填报信息内容，帮助填写企业基础信息。

三、金融科技在小微企业金融服务领域应用的主要问题

（一）金融科技自身发展带来的挑战

金融科技能够强化金融市场的竞争，减少低效行为。合理利用前沿科学技术时，可以有效解决业务问题，为个人和小微企业提供更高性价比的服务，推动普惠金融不断深入发展。但是在创新过程中，我们既要充分发挥科技赋能的作用，提升金融效率与安全，同时还应注重安全性和稳健性，消除隐患，避免由此造成的风险事件发生。

1. 基础数据准确性对决策精确度影响较大

金融科技以数据为基础，数据准确性既是数据使用的基础，也是最大难题。随着数据来源逐渐增多、数据量不断增大，各类信息数据以几何级数增长，数据准确性也面临越来越大的挑战。数据的准确性直接影响数据应用最终的呈现效果，也会影响基于数据的商业决策和产品智能化效果。一般来说，影响数据准确性的因素有两类：一类是人为因素，如由知识储备不足造成的填写错误等；另一类是非人为因素，如采取异步方式传输数据时由于延时产生错误等。如何从庞杂的数据中识别真实、准确、有效的数据，提取有价值、相关度高的数据，进而借助数据准确性提升决策的精准度，是值得关注的首要问题。

2. 数据安全性对防护策略提出了更高要求

随着"互联网+"、大数据、云计算等新技术日益发展，数据驱动的时代已经来临。与此同时，数据汇聚、数据分析等带来的安全问题也面临前所未有的挑战，社会大众对金融科技的接受程度和信息安全意识都越来越高。商业银行在提高客户数据质量、使用效率和便捷性的同时，如何结合数据的敏感程度、数据可用性要求等，对大数据资产进行分类分级，采取不同级别的安全防护策略，保障客户信息安全等，也面临着新的挑战。

3. 数据时效性面临决策风险的威胁

数据时效性在很大程度上制约着决策的客观效果。随着商业银行线上化场景的普及，对数据处理的时效性要求也不断提高。通常在进行数据分析和建模时，使用的是经过数据加工和规范后的离线存储数据。基于离线数据加工的数据模型在实时的线上场景应用时，可能出现无法及时跟进外部环境的变化并相应调整决策，面临数据不一致的问题，易产生决策风险。

4. 外部数据增信效率制约了服务效率的提高

目前，当商业银行做一笔小微企业贷款业务，需要借助外部数据核实企业资质时，存在以下现象：一是需要查询的数据平台较多，通常需要核实各地政府数据平台、监管、税务、工商、司法、社保、运营商、水电、物业、通信、行业、产业等多方数据来源，缺乏统一的数据入口和数据来源，成本高、周期长。二是企业授权环节较多，企业需要在国家税务系统、银行网银端、中国人民银行征信系统等多处进行授权，大大降低了操作便利性。

（二）制约金融科技在小微金融服务方面发展的主要因素

1. 核心技术成熟度不够，实际应用出现障碍

金融科技核心技术还处于不断探索深化中，不够成熟，应用仍处于初级阶段，无法完全确定金融科技创新对金融体系产生的深远影响。在新技术的推广应用方面存在一定障碍。如现阶段的生物识别技术，可能被不法分子通过特殊的技术手段加以利用，达到非法盈利的目的。在应用新技术时，既要充分认识到技术的中立性，也应秉承技术与制度建设的双轮驱动，以金融安全、风险防控、消费者保护为重点，完善制度建设，对技术应用加以合理约束。

2. 银行自身能力存在"短板"，制约金融科技发展

一是金融科技与业务结合程度不足，各商业银行对以人工智能、区块链、物联网等为代表的金融科技研究起步时间不一致、深度不够。二是业务协同的能力不足，未能完全实现跨部门的客户信息共享、业务联动，为客户提供综合服务的能力不足。需要继续研究运用科技金融技术手段打造平台化服务。三是未能形成敏捷高效的市场响应机制，需求从创意提出到正式上线的转换周期较长，更新速度慢。四是专业人才缺失。科技金融大力发展需要许多同时具备金融知识和专业知识的复合型人才，培养专业人才是发展科技金融的一个重点。商业银行在金融科技人员数量方面与国际先进银行平均12%左右的比例相比仍有差距。

3. 小微信贷产品配套机制不够完善，难以建立量化标准

目前，商业银行推出的各种小微企业信贷类产品种类较为丰富，但部分产品由于配套机制不够完善，影响了产品的推广和有效应用。例如，知识产权质押类信贷产品，有以下三类因素制约了该类产品的发展：一是知识产权体系相关法规较少，

定义难；二是知识产权质押评估难，对于无形资产评估的操作性难以把控；三是用于质押的知识产权处置难。金融科技以数据为基础，以上三个因素造成了这类产品缺少数据标准，难以进行准确量化，金融科技在该类产品中很难充分发挥作用。

4. 受内外部管理要求限制，新技术尚未有效应用

目前，在服务小微金融方面，对银行来说，一是风险定价模型尚未完全投入应用，风险收益补偿和可持续发展机制仍有待完善，商业银行出于社会责任或抢占客户的需要，部分业务未针对客户实行差别化风险定价，不利于服务小微企业。二是金融科技线上未能完全替代线下工作，风险追偿核销机制仍采用线下人工、层层审核模式，企业仍面临合同面签等要求。

（三）金融科技创新下小微企业贷款风控管理的新挑战

金融科技对商业银行贷前、贷中及贷后体系的风险防控能力提出了新的挑战。关于服务小微企业，企业相关数据的全面性和准确性对于银行的风险防控管理来说至关重要，因此对其数据资产的管理能力提出了更高要求。特别是新冠肺炎疫情暴发以来，随着市场主体陆续恢复生产，经济增长趋于稳定，若银行用于判断借款人实际经营情况的数据不足，将存在较大的信息不对称问题，容易引发风险事件。

1. 数据收集能力是金融科技发展的基础

在金融科技时代，对小微客户画像的精准性、信用评级的准确性、风险防控的有效性和决策管理的准确性都依赖于足够有用的数据，特别是银行从外部获取的数据。外部数据不仅包括从企业的利益相关者（股东、债权人、雇员、供应商和客户等）获得的信息，还包括企业生命周期内在政府部门留存的数据和企业主个人的社交数据和信用状况，同时也包括从第三方数据提供商如天眼查、企查查等获得的数据。这些数据需要长期积累，因此商业银行应构建开放、多元、共享的"数据生态"，遵循互联网思维，主动地、有目标地搜集并存储政府、社会、企业通过互联网公布的各类信息，不断扩大基础数据群。

2. 数据挖掘处理能力是金融科技应用的关键

数据挖掘能力是支撑数据高效加工处理的技术基础，需要应用大数据、AI、区

块链等技术，促进业务与技术相融合，研发相关软件系统和软件工具，整合行内行外获得的数据，充分挖掘和利用数据资产的价值。构建数据能力的关键是基于大数据的三大特性①进行认识、思考和挖掘，需要花费大量精力进行甄别、整理、归纳、分析等才能使用，确保数据能力能够支撑业务发展需要。数据挖掘能力与数据的可得性、处理能力和成本投入密切相关。

3. 数据整合建模能力是金融科技创新的核心

数据整合能力和模型设计能力是金融科技服务的核心，需要从客户数据获取与加工、交叉验证、模型设计调整与参数维护、机器自动审批、交易确认与贷款发放、资金回收等环节进行适应性设计，避免某个环节的瓶颈和短板影响整体业务办理效率。商业银行使用有效数据，对分布在银行内部现有各条业务线的客户信息和从其他渠道获取的信息进行整合，构建统一客户视图，建设客户评价模型，在获客、活客、利客等方面构建有效数据模型，分类识别客户金融需求，批量挖掘现有客户的新需求，能够创造出良好的业务发展基础，提高服务小微企业效率，提升贷款投入的有效性，提高信贷安全运行水平，协助银行丰富贷后风险预警逻辑，便于开展风险预警和风险防控。

四、商业银行金融科技在小微金融服务领域的改进建议

（一）进一步夯实金融科技监管体系

1. 逐步完善适应金融科技发展的监管规则

金融科技逐渐改变金融服务的交付和设计方式，以及支付、清算和结算的基本流程，服务过程中产生大量的数据信息。我们提出以下建议：一是进一步加强金融科技相关风险监管。在夯实数字基础设施建设、发展金融科技的同时，正面引导金融科技创新，从事前、事中、事后各个环节不断加强金融风险监管。二是注重金融

---

① 指大数据的整体性、混杂性和相关性。

科技风险实质性评估。对金融科技在金融服务方面的运用情况开展风险评估，对新技术在金融服务各领域相关潜在社会效益进行绩效评估，并适度调整监管策略。三是加强金融科技在监管中的实际运用。深化基于大数据的实时监控和风险预警能力，全方位提升监管质量和效率，更有效防范金融风险。

2. 进一步提高金融科技规范性要求

建议完善大数据产权、技术和安全等多方面制度，明晰各方合规责任。不断推动明确平台企业等第三方和银行之间在数据提供、采集加工和数据使用各环节的合规责任，降低因平台企业等第三方和银行在大数据方面的不对等地位，或者因银行过度信赖大数据交易算法等，导致风险防控结论产生重大偏差的概率。

3. 进一步明确金融科技数据安全统一标准

在数据源不断丰富、数据量呈几何级数增长的背景下，目前常用的告知许可程序或者脱敏处理的隐私报数策略已经难以满足客观需要。建议尽快依据《中华人民共和国民法典》等对个人信息保护的法律顶层设计理念，强化各方对消费者的保护意识。尽快细化相关金融行业统一安全标准和规范，构建更加有效的保护机制，防止数据泄露和滥用。

（二）深入推动金融科技应用体系化建设

1. 引导商业银行不断提升金融技术实力

围绕提高数据存储、数据算法和 IT 建设能力三个方面对商业银行持续进行引导：一是提高数据治理的主动性。不断夯实数据基础，提高数据资产管理能力；借助区块链、人工智能等技术，强化 IT 基础能力，并积极利用技术进行创新。二是坚持以客户为本的服务原则。在数据整合和使用中保障好数据安全和客户信息安全，切实维护客户权益，以最小够用为原则收集和存储业务数据，尽可能减少客户隐私信息泄露的风险。三是提高风险防控机制的有效性。根据业务发展和风险防控需求，及时完善风控模型，在数据安全防范中不断优化智能防控手段，做到业务未动而风控先行。

2. 引导商业银行提高应用场景分析的精准度

在小微企业客户贷前、贷后各个管理环节都应加强对应用场景的定向性分析。在贷前环节，通过加强对实际应用场景的分析，更加准确地把握用户需求。在贷后环节，利用金融科技强化信贷投向管理，杜绝套取政策红利行为，切实将信贷资金用于实体经济。

（三）统筹推进金融科技数据集成建设

1. 构建统一接入的信息数据共享平台

从调查情况看，银行目前已经广泛收集了来自政府部门和外部第三方的信息数据，但由于不同部门都有其独立的管理制度和信息保密机制，相互之间的信息标准各不相同，影响了使用效率。建议由牵头部门统筹建立较完善的企业信用信息归集和共享机制，建设数据共享平台，打破数据壁垒，降低金融机构获取相关信息的成本，由统一的数据入口接入，并在平台上对各数据使用部门分别进行授权，进一步扩大数据共享范围，加快推进服务系统互联互通。

2. 推动不同银行间实现信息共享

目前银行之间信息共享程度较低，其他银行的流水信息往往需要由企业自行提供，影响银行间信息提供效率和真实性认定。建议牵头部门搭台，联合行业自律组织，利用区块链等技术手段，推动银行间信息共享程度的提高，实现信息的多方实时共享，免去重复信用校验的过程，缩短原有业务环节时间，提升数据使用效率。

（四）打造良好的政策环境

1. 以正向激励促进市场配置资源作用的发挥

金融科技不仅是银行服务小微企业转型的方向，还是银行业整体变革的方向。建议为银行等机构开展金融科技创新提供财税政策优惠等激励方式，引导其进一步加大投入力度。在做好整体规划、协同推进的同时，注重分步实施、重点攻克。逐步推进重点项目和工程，并及时总结实践经验、调整规划，全力推动金融科技在服务小微领域的不断深化。

2. 加大对金融科技专业人才培养与使用的组织保障力度

一是政府部门在人才引进方面加大政策倾斜力度。例如，搭建金融科技跨国交流合作平台，引进优质项目、先进科技企业，优化用人环境。二是引导商业银行注重培养符合金融科技需求的复合型专业人才。建立金融科技专业团队，跨岗位、跨条线组建金融科技类团队，充分发挥团队的桥梁和纽带作用，加强科技与业务部门的协同能力，为商业银行经营管理注入更多的科技元素。

新冠肺炎疫情下货币政策传导
渠道与商业银行风险承担

一、引言

2020 年，突如其来的新冠肺炎疫情给中国经济乃至全球经济带来了前所未有的冲击。为支持疫情防控和实体经济恢复循环，中国人民银行坚决贯彻党中央、国务院决策部署，加大宏观政策应对力度，综合运用降低存款准备金率、再贷款再贴现、创新直达实体经济的货币政策工具等方式，为疫情防控、经济恢复增长提供了有力支持。

尽管我国疫情防控率先取得了阶段性胜利，但是经济下行压力依然较大，企业偿债能力下降，社会信用风险上升，对银行业产生较强的外溢效应，商业银行信贷资产质量下迁压力加大，中小银行风险逐步暴露。由于经济下行在金融领域的时滞效应和宏观政策短期的对冲效应，商业银行违约风险可能暂时延缓暴露，预计商业银行可能还会面临较大的资产质量劣变和处置压力。

疫情作为特殊的风险事件，加剧了市场信息不对称，可能改变商业银行的风险偏好和经营行为，研究疫情前后商业银行的风险承担，不仅涉及货币政策传导机制及作用效率，而且对金融风险防范有重要意义。

---

* 王晋，中国人民银行营业管理部副主任。参与成员：姚力、周军明、魏海滨、梁珊珊、赵伟欣、武士杰、廖述魁、胡彦。其中：姚力，中国人民银行营业管理部副主任；周军明，供职于中国人民银行营业管理部办公室；魏海滨、胡彦，供职于中国人民银行中关村中心支行；梁珊珊、赵伟欣、武士杰、廖述魁，供职于中国人民银行营业管理部金融稳定处。

本文运用上市银行面板数据，研究在新冠肺炎疫情背景下，中央银行货币政策对商业银行风险承担的作用效果和影响机理。同时，以问卷调查的形式，调研了48家银行对新冠肺炎疫情以来，逆周期调节的货币政策对其风险承担影响的看法。将北京地区15家法人银行数据作为研究样本，分析并预测了北京地区不良贷款率的变化趋势。

二、文献综述

（一）货币政策对商业银行风险承担的影响

国际金融危机的爆发促使人们反思货币政策与金融稳定的关系。部分学者试图从理论上解释货币政策对商业银行风险承担的影响。De Nicolo 等（2010）、Dell' Ariccia 和 Marquez（2006）从银行资产负债表的资产方和负债方分析货币政策对银行风险承担的影响：从资产方考虑，紧缩的货币政策提高了银行贷款利率，进而提高了银行监督的努力程度，此为组合配置效应；从负债方考虑，当中央银行实行紧缩的货币政策时，银行负担的债务成本提高，因而银行有动机通过提高风险承担增加偿付能力，此为风险转嫁效应。货币政策对银行风险承担的最终影响取决于组合配置效应和风险转嫁效应两种力量的博弈。Agur 和 Demertzis（2010）认为，货币政策立场通过四个途径影响银行的银行风险承担：一是政策利率直接影响债务融资成本，即价格效应；二是政策利率通过信用风险溢价间接影响银行的融资成本，即广义边际成本效应；三是政策利率影响银行债务的选择，即替代效应；四是银行退出或进入市场，即银行特许权价值效应。货币政策对银行风险承担的最终影响取决于银行四个效应的权衡。

有国内外学者通过计量检验方法研究货币政策对银行风险承担的影响。Altun-bas 等（2010a）、Delis 和 Kouretas（2011）分别采用 1998~2008 年欧盟及美国 643家上市银行控股公司的资产负债表数据和 2001~2008 年西欧国家银行资产负债表的季度数据进行实证研究，发现较低的短期利率很大程度上增加了银行的风险承担。

江曙霞和陈玉婵（2012）用银行风险加权资产占总资产的比例来测度银行风险，实证发现紧缩的货币政策对银行风险承担具有抑制作用，且货币政策对银行风险承担的影响取决于资本状况。张雪兰和何德旭（2012）采用贷款损失准备占贷款之比作为银行风险变量，并以不良率作为辅助稳健性考察指标，实证发现货币政策立场显著影响银行风险承担，且受市场结构及商业银行资产负债表特征的影响。

（二）货币政策对商业银行风险承担的传导渠道

学者们主要沿着两个方向研究货币政策对商业银行风险承担的传导渠道。一条研究脉络遵循长期以来的研究传统，从传统的货币政策传导渠道即货币渠道和信贷渠道出发，探讨货币政策与银行风险承担之间的联系。货币渠道是指货币政策通过影响利率、汇率等中介指标进而影响商业银行的信贷供给。信贷渠道是指货币政策通过影响商业银行的可贷资金以及企业的资产负债表，有效改变银行信贷总量，最终影响实体经济和金融稳定（Bernanke and Gertler，1995；Altunbas et al.，2010b；Ioannidou et al.，2015）。传统的货币政策传导渠道假设银行风险中性，只要商业银行有可贷资金，就会贷给资金需求方，而不考虑商业银行的风险态度和经营决策等。

另一条研究脉络围绕中央银行货币政策影响商业银行承担风险的能力和意愿。Borio 和 Zhu（2012）首次提出货币政策风险承担渠道，认为货币政策可能会通过影响资产价值、融资成本和风险定价等因素，影响商业银行对风险的感知和容忍度，从而进一步影响商业银行的信贷和投资决策，并最终作用于总产出和金融稳定。

近年来，越来越多的文献关注货币政策风险承担渠道的识别，主要有两种方法：一种是通过银行贷款分级数据来排除其他传导渠道的干扰，直接对银行的风险承担意愿进行研究和检验。例如，项后军等（2018）利用国内贷款分类五级数据构建贷款质量指数以近似的替代银行贷款分级数据，验证了我国银行风险承担渠道的存在性问题。另一种是在实证模型中加入控制变量以控制其他渠道干扰。例如，在 Altunbas 等（2010b）的研究中，通过引入宏观环境变量和银行特征变量分别控制资产负债表渠道及银行贷款渠道，然后再单独研究美国和欧元区的风险承担渠道。

三、银行风险承担的影响因素及传导渠道

（一）货币政策因素及传导渠道

一方面，中央银行通过调整货币政策工具，如中央银行基准利率、存款准备金率、公开市场操作等，直接或间接地调节金融机构创造货币的能力及金融市场的资金价格，从而影响社会总需求、商业银行信贷供给和借款者的财务状况，进而影响商业银行风险承担，包括货币渠道和资产负债表渠道。

另一方面，中央银行通过调整货币政策工具，引导商业银行预期，改变商业银行风险偏好和风险承担意愿，从而影响商业银行风险承担，即风险承担渠道。具体的影响机制主要有三个：一是收入、估值和现金流机制。低利率会使抵押品和资产的价值提高，进而使银行利润相应提高，这反过来会使银行的风险感知降低，进而容忍度增加，从而鼓励了其风险承担（Borio and Zhu，2012）。二是利率追逐机制。市场利率与目标收益率之差导致了金融机构的利率追逐（Rajan，2005）。Borio 和 Zhu（2012）在此基础上作出了该效应的狭义定义：若利率降低，则其会与（黏性）回报率目标相互作用，从而使风险容忍度增加。三是中央银行沟通机制。中央银行的政策承诺及透明度会改变商业银行的预期，从而使其根据自身状况调整贷款供给，最终改变货币政策作用于实际产出的效果（Borio and Zhu，2012；Blinder et al.，2008）。

（二）宏观环境因素及传导渠道

宏观经济越繁荣，当期借款主体违约的概率越低，这可能助推银行承担风险，导致银行体系更为脆弱（Gambacorta，2009）。López 等（2011）认为，这是因为更高的经济增速使银行更为乐观，风险容忍度相应提高，继而导致了相对劣质贷款的产生。

（三）银行自身因素及传导渠道

商业银行风险承担还会受到银行自身因素的影响（张雪兰、何德旭，2012）。

第一，银行规模。规模越大的银行，越具有资金实力，风险管理技术较好且贷款资产组合多元化，其风险承担程度通常较小。

第二，银行资本水平。一般认为银行资本水平越高（自有资金占比越多），银行会越小心谨慎。因为一旦投资失败，银行损失就会越多，即利益共担效应，所以银行就越不愿意承担过度风险。资本水平较高的银行其风险承担程度相对较小。

第三，流动性。从实证研究结果来看，流动性状况越好的银行，其风险承担越低，且流动性比率对银行风险承担的影响似乎越大（De Nicolo et al.，2010）。

第四，盈利能力。盈利能力越强的银行，其不会轻易放松贷款标准或者寻求更高风险的贷款以期获得更高的收益。因此，银行的净息差越大，其风险承担程度越小。

四、模型构建

（一）研究设计

本文借鉴已有研究成果，力图在两个方面进行拓展研究：一是研究新冠肺炎疫情这一特殊的风险事件是否会改变货币政策对商业银行风险承担的结论；二是对商业银行加以区分，研究国有银行、股份制银行和城市商业银行在货币政策与风险承担渠道和机理上的差别。

本文将从两方面进行实证研究：一是在新冠肺炎疫情下，哪类货币政策传导渠道对商业银行风险承担有效。二是在货币政策传导渠道识别基础上，不同类型商业银行风险承担作用机理的差别。

（二）样本选择及变量说明

1. 样本选择

考虑数据可得性，选取 2015 年第一季度至 2020 年第三季度 37 家上市银行作为样本，包括 6 家国有商业银行、9 家股份制商业银行和 22 家城市商业银行。

2. 被解释变量

国内外学者对银行风险承担的度量方法较多。一些学者如 De Nicolo 等（2010）、Altunbas 等（2010b）以银行预期违约率来评估银行风险承担，也有部分学者如 Delis 和 Kouretas（2011）同时使用不良资产率和风险资产比率这两个指标来度量银行风险承担。本文参照张雪兰和何德旭（2012）、项后军等（2018）的研究，使用不良贷款率（NPL）作为银行风险承担的代理变量。

3. 核心解释变量

本文在货币政策代理变量的选择上借鉴了徐明东和陈学彬（2012）的研究，选择贷款市场报价利率（LPR）、存款准备金率和 M_2 同比增速作为货币政策的代理变量，分别将这三个变量代入模型进行检验。

4. 其他控制变量

对于控制变量，本文选取 5 个影响银行风险承担的因素，包括 1 个宏观经济状况（GDP 增速）和 4 个银行特征变量。后者包括银行规模［资产规模（SIZE），采用银行总资产的对数表示］、资本水平［资本充足率（CAP）］、盈利能力［净息差（NIM）］和流动性［存贷比（CDB）］。

（三）检验一的模型设计

$$risk_{ijt} = \beta_{0ij} + \beta_{1ij}MP_{t-1} + \beta_{2ij}Dummy_t + \beta_{3ij}MP_{t-1} \times Dummy_t + \beta_{kij}CONTRO \quad (-1) \qquad (1)$$

其中，i 表示银行类型；k 从 4 开始赋值；MP 表示货币政策代理变量；Dummy 表示疫情，是一个二元虚拟变量；MP×Dummy 表示货币政策和疫情的交叉项，反映了疫情对货币政策的加强或者削弱作用；CONTRO 表示不同的控制变量。

由于银行不良贷款率存在一定的时滞，本文依据 SIC 准则，对货币政策变量、经济增速、交叉项均采取滞后一期的处理办法进行非平衡面板回归。

（四）检验二的模型设计

参考项后军等（2018）的研究，设计一个两阶段回归模型，先剔除传导渠道的影响，再验证风险承担渠道。

第一阶段的识别传统渠道模型为：

$$Risk_{i,t} = \lambda Risk_{i,t-1} + \alpha_1 IR_{t-1} + \beta_1 FA_{t-1} + \theta_1 Dummy_{t-1} + \theta_2 Dummy_{t-1} \times IR_{t-1} +$$

$$\theta_3 Dummy_{t-1} \times FA_{t-1} + \varepsilon_{i,t} \tag{2}$$

其中，IR 和 FA 分别表示货币渠道和信贷渠道；Dummy 表示疫情，是一个二元虚拟变量，疫情防控期间为 1，否则为 0；θ_1 表示疫情对银行不良贷款率的影响；Dummy×IR 是交叉项；θ_2 表示疫情对货币政策货币渠道的影响；Dummy×FA 是交叉项；θ_3 表示疫情对货币政策信贷渠道的影响。考虑银行不良贷款率存在一定的时滞，对货币政策传导渠道、交叉项均采取滞后一期的处理办法进行 GMM 非平衡面板回归。

第一步回归是为了识别货币渠道和信贷渠道，检验出的最有效货币政策变量中，α_1 如果为正，则表示货币渠道与银行风险承担呈正相关。

信贷渠道主要是通过金融加速器机制以企业资产价值的变化影响银行贷款意愿，因此使用资产价值变化 FA 来表示，FA 则使用中国人民银行每季度公布的经营景气指数①来表示。若 β_1 为负，则意味着信贷渠道与银行风险承担负相关。

通过第一阶段回归模型的变量 IR 和 FA 分别控制了货币渠道和信贷渠道的影响后，得到的残差项就能够较为接近地度量真正的银行风险承担渠道的变化，或者说就排除了货币渠道和信贷渠道影响后银行主动承担不良贷款风险的变化因素。

第二阶段是在渠道识别基础上检验风险承担渠道及银行风险承担的影响机制，并判断疫情对银行风险承担作用机理的影响，模型为：

$$ET_{i,t} = \alpha_2 TGAP_{t-1} + \beta_2 SFA_{t-1} + \gamma_1 Dummy_{t-1} + \gamma_2 Dummy_{t-1} \times TGAP_{t-1} +$$

$$\gamma_3 Dummy_{t-1} \times SFA_{t-1} + \sum_{k=1}^{4} \varphi_k B\_Control_{i,t} + \phi_1 GDP_{t-1} + \xi_{i,t} \tag{3}$$

其中，$\xi_{i,t}$ 表示剔除了银行贷款渠道和资产负债表渠道后的不良贷款率的残差。

TGAP 定义为基准利率与泰勒规则利率的利差，验证风险承担中的利率追逐效

---

① 该指数反映企业家对本企业本季度总体经营状况判断的指数。该指数的计算方法是在全部调查的企业中，先分别计算认为企业总体经营状况"较好"与"一般"的占比，再分别赋予权重 1 和 0.5 后求和得出。因为这一指数度量的是企业季度的经营状况，所以能较好地度量企业资产负债表的状况。

应机制。本文参考张雪兰和何德旭（2012）以及 Altunbas 等（2010b）的处理，TGAP 为真实名义短期利率与使用泰勒规则计算得到的规则利率之差①，如果 α_2 为负，则表明实际利率越低于目标利率，银行风险承担越大。真实名义短期利率与泰勒规则计算的利率缺口如图 1 所示。

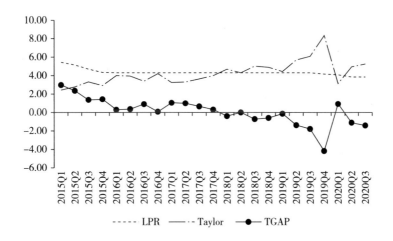

图 1   真实名义短期利率与泰勒规则计算的利率缺口

SFA 定义为企业抵押资产的价值，验证风险承担中的收入、估值和现金流机制，本文选择使用中国人民银行每季度公布的经营景气指数。

Dummy 表示疫情，是一个二元虚拟变量，疫情防控期间为 1，否则为 0。Dummy×TGAP 是交叉项，γ_2 表示疫情对于货币政策风险承担渠道中利率追逐效应机制的影响。Dummy×SFA 是交叉项，γ_3 表示疫情对于货币政策风险承担渠道中收入、估值和现金流机制的影响。B_Control 表示银行微观控制变量，主要包括银行规模

---

①   标准的泰勒规则利率为：$i_t = r^* + \pi_t + \alpha_1 (\pi_t - \pi^*) + \alpha_2 y_t$。其中：$i_t$ 是短期名义利率目标值；r^* 是长期均衡实际利率，泰勒假定处于潜在增长率和自然失业率水平下的通货膨胀都对应着一个均衡实际利率；π_t 是通货膨胀率；π^* 是短期通货膨胀目标；y_t 是产出缺口。α_1、α_2 都取 0.5，通货膨胀目标和均衡实际利率都取 2%，则 $i_t = 2 + \pi_t + 0.5 (\pi_t - \pi^*) + 0.5 y_t$。在产出缺口（$y_t$）的计算过程中，采用 HP 滤波法（$\lambda = 1600$）计算潜在 GDP。

（SIZE）、资本充足率（CAP）、流动性（LIQ）和净息差（NIM）。宏观控制变量使用 GDP 增长率。

本文并未验证中央银行沟通机制，原因在于：一是中央银行沟通机制的影响作用相对较小（Borio and Zhu，2012；项后军等，2018）；二是中央银行沟通渠道很难识别（Borio and Zhu，2012），中央银行给出的明确信号一般都表现在利率上。因此，本文只验证了利率追逐效应机制和收入、估值和现金流机制。

（五）问卷调查

为检验实证分析结果与银行的认识是否吻合，本文设计了 6 个问题，以问卷调查的形式，调查了 48 家银行①对新冠肺炎疫情以来逆周期调节的货币政策对其风险承担影响的看法。

（六）实证结果分析

第一，逆周期调节的货币政策与银行风险承担显著正相关，增加货币供应量对银行不良贷款率的影响小于降低 LPR，存款准备金率对银行不良贷款率影响不显著。从全样本看，无论是否有疫情，逆周期调节的货币政策与银行整体不良率上升都有较强的相关性；从横向比较看，新冠肺炎疫情防控期间，银行不良率对 M_2 和 LPR 的变化较为敏感。M_2 同比增速前的系数为正（0.0177），LPR 前的系数为负（-0.282），说明货币供应量增速加快、贷款利率降低会加剧银行的风险承担，与已有的文献结论一致。分银行类型看，不同的货币政策工具对不同类型的银行影响出现分化。其中，LPR 的降低均显著增加三类银行的不良率，LPR 下降 1%，国有银行、股份制银行和城市商业银行不良率分别上升了 0.116 个百分点、0.261 个百分点和 0.339 个百分点；M_2 同比增速会显著地增加股份制银行的不良率，M_2 增速提高 1%，股份制银行不良率上升 0.025 个百分点；存款准备金率对银行不良贷款

---

① 48 家银行都是北京辖区内的中资银行和外资法人银行。接受问卷调查的银行中，大型国有银行指的是大型国有银行北京分行，一共有 6 家；股份制银行指的是股份制银行或者股份制银行北京分行，一共有 12 家；城市商业银行指的是城市商业银行或者城市商业银行北京分行，一共有 10 家；村镇银行，一共有 11 家；外资法人银行，一共有 9 家。

率的影响不显著。

第二，新冠肺炎疫情加剧银行风险承担，从机构类型来看，新冠肺炎疫情对城市商业银行不良贷款率影响最大。从全样本看，新冠肺炎疫情在一定程度上加剧了银行的不良贷款率。当货币政策代理变量为 LPR 时，回归结果中代表疫情的 Dummy 变量系数为正（0.0893）且显著，因为新冠肺炎疫情使本来经营状况不错的企业停工停产，以及前期存在经营困难的企业提前暴露风险，企业偿债能力和意愿下降，一些正常类、关注类贷款下迁为次级类、可疑类和损失类贷款。从银行类型来看，新冠肺炎疫情对城市商业银行不良贷款率的影响最大且最显著。相较于国有银行和股份制银行，城市商业银行资产总量少，业务范围窄，抵御风险能力弱，受新冠肺炎疫情的冲击更加明显。

第三，从传导渠道来看，新冠肺炎疫情防控期间货币渠道的传导效应明显强于信贷渠道和风险承担渠道。从全样本来看，发生新冠肺炎疫情之前，货币渠道和信贷渠道都是显著的，这与项后军等（2018）的结论一致。疫情发生后，货币渠道的系数绝对值增大了①，说明在新冠肺炎疫情防控期间，保持银行体系流动性更重要。该实证结果与问卷调查中第二个问题的结果也相吻合，大部分银行（25/28）都认为自新冠肺炎疫情暴发以来，逆周期调节的货币政策对银行贷款业务（货币渠道）的影响较新冠肺炎疫情发生前有明显加强或轻微加强。从银行类型来看，除了大型国有银行外，其他银行货币渠道和信贷渠道都不显著，这说明我国传统的货币政策主要依靠大型国有银行传导。在现实中，六大国有银行的资产占所有上市银行资产的近六成。

第四，大型国有银行抗击风险能力强，疫情对其影响不大。从实证结果来看，国有大型银行风险承担渠道中追逐利率机制的代理变量 TGAP 是显著的，且代理变量 TGAP 与风险承担负相关。这说明银行在决策时会考虑真实的利率，若真实名义短期利率低于泰勒规则计算的利率，银行会追逐利率增加新的风险承担。收入、估值和现金流机制也是显著的，且代理变量 SFA 与风险承担正相关。这说明资产价值

---

① Dummy×FA 与其他回归项存在共线性，因此该自变量被舍弃。

越高，企业抵押品的净资产价值越高，银行贷款越安全，此种情况下，银行对于企业的偿债能力抱有过于乐观的估计，导致银行放松贷款标准，银行的风险承担增加。追逐利率机制的代理变量 TGAP 的系数绝对值（0.024）大于收入、估值和现金流机制的系数绝对值（0.004），说明银行风险承担渠道中利率追逐机制占主导地位。国有大型银行之所以能够选择更高的风险承担，原因在于其充足的资本能力和强大的风险识别能力。疫情防控期间，大型国有银行风险承担渠道中的利率追逐效应机制仍然有效，但不显著。该结论与问卷调查中第四个问题的结果相吻合，半数的大型国有银行（3/6）认为新冠肺炎疫情暴发以来，逆周期调节的货币政策对银行的风险偏好有明显上升影响或有微弱上升影响。

第五，城市商业银行抗击风险能力较弱，疫情防控期间，城市商业银行风险承担渠道失效。从实证结果看，疫情发生前，城市商业银行风险承担渠道显著，特别是追逐利率机制在风险承担渠道中起着重要的作用。疫情防控期间，货币政策风险承担渠道失效，可能是因为在疫情防控期间，外部信用风险较高，城市商业银行风险识别能力较弱，抗风险能力较差，不愿意主动追逐风险，增加风险承担。该结论与问卷调查中第四个问题的结果相吻合，超过半数的城市商业银行（6/10）认为新冠肺炎疫情暴发以来，逆周期调节的货币政策对银行的风险偏好基本无影响或有微弱影响。

五、北京辖区 15 家法人银行风险承担预测

由于部分数据缺失，本部分预测选择的样本数据为北京地区 15 家法人银行，时间区间及预测方法与前文实证模型相同，预测结果有两个方面。

（一）北京地区法人银行不良贷款率受存款准备金率影响显著

从回归结果的显著性来看，存款准备金率对北京地区银行风险承担的影响是显著的，存款准备金率每上升 1 个百分点，不良率会降低 0.08%，而 M_2 和 LPR 的影响不显著。一个可能的原因是样本中包含 7 家村镇银行，市场竞争力较弱，影响其

信贷业务最主要的因素是资金量，市场性的变量如 M₂ 和 LPR 对其影响较弱。

进一步对银行类型进行异质性回归显示，村镇银行存款准备金率前的系数为负且显著，说明村镇银行容易受到存款准备金率变化的影响，且相较于城市商业银行和外资银行，村镇银行受存款准备金率的影响程度最大（0.286>0.115>0.0365）。该结论与问卷调查中第六个问题的结果相吻合，与城市商业银行和外资银行认知不同，村镇银行认为存款准备金率是比中期借贷便利（MLF）、公开市场操作等更有效的逆周期调节的货币政策工具。

（二）疫情将加剧北京地区银行不良率，但货币政策会对冲疫情的不良影响

疫情对 2020 年末北京地区法人银行不良率有较大影响，使不良率上升了 9.43 个百分点（见表 1），同时，稳健的货币政策（LPR 降低 0.01%）能有效遏制不良率的上升，使其下降 0.02 个百分点。然而，值得注意的是，本文的预测是基于货币政策仅采取改变 LPR 的前提，倘若疫情得不到有效控制，如果中央银行继续推行贷款延期还本付息政策，显然不良率仍会得到有效控制，这与目前的政策预期也是符合的。

表 1   2020 年末北京地区法人银行不良率预测结果

	LPR 降低 0.01%	LPR 保持不变
疫情持续	不良率上升 9.41%	不良率上升 9.43%
疫情得到有效控制	不良率上升 0.05%	不良率受其他因素影响

进一步对银行类型进行异质性回归显示，村镇银行在疫情的冲击下，不良率上升最快。疫情若持续，村镇银行不良率会上升 2.46 个百分点；疫情若得到有效控制，存款准备率增加 1 个百分点会使村镇银行不良率下降 0.29 个百分点。

综上所述，从全国上市银行数据来看，降低存款准备金率，不会对商业银行的不良率产生显著影响，即疫情防控期间通过货币渠道操作，既可以有效支持实体经

济，又不会对银行体系不良率产生影响。但从北京辖区银行看，由于村镇银行占比高，其自身资产质量相对较差、市场竞争力不强，准备金率降低比货币供应量增加更容易引起银行不良率的大幅上升（0.08%>0.025%）。因此，我国中央银行在疫情防控期间采用的结构性货币政策工具、直达实体经济和贷款延期还本付息等信贷渠道货币政策工具是当前的最优政策传导渠道。

六、政策建议

（一）高度警惕疫情防控期间中小银行信用风险及关联风险

相较于国有大型商业银行，以城市商业银行为代表的中小银行规模小、资本实力弱、抗风险能力差，疫情对其冲击更大。疫情若持续，中小银行资产质量劣变速度可能更快，要高度警惕不良率上升较快引发的资本充足率不足、流动性缺口、重大负面舆情、异常集中取款等风险。

（二）有效控制疫情是经济复苏和金融稳定的基本前提

疫情显著加剧了银行的风险承担。如果疫情持续蔓延，有效控制疫情最为关键，这是经济复苏和金融稳定的基本前提。新冠肺炎疫情暴发后，一些国家采取强刺激做法，实施无限量宽政策，却放任疫情扩散蔓延，这无法从根本上抵消经济面临的冲击，银行风险承担会更大。

参考文献

［1］Agur I, Demertzis M, "Monetary Policy and Excessive Bank Risk Taking", *Working Paper*, 2010.

［2］Altunbas Y, Gambacorta L, Marques-Ibanez D, "Bank Risk and Monetary Policy", *Journal of Financial Stability*, 2010a, 6 (3): 121-129.

［3］Altunbas Y, Gambacorta L, Marques-Ibanez D, "Does Monetary Policy Affect Bank Risk-Taking?", *Working Paper*, 2010b.

［4］Bernanke B S, Gertler M, "Inside the Black Box: The Credit Channel of Monetary Policy Transmission", *Journal of Economic Perspectives*, Vol. 9, No. 4, 1995, pp. 27-48.

[5] Blinder A S, Ehrmann M, Fratzscher M , et al, "Central Bank Communication and Monetary Policy: A Survey of Theory and Evidence", *Journal of Economic Literature*, Vol. 46, No. 4, 2008, pp. 910-945.

[6] Borio C E V, Zhu H B, "Capital Regulation, Risk-Taking and Monetary Policy: A Missing Link in the Transmission Mechanism?", *Journal of Financial Stability*, Vol. 8, No. 4, 2012, pp. 236-251.

[7] De Nicolo G, Dell' Ariccia G, Laeven L, et al. , "Monetary Policy and Bank Risk Taking", *IMF Staff Position Note*, 2010.

[8] Delis M D, Kouretas G P, "Interest Rates and Bank Risk-Taking", *Journal of Banking & Finance*, Vol. 35, No. 4, 2011, pp. 840-855.

[9] Dell'Ariccia G, Marquez R, "Lending Booms and Lending Standards", *The Journal of Finance*, Vol. 61, No. 5, 2006, pp. 2511-2546.

[10] Gambacorta L, "Monetary Policy and the Risk-Taking Channel", *BIS Quarterly Review*, 2009.

[11] Ioannidou V , Ongena S, Peydró J L, "Monetary Policy, Risk-Taking and Pricing: Evidence from a Quasi-Natural Experiment", *Review of Finance*, Vol. 19, No. 1, 2015, pp. 95-144.

[12] López M, Tenjo F, Zárate H, "The Risk-Taking Channel and Monetary Transmission Mechanism in Colombia", *Revista ESPE*, Vol. 29, No. 64, 2011, pp. 211-234.

[13] Rajan R G, "Has Financial Development Made the World Riskier?", *Working Paper*, 2005.

[14] 江曙霞、陈玉婵:《货币政策、银行资本与风险承担》,《金融研究》2012 年第 4 期。

［15］项后军、郜栋玺、陈昕朋：《基于"渠道识别"的货币政策银行风险承担渠道问题研究》，《管理世界》2018 年第 8 期。

［16］张雪兰、何德旭：《货币政策立场与银行风险承担——基于中国银行业的实证研究（2000—2010）》，《经济研究》2012 年第 5 期。

［17］徐明东、陈学彬：《货币环境、资本充足率与商业银行风险承担》，《金融研究》2012 年第 7 期。

金融支持高新技术产业综合指数研究

——以北京为例

梅国辉 等*

本文以大数据为基础，从金融支持环境、金融支持力度、金融支持效率三方面构建包含3个一级指标、8个二级指标、17个三级指标的综合指数评价体系，按季度编制了2016年以来的金融支持高新技术产业综合指数，以及金融支持环境、金融支持力度、金融支持效率三个分指数。研究显示，综合指数持续上涨，显示金融对首都高新技术产业的发展起到了积极的推动作用。三个分指数之间高度相关，三者之间相互影响与支持，表明金融促进了高新技术产业发展，高新技术产业发展带动了金融需求。随着金融与高新技术产业基数变大，综合指数近两年增速放缓。这既受高新技术产业发展的客观规律影响，也有赖于金融主动作为，创造环境推动高新技术产业较快发展。本文从优化高新技术产业金融支持环境、加大高新技术产业金融支持力度、提高新技术产业金融支持效率三方面提出政策建议，助力北京全国科技创新中心建设。

一、引言

高新技术产业具有智力性、创新性、战略性和清洁性等优势，对社会和经济的

---

* 梅国辉，中国人民银行营业管理部巡视员。参与成员：周丹、林晓东、刘前进、王芳、程五阳、阳丽、李康、魏海玉、魏超然、王璐翟、徐冉。其中：周丹，供职于中国人民银行营业管理部金融稳定处；林晓东、李康、魏海玉，供职于中国人民银行营业管理部金融研究处；刘前进、王芳、程五阳、阳丽，供职于中国人民银行营业管理部调查统计处；魏超然，供职于中国人民银行营业管理部国库处；王璐翟，供职于中国人民银行中关村中心支行；徐冉，供职于中国人民银行营业管理部法律事务处（金融消费权益保护处）。

发展具有战略意义。高新技术产业体现为知识和技术高度密集，科技人员比重大；资源、能量消耗少，产品多样化、信息化，更新换代快，附加值高；销售收入中用于研发活动的费用比例较高，研发投入高，回报周期长，研发结果具有较高的不确定性，风险性较高，但研发成功后将获得较高的市场份额与回报；产业增长率高，通常为传统产业的 3~5 倍，占国内生产总值的比重较大、对经济增长的贡献度较高；以知识产权专利等无形资产为主，可抵押的有形资产相对较少。

（一）研究背景

新一轮科技革命和产业变革发展迅猛，各国均通过各类支持政策抢占高新技术发展高地。例如，美国在克林顿时期发布的"鼓励创新、支持创业"政策以及之后的促进高新技术产业的风险投资等政策，推动美国在信息、生物技术等各方面领先全球。日本在 20 世纪 80 年代就确立了"技术立国"战略，助推日本在材料科学、精细化工等方面优势明显。我国高新技术产业已取得明显发展，有些领域已走在世界前列，但与国际和我国发展需要比，我国高新技术产业仍存在基础弱、核心竞争力差、自主创新能力不足等问题。对中国当下来讲，亟须加大对高新技术产业的支持，推动产业结构转型升级，促进经济高质量发展。

金融是"血液"，是促进高新技术跨越式发展的推进剂。但目前我国的金融供给还不能完全满足高新技术产业高投入、高风险的需要。在此背景下，本文聚焦金融支持高新技术产业发展效能测度问题进行研究，为提升金融支持效果、推动金融供给侧结构性改革提供决策信息支持。

（二）文献综述

1. 国外研究综述

国外已有较多学者比较研究了不同融资方式对高新技术产业发展的不同作用。Tykvova（2000）通过研究证明风险投资是中小企业特别是高新技术企业的首选融资模式，能够满足新创企业的融资需求。Rin 等（2002）证明银行是新兴市场中产业发展的催化剂，能够调动大量的企业并创造市场利润。Kletzer 和 Bardhan（1987）

研究发现金融部门效率高能够为融资依赖性强的产业提供金融支持，从而推动相关产业成长。

2. 国内研究现状

国内学者集中于用不同的计量方法对金融支持高新技术产业发展的效果和影响因素进行研究。孟媛等（2015）基于 DEA 模型构建了科技型中小企业融资效率评价体系。王新红（2007）进一步测度了我国高新技术企业融资效率。刘玲利和王聪（2010）采用 CCR 模型、BCC 模型和超效率模型综合测度方法对我国高新技术上市公司融资效率进行了测算。熊广勤等（2014）将金融支持效率分为资金筹集效率和资金配置效率，并运用资产负债率、流通股占比、BETA 值、企业总成率、主营业务收入增长率、净资产收益率、托宾 Q 值等指标评价金融支持效率。

目前的研究侧重于从某一金融工具或从企业投融资效率进行评价，缺少从社会融资全貌对高新技术支持情况的综合评估，同时由于缺乏统一衡量标准，无法准确比较金融工具对高新技术企业的贡献程度。为了更好地指导金融创新，增加对高新技术企业的金融供给，有必要设计全面的金融支持高新技术指标体系，构建金融指数，监测分析金融贡献，为金融改革发展提供数据信息支持。

（三）研究意义

1. 现实意义

通过编制北京金融支持高新技术产业综合指数，研究高新技术产业发展的金融创新支持途径，为北京地区金融改革、产业转型升级及经济高质量发展提供有针对性的建议，为我国新发展格局下践行新发展理念提供经验参考，因此具有较为显著的实践价值和社会意义。

2. 理论意义

本文基于金融发展与经济增长、金融外生等理论成果，结合我国高新技术产业发展实际情况，探讨定量测度我国高新技术产业的金融支持效率方法，实证分析影响金融支持效率的因素。在此基础上，综合分析高新技术产业的金融支持问题，为金融支持效率提升提供了方向指引，并用数据检验了金融支持高新技术产业发展的作用机理，丰富了高新技术产业发展理论与金融发展理论，因此具有一定的理论意义。

（四）创新点

第一，创新了金融支持高新技术产业综合指数编制方法。本文率先提出基于大数据方法统计高新技术产业融资情况，运用逐笔融资数据与高新技术企业名录精准匹配，提高了统计数据质量。在此基础上，构建了全面反映金融支持高新技术产业特点的指标体系，从金融支持环境、支持力度、支持效率多角度、多层次反映金融支持高新技术产业情况。本文比较了多种编制方法，充分利用混频数据，提高了金融支持高新技术产业指数合理性、科学性与及时性，从不同维度客观评价了各类金融工具对高新技术产业支持的效能。

第二，弥补了北京金融支持高新技术产业综合指数的空白。通过编制北京金融支持高新技术产业综合指数，以及金融支持环境分指数、金融支持力度分指数、金融支持效率分指数，全面深入反映金融与高新技术发展的历史、现状与未来，体现了金融与高新技术、金融支持环境与支持力度等之间的相互关系，为监测分析金融与高新技术产业发展之间的关系提供了数据支撑与分析抓手。

第三，找到了完善金融服务高新技术，助力高新技术发展的路径。通过编制综合指数，分析各指数之间的关系，发现北京金融支持高新技术产业综合指数近期增速趋缓，其中既有高新技术产业周期性发展的因素，也有金融环境、金融市场的因素。因此，建议通过改善金融环境，便利高新技术企业融资，更好地支持北京高新技术产业发展。

二、北京市金融支持高新技术产业发展现状

（一）北京市高新技术产业发展现状

1. 北京高新技术企业数量多，产值占比高

2019 年，北京的高新技术企业接近 2.5 万家，居全国首位，是深圳的 1.6 倍，

是上海、广州的 2.2 倍，占全国高新技术企业数量的 11% 左右。2019 年，全国 169 家国家高新区企业共实现生产总值 12.2 万亿元，其中北京中关村高新区占比将近 10%；169 家国家高新区企业上缴税费 1.9 万亿元，其中北京中关村高新区占比 14% 左右。2015~2019 年，中关村高新技术企业数量增长了 47%，从业人员数量增长了近 22%（见图 1）。如图 2 所示，2010~2019 年，中关村企业工业总产值由 4988.0 亿元增加至 11886.7 亿元，实现了翻一番；总收入由 15940.2 亿元增加至 66422.2 亿元，增幅超过 3 倍。

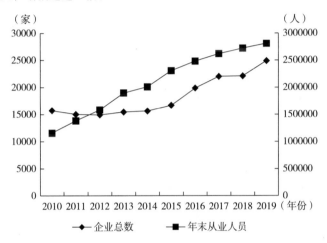

图 1　2010~2019 年北京中关村高新技术企业规模变化

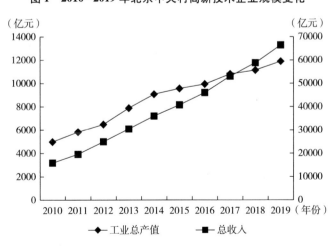

图 2　2010~2019 年北京中关村高新技术企业指标

2. 北京科技实力雄厚，龙头企业在全国遥遥领先

北京两院院士约占全国的一半，国家重点实验室约占全国的1/3。2019年，北京研发经费支出2233.6亿元，是上海的1.5倍左右、深圳的1.7倍左右，占GDP的比重为6.3%，高于深圳1.3个百分点、上海2.3个百分点。2019年，北京获得国家发明专利5.3万项，在全国省级区域中位列第二，仅次于广东（5.9万项），远超江苏（位列全国第三，3.9万项）。每万人口发明专利拥有量北京为132项，位列全国第一，是上海（位列全国第二）的2.5倍左右。

根据长城战略咨询发布的《2019年中国独角兽企业研究报告》，2019年北京独角兽企业为79家，占全国独角兽企业总数的36%，与上海、深圳、杭州之和相当。其中，全国估值超过100亿美元（含）的7家超级独角兽企业中北京占有5家。北京独角兽企业在人工智能领域的地位尤为突出。据统计，2019年全国人工智能领域独角兽企业共有18家，其中10家在北京，核心业务覆盖AI专用芯片、机器视觉、智能语音、无人驾驶等领域。此外，北京独角兽企业在新零售、新文娱、互联网教育、医疗健康、金融科技等领域也表现突出。

从技术领域来看，北京中关村高新技术企业主要集中于电子与信息领域和先进制造技术领域，企业数量合计占比近八成。2019年，电子与信息领域企业数量、从业人员数量和总收入占比均超过五成。其中，企业总数为15779家，占中关村高新技术企业数量的68.6%；年末从业人员为153.0万，占中关村高新技术企业从业人员数量的64.1%；总收入为29833.3亿元，占中关村高新技术企业总收入的56.1%。其次为先进制造技术领域，其企业总数、年末从业人员和总收入占比分别为9.4%、12.6%和17.2%。

从企业规模来看，大型高新技术企业贡献大，中小企业数量多，发展潜力大。2018年，中关村高新技术企业中，收入规模大于100亿元和10亿~100亿元的企业数量分别占比0.4%和2.9%，但分别贡献了49.8%和30.1%的收入以及53.5%和33.6%的利润额。收入规模在5000万元以下的企业占总数的74.6%，贡献了2.8%的收入和5.2%的利润。

（二）北京市金融支持高新技术产业情况

1. 北京金融中介机构发达，金融支持环境总体较好

2019 年，中关村专营组织机构数量为 66 家，较 2015 年增加了 19 家；融资担保平台达 62 家。此外，根据北京市科学技术委员会数据，2019 年北京科技企业孵化器数量、众创空间数量、国际科技合作基地数量分别有 70 个、213 个、396 个。总体来看，北京金融机构、金融中介机构较多，金融市场发展领先全国其他地区，法律政策环境为高新技术产业融资创造了良好环境。

2. 金融对高新技术产业支持较大，贷款和股票融资占比较高，债券融资有待进一步提升

2020 年，北京高新技术产业贷款、股票和债券新增融资①占比分别为 64.7%、31.2% 和 4.1%（见表 1）。股票融资受市场影响较大，融资年度波动较大，2018 年占比明显上升；2019 年债券融资净增额为负值；贷款受市场影响相对较小，对高新技术支持较为稳定。

表 1　2017～2020 年北京高新技术产业贷款、股票和债券新增融资占比

单位:%

年份	贷款融资净增额占比	当年境内外股票融资额占比	债券融资净增额占比
2017	82.3	10.2	7.4
2018	46.1	52.5	1.4
2019	47.3	153.7	−101.0
2020	64.7	31.2	4.1

3. 由政府主导的产业基金支出大幅增加，北京市财政科学技术支出占比连续三年上升

2018 年，由北京市政府主导的产业基金支出达 1731.6 亿元，是 2012 年的 3.2

---

① 贷款、债券新增融资为贷款、债券当年融资净增加额，小于实际发放额，股票为当年首发和增发募集金额。

倍，为近年来的高点；从财政科学技术支出占比看，近年来北京市财政科学技术支出占比一直高于全国平均水平，2019 年占比为 6.0%，较全国平均水平高 2.0 个百分点。

4. 贷款是高新技术产业主要的融资方式，持续保持较高增速

2020 年 6 月末，北京高新技术产业贷款余额为 2017 年 6 月末的 1.5 倍，年均增速达 14.6%，较同期人民币贷款平均增速高 4 个百分点。近三年来北京新增贷款是股票融资的 1.85 倍，同期债券净融资为负值，为高新技术产业提供了较充裕的增量资金。2020 年 6 月末，北京贷款客户数是 2017 年 6 月至 2020 年 6 月股票融资户数的 42 倍。2017 年 3 月至 2020 年 6 月，北京贷款平均覆盖率为 19.5%，支持覆盖面显著高于股票债券直接融资方式。2020 年 6 月末，北京高新技术产业首贷率为 12.0%，贷款发挥了主力军作用，持续为高新技术产业提供资金支持。

5. 高新技术产业股票融资较多，逐年波动较大

2016~2020 年，北京高新技术产业年均境内外股票融资额①为 838.25 亿元，融资最多年份（2018 年）是最少年份（2017 年）的 4.3 倍；2020 年，共有 58 家企业进行了首发和增发募集资金，户均股票融资额为 17 亿元，户均募集金额较大。与上海相比，北京市企业在新三板、创业板上市数量超过上海，科创板上市企业数量略低于上海。截至 2020 年 11 月底，北京市新三板挂牌企业 1083 家，高于上海的 656 家；北京市创业板企业 40 家，高于上海的 27 家；在已上市的 462 家科创板企业中，北京有 64 家，较上海少 6 家。

6. 高新技术产业债券融资规模较小，国有企业占比较高

2020 年 6 月末，北京高新技术产业债券融资余额为 714.4 亿元，是 2016 年 6 月的 1.5 倍；余额同比下降 2.8%，降幅较 3 月末收窄 21.4 个百分点。其中，国有企业债券融资 48 笔，融资余额占比超七成（72.5%），民营企业 31 笔，融资余

---

① 包括北京高新技术企业境内外股票首发募集资金和增发募集资金。根据中关村管委会下发的高新技术企业名单匹配上市公司的首发和增发募集资金，既包括境内股票融资，也包括中国香港、美国等境外股票融资数据。

额占比为 17.1%。分行业看，债券融资集中于建筑业和制造业，其他占比偏低（见表 2）。

表 2　2020 年 6 月末北京主要行业债券融资占比

行业	债券融资余额（亿元）	债券融资占比（%）	发行笔数（笔）	笔数占比（%）
建筑业	231.2	32.4	18	21.2
制造业	202.5	28.3	22	25.9
科学研究和技术服务业	18.6	2.6	3	3.5
信息传输、软件和信息技术服务业	36.0	5.0	11	12.9
文化、体育和娱乐业	3.0	0.4	1	1.2
债券融资合计	714.4	—	85	—

以上分析了各指标的现状及发展趋势，但缺少对高新技术产业总体金融支持情况指标的反映，各指标之间可比性不强，为了更全面、更科学地反映金融支持的变化趋势，使其横向、纵向可比，我们尝试编制金融支持高新技术产业综合指数。

三、金融支持高新技术产业指标体系

（一）构建指标体系的原则

本文在构建金融支持高新技术产业指标体系时，主要遵循以下三个原则：一是全面客观。在高新技术产业发展理论基础上，力争考虑全面，在可获得性前提下，尽可能把相关指标纳入指标体系。二是科学合理。针对混频数据和数据缺失的情况，力争采用科学的数据处理方法弥补数据缺口、编制综合指数。三是实用可比。充分体现指数的实用性，体现为决策服务目标，通过数据标准化、指数化，使综合指数不仅纵向可比，还可横向比较。

（二）指标体系的构建

本文从金融支持环境、金融支持力度、金融支持效率三方面构建包含 3 个一级指标、8 个二级指标、17 个三级指标的综合评价体系（见表 3）。

表 3　金融支持高新技术产业统计指标体系

一级指标	二级指标	三级指标	单位	数据频度	指标属性
金融支持环境指标	科技金融服务机构	中关村专营组织机构数量	家	年	正指标
		律师事务所数量	家	年	正指标
		融资担保平台数量	家	年	正指标
金融支持力度指标	政府金融支持	由政府主导的产业基金支出	亿元	年	正指标
	融资总量	高新技术产业贷款余额	亿元	季	正指标
		高新技术产业境内外股票融资额	亿元	季	正指标
		高新技术产业债券融资余额	亿元	季	正指标
	融资价格	高新技术产业贷款平均利率	%	季	负指标
		高新技术产业债券发行平均利率	%	季	负指标
	融资结构	高新技术产业贷款覆盖率	%	季	正指标
金融支持效率指标	产出规模	从业人数	人	季	正指标
		工业总产值	亿元	季	正指标
		利润总额	亿元	季	正指标
	专利数量	专利申请量	件	季	正指标
		累计有效发明专利量	件	季	正指标
		技术交易合同成交总额	亿元	季	正指标
	间接产出	全市人均可支配收入	元	季	正指标

四、北京市金融支持高新技术产业综合指数编制实证

（一）指数编制方法介绍

金融支持高新技术产业综合指数是多维度综合性指数，每一维度构成具体方面的分指数，每个分指数又由若干个指标合成。编制思路是根据上述指标体系中每个

评价指标的极大值和极小值来计算单个指标指数（即无量纲化），然后再根据每个指标的权重合成金融支持高新技术产业综合指数。

权重的确定方法众多，但可以归为两大类：主观赋权法和客观赋权法。其中，主观赋权法包括层次分析法、德尔菲法等，客观赋权法包括等权重法、熵值法、主成分分析和因子分析法等。主观赋权法可以根据实际问题需要确定指标的权重，可自由赋予重要指标较大权重，但缺点是主观随意性较大。客观赋权法具有较强的科学理论依据，能够减少主观性造成的偏差，其中熵值法的权重确定是完全根据各指标数据的实际情况确定的，避免了主观因素的掺杂，可以较客观地确定各指标的权重，使评价的基础较为科学。为体现客观性，本文选择客观赋权法中的熵值法进行指数编制。

熵值法根据指标变异性的大小来确定客观权重，此方法通过突出局部差异来确定指标权重，进而计算各样本综合得分，它是一个相对数值，因此，熵值法适用于多指标的相对评价。一般来说，若某个指标的信息熵越小，表明指标值的变异程度越大，提供的信息量越多，在综合评价中所能起到的作用也越大，其权重也就越大。

假设原始数据包含 m 个评价指标，n 期数据，第 i 期第 j 个指标设为 X_{ij}（i = 1，2，…，n；j = 1，2，…，m），熵值法步骤如下：

1. 数据标准化处理

由于各个评价指标数据大小和计量单位都不同，首先需去掉不同指标间的量纲差异，即对其进行无量纲化处理。

对于正指标，即指标值越大越优的指标，处理方法为：

$$X_{ij} = \frac{X_{ij} - minX_j}{maxX_j - minX_j}$$

对于负指标，即指标值越小越优的指标，处理方法为：

$$X_{ij} = \frac{maxX_j - X_{ij}}{maxX_j - minX_j}$$

2. 计算处理后数据的比重

$$p_{ij} = \frac{X_{ij}}{\sum\limits_{i=1}^{n} X_{ij}}$$

3. 计算指标信息熵

$$e_j = -\frac{1}{\ln n} \sum_{i=1}^{n} p_{ij} \ln p_{ij}$$

4. 计算信息熵冗余度

$$d_j = 1 - e_j$$

5. 计算指标权重

$$W_j = d_j \bigg/ \sum_{j=1}^{m} d_j$$

6. 计算单指标评价得分

$$S_{ij} = W_j \times X_{ij}$$

（二）数据预处理

1. 缺失数据处理方法

金融支持高新技术指标数据呈现出单位各异、频度不同、属性有别三个特点，需要进行预处理。对于频度不同问题，运用 Eviews 软件用插值法将年度数据转化为季度数据。对于个别缺失数据问题，运用简单平均法、移动平均法等方法补充缺失数据。

2. 季节调整方法

原始数据中产出数据是季度累计数据，具有较强的季节性，运用 Eviews 软件利用 X-12 季节调整方法进行季节调整。

（三）指数编制实证

根据熵值法最后计算出来的各指标权重如表4所示。

表 4　金融支持高新技术产业指标权重

一级指标	二级指标	三级指标	权重
金融支持环境指标 （0.1982）	科技金融服务机构 （0.1982）	中关村专营组织机构数量	0.1058
		律师事务所数量	0.0654
		融资担保平台数量	0.0271
金融支持力度指标 （0.4543）	政府金融支持 （0.0720）	由政府主导的产业基金支出	0.0720
	融资总量 （0.2680）	高新技术产业贷款余额	0.0481
		高新技术产业境内外股票融资额	0.1705
		高新技术产业债券融资余额	0.0494
	融资价格 （0.0803）	高新技术产业贷款平均利率	0.0553
		高新技术产业债券发行平均利率	0.0250
	融资结构 （0.0341）	高新技术产业贷款覆盖率	0.0341
金融支持效率指标 （0.3475）	产出规模 （0.1257）	从业人数	0.0442
		工业总产值	0.0330
		利润总额	0.0484
	专利数量 （0.1643）	专利申请量	0.0368
		累计有效发明专利量	0.0599
		技术交易合同成交总额	0.0676
	间接产出 （0.0575）	全市人均可支配收入	0.0575

注：括号内数字为该指标权重。

　　根据计算出来的权重，对北京市金融支持高新技术产业指标体系指数进行测算，以 2006 年第一季度作为基期，各分指数及综合指数如表 5、图 3、图 4 所示。

表 5　北京市金融支持高新技术产业指数结果

	金融支持环境指数	金融支持力度指数	金融支持效率指数	综合指数
2016 年第一季度	100	100	100	100
2016 年第二季度	101	109	104	106

续表

	金融支持环境指数	金融支持力度指数	金融支持效率指数	综合指数
2016 年第三季度	103	108	109	107
2016 年第四季度	104	112	117	112
2017 年第一季度	112	107	125	114
2017 年第二季度	113	108	131	117
2017 年第三季度	119	110	139	121
2017 年第四季度	120	112	146	125
2018 年第一季度	129	119	154	132
2018 年第二季度	137	122	160	138
2018 年第三季度	146	156	164	156
2018 年第四季度	156	125	164	144
2019 年第一季度	160	127	167	147
2019 年第二季度	162	126	174	149
2019 年第三季度	167	122	179	149
2019 年第四季度	167	120	179	149
2020 年第一季度	168	131	178	154
2020 年第二季度	169	132	179	155

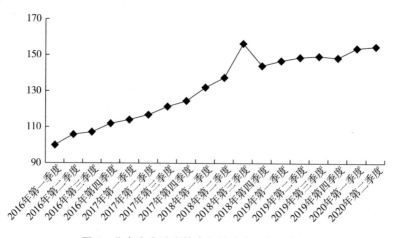

图 3 北京市金融支持高新技术产业综合指数

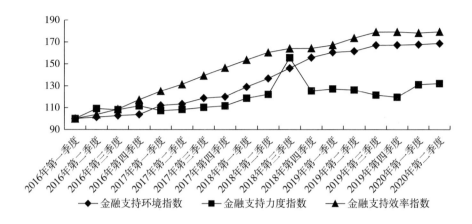

图 4　北京市金融支持高新技术产业分指数

五、主要结论与政策建议

（一）主要结论

金融对首都高新技术产业的发展起到了积极的推动作用。2016 年第一季度至 2020 年第二季度，北京市金融支持高新技术产业发展综合指数呈现明显的上升趋势，累计上升了 55 个百分点。金融支持环境、金融支持力度和金融支持效率指数较 2016 年第一季度分别上升了 69 个、32 个、79 个百分点。其中，金融支持效率提升较多，对综合指数的贡献率最大，体现出在金融支持下，高新技术产出提升较快；其次是金融支持环境也持续向好，在专营机构、律师事务所及担保平台建设方面均成效明显。

金融综合指数持续上涨，但 2018 年第四季度至 2020 年第二季度涨幅趋缓。2016 年第一季度至 2018 年第三季度，综合指数增长较快，金融支持环境、金融支持力度和金融支持效率在这一阶段均提升较快。自 2018 年第四季度以来，综合指数增速趋缓。其中金融支持力度下降最明显，原因在于政府产业基金支出、高新技术产业债券融资余额下滑，2019 年 12 月末，由政府主导的产业基金支出、高新技术产业债券融资余额较 2018 年末分别下降了 39.5%、37.0%，拉低了金融支持力度指数。自 2020 年以来，金融支持力度指数大幅提升拉动综合指数重新步入上升轨道，主要在于债券融资恢复正增长（2020 年 6 月末较 2019 年 12 月末增长 22.2%）。

金融支持力度在波动中上升，波动主要受股票融资波动影响。综合指数在 2018 年第三季度突然大幅上升，随后回落，主要受当季股票融资额大幅上升的影响，第三季度股票融资额环比增长了 11 倍，导致当季综合指数大幅提升。

三个分指数高度相关，但因果关系检验不显著。统计结果显示，金融支持环境指数、金融支持力度指数和金融支持效率指数两两的相关系数分别为 0.96、0.73、0.71，说明三者之间相互影响与支持，金融可以支持高新技术产业发展，高新技术产业发展也拉动了金融需求。然而，进一步对三者之间进行因果关系检验，发现因果关系不显著。

（二）政策建议

随着金融与高新技术产业基数变大，综合指数增速有放缓的趋势，其中既受高新技术产业发展客观规律的影响，也有赖于金融主动作为，创造环境推动高新技术产业较快发展。

第一，优化高新技术企业金融支持环境。在借鉴前期科技金融专营组织金融服务成功经验的基础上，进一步引导商业银行增加专营组织数量，扩大金融服务范围；对现有科技金融专营组织实行差异化管理，鼓励专营组织创新业务机制，提高现有专营组织的金融服务效率。同时，充分发挥国家融资担保基金的资金撬动作用，在地方政府部门的引导下，通过设置专项担保基金、加大科技型企业担保比例等手段建立地方担保平台、担保公司与科技园区企业的长期合作机制，助力科技型企业提高融资可得性、降低融资成本。

第二，加大高新技术企业金融支持力度。充分发挥政府主导产业基金的撬动作用，引导和吸引社会资本加大对科技型企业的投资；合理设置财政拨款的占比及增长，保证科研经费投入；增加税收支持，通过税收返还等形式对符合条件的高新技术企业实行税收减免或豁免，同时对投资高新技术企业的投融资收益免征或少征所得税，吸引更多资金用于支持高新技术企业发展；加快完善资本市场融资机制，引导高新技术企业通过资本市场融资。

第三，提高高新科技企业金融支持效率。充分发挥北京高校多、技术人才丰富的基础优势，通过完善户籍迁移、档案存放、专利转让、技术入股、税收减免等人才吸引政策和建立社会保障体系，吸引更多高新技术人才，助力地区高新技术产业长期持续稳定发展；认真落实《中华人民共和国促进科技成果转化法》等法律法规，根据本地区高新技术企业的特点，细化地方性科技成果转化政策，完善符合科技成果特点和转化规律的管理模式，精简审批程序和材料，制定科学合理的专利认定机制，通过加强和完善与高校的合作机制充分挖掘高校团队的科技创新能力，提高高新技术企业及高校科研成果的转换比例和效率。

（三）研究不足及下一步展望

一是统计指标有待进一步完善拓展。本文受数据可得性制约，缺少私募股权（Private Equity，PE）、创业投资等私募机构数据，而这类数据对于高新技术企业至关重要，在一定程度上影响了综合指数的全面性与科学性。二是熵值法确定权重有一定的局限性，本文只考虑了数据分布这一客观特点，未考虑各指标对综合指数的经济学含义。三是对于金融支持环境、金融支持力度和金融支持效率之间的关系研究尚不深入，有待进一步深化。下一步，我们将沿着以上三方面的内容，优化综合指数编制方法，为金融支持高新技术产业发展提供更为充分的信息支持。

参考文献

［1］曹广菊：《高新技术产业的投融资相关问题探讨》，《时代经贸》2020 年第 8 期。

［2］戴丽萍、徐郑锋：《与高科技企业生命周期相对应的融资方式的演变》，《中国管理信息化》2008 年第 19 期。

［3］付兴、郑绍钰、张文鹏：《高新技术产业融资效率评价指标体系的构建》，《智库时代》2018 年第 51 期。

［4］郭倚楠：《基于生命周期理论的高新技术产业融资策略探究》，《企业科技与发展》2019 年第 10 期。

［5］经济日报—中国邮政储蓄银行小微企业运行指数课题组：《小微企业运行持续回升》，《经济日报》2020 年 8 月 11 日第 12 版。

［6］李爱群、鲁君谊：《高新技术产业各生命周期阶段融资渠道选择》，《财会通讯（理财版）》2008 年第 6 期。

［7］沈文雯：《高新技术产业投融资国际比较综述》，《中国集体经济》2015 年第 18 期。

［8］肖雅、郭晓顺：《新三板高新技术产业股权融资效率评价》，《财会月刊》2018 年第 11 期。

［9］姚瑶、邹小磊：《高新技术产业融资效率研究》，《企业改革与管理》2019 年第 13 期。

［10］Tykvova T，"Venture Capital and its Impact on Innovation"，*Ssrn Electronic Journal*，2000.

［11］Da Rin，Marco，Thomas Hellmann，"Banks as Catalysts for Industrialization"，*Journal of Financial Intermediation*，Vol. 11，2002，pp. 366-397.

［12］Kletzer K，P Bardhan，"Credit Markets and Patterns of International Trade"，*Journal of Development Economics*，Vol. 27，No.（1-2），1987，pp. 57-70.

［13］孟媛、杨扬、陈敬良、王广雷：《我国科技型小微企业融资效率的实证研究》，《上海理工大学学报》2015 年第 3 期。

［14］王新红：《高新技术企业融资效率测度与评价》，陕西人民教育出版社，2007。

［15］刘玲利、王聪：《我国高新技术上市公司融资效率评价研究》，《经济纵横》2010 年第 10 期。

［16］熊广勤、郑旸：《科技产业上市公司金融支持效率及其影响因素研究》，《科技管理研究》2014 年第 14 期。

我国创业投资支持科创企业发展体制机制创新研究

魏海滨 等*

党的十九届五中全会提出，坚持创新在我国现代化建设全局中的核心地位，把科技自立自强作为国家发展的战略支撑。创业投资为轻资产、高投入的科创企业发展提供了宝贵的资本金。在国家、部委和地方等多个层面的政策支持下，我国创业投资取得了快速发展，政府引导基金也发挥了较好的支撑作用。但近年来，受宏观经济下行压力加大、金融监管力度不断加强、金融基础设施建设滞后等因素影响，创投市场投融资逐渐冷却，政府引导基金及银行投贷联动等业务发展缓慢，这些问题需引起关注。本文对我国创业投资市场发展现状、成效进行梳理，深入分析创业投资面临的制度障碍，并提出了体制机制创新建议。

一、研究背景和意义

受新冠肺炎疫情的冲击，世界经济衰退程度加深，外部环境极其错综复杂。在此背景下，更需要坚定不移深化改革创新，不断释放市场活力和社会创造力，加快培育新经济新动能，不断优化创新创业生态环境。

融资难、融资贵一直是我国中小企业面临的难题，特别是具有成长潜力但普遍具有轻资产、高投入特点的科创企业。一直以来，创业投资都是科创企业青睐的融资方式，私募基金为企业发展提供了宝贵的资本金，有力地支持了科创企业发展。

* 魏海滨，供职于中国人民银行中关村中心支行。参与成员：吴逾峰、徐珊、李菲菲、陈百惠、王璐翟、齐雪菲、魏海玉。其中：徐珊、李菲菲、陈百惠、王璐翟、齐雪菲，供职于中国人民银行中关村中心支行；吴逾峰、魏海玉，供职于中国人民银行营业管理部金融研究处。

2019 年，私募基金投向境内未上市未挂牌企业股权的本金新增 7392 亿元，相当于同期新增社会融资规模的 2.88%，有力推动了供给侧结构性改革与创新增长。同时，国家、部委和地方等多个层面也出台政策引导和规范创业投资行业发展。但近年来，受宏观经济下行压力加大、金融行业监管力度不断加强、金融基础设施建设尚不完善等因素影响，创投市场逐渐冷却，政府引导基金及银行投贷联动等发展缓慢。

面临新的内外部环境，金融业改革开放需进一步深化。北京应充分发挥金融资源、科技资源聚集的突出优势，积极整合区域金融资源，着力深化改革，持续创造新的经济增长点，探索推动科技创新和金融改革深度融合的有效途径，营造鼓励科技金融创新的良好生态。在此背景下，本文对我国创业投资及政府引导基金发展现状、成效及银行股债联动业务运行模式进行梳理，深入分析创业投资面临的制度障碍，探索体制机制创新，对于提高金融支持科创企业效率、塑造创新驱动发展模式、为全国科创金融体系建设探索可复制、可推广经验具有重要的理论与实践意义。

二、创业投资市场政策支持体系

（一）在国家层面上，资本市场、税务、外汇等部门纷纷出台创业投资相关的改革政策

从发展阶段来看，我国创业投资基金业务起步较晚，以《关于建立风险投资机制的若干意见》《创业投资企业管理暂行办法》《关于私募股权基金管理职责分工的通知》三项政策文件的出台为标志，大致可分为萌芽期（1999~2004 年）、发展期（2005~2012 年），以及调整期（2013 年至今）。特别是近年来，我国相关监管部门开始逐步建立创投基金监管体系，为营造良好的法制和发展环境起到了积极的作用。

第一，国家层面大力支持创业投资健康发展。2015 年，国务院发布的《关于

发展众创空间，推进大众创新创业的指导意见》（国办发〔2015〕9号）提出，要加强财政资金引导，完善创业投融资机制。2016年，国务院发布的《关于促进创业投资持续健康发展的若干意见》（国发〔2016〕53号）提出，培育多元创业投资主体、多渠道拓宽创业投资资金来源等一系列对于创业投资发展的意见。2018~2020年，国务院又相继发布"双创"升级版及实施意见，提出要完善创新创业创投生态链，鼓励国家出资的创业投资引导基金等与"双创"示范基地深度合作。

第二，资本市场政策叠加发力，健全创业投资市场体系。2015年，中国证券监督管理委员会（以下简称证监会）发布《场外证券业务备案管理办法》（中证协发〔2015〕164号），对私募股权众筹业务实施备案管理，为私募基金融资提供便利条件。2019年，新三板市场出台分层管理制度，进一步完善创业投资退出机制。同年，证监会设立了科创板并试点注册制，以增强市场对科创企业的包容性。2020年，证监会发布的《上市公司创业投资基金股东减持股份的特别规定》，完善了创投基金投资企业上市解禁期与上市前投资期限长短反向挂钩的制度安排，精准推动私募基金行业有效形成资本的重大供给侧制度完善。同年，中国人民银行等八部门出台《关于进一步强化中小微企业金融服务的指导意见》（银发〔2020〕120号），引导私募股权投资和创业投资投早投小，鼓励完善银行、保险等金融机构与创业投资企业的投贷联动、投保联动机制。

第三，减税政策实处着力，提高创业投资积极性。2018年，财政部、国家税务总局发布《关于创业投资企业和天使投资个人有关税收政策的通知》（财税〔2018〕55号），将创业投资企业和天使投资个人投向种子期、初创期科技型企业的，按投资额的70%抵扣应纳税所得额的优惠政策推广到全国范围实施。2019年，财政部、国家税务总局发布了《关于创业投资企业个人合伙人所得税政策问题的通知》（财税〔2019〕8号），明确创投企业可以选择按单一投资基金核算或者按创投企业年度所得整体核算两种方式之一，对其个人合伙人来源于创投企业的所得计算个人所得税应纳税额。2021年，财政部、国家税务总局等部门联合发文，在中关村示范区开展公司型创投企业所得税优惠政策试点和技术转让所得税优惠政策试点，鼓励创投企业长期投资和本土创新。

第四，外汇政策持续用力，推动创业投资"引进来""走出去"。一方面，国家相继出台外商投资性公司、外商投资股权投资试点企业（QFLP）、外商投资创业投资企业等境外资金参与境内股权投资的相关管理办法与试点政策，对引入境外投资资金、优化资本市场结构发挥了积极作用。另一方面，国务院在北京、上海、深圳三地支持符合条件的机构开展合格境内有限合伙人（QDLP）/合格境内投资企业（QDIE）境外投资试点，允许合格机构向合格投资者募集人民币资金，并将所募集资金投资于海外市场，进一步支持内地私募股权投资基金境外投资。

（二）各地方政府积极出台财政补贴等扶持政策，设立政府引导基金发挥财政资金杠杆放大效应

第一，财政补贴作为直接扶持手段，降低创业投资成本。为加大政府对创业投资的扶持力度，增加创业投资的资本供给，激励创业投资机构快速发展，各地政府纷纷出台与创业投资相关的财政补贴政策。例如，2014年，北京出台《中关村国家自主创新示范区天使投资和创业投资支持资金管理办法》（中科园发〔2014〕41号），明确了中关村天使投资和创业投资支持资金的补贴对象和标准。2016年，上海发布《上海市天使投资风险补偿管理暂行办法》（沪科合〔2015〕27号），对投资机构投资种子期科技型企业所发生的实际投资损失给予补偿。2018年，深圳出台《深圳市扶持金融业发展若干措施》（深府规〔2018〕26号），对于符合条件的创业投资机构，可享受落户奖励、房租补贴、地方财力返还等。

第二，政府引导基金接连出台，发挥财政资金杠杆放大效应。2008年，北京出台《北京市中小企业创业投资引导基金实施暂行办法》（京发改〔2008〕1167号），并设立北京市中小企业创业投资引导基金，是国内首支省级中小企业创业投资引导基金；2010年，上海设立上海市创业投资引导基金，并发布《上海市创业投资引导基金管理暂行办法》（沪府发〔2010〕37号）；2017年，发布了最新版《上海市创业投资引导基金管理办法》（沪府发〔2017〕81号）；2020年，上海出台《上海市天使投资引导基金管理实施细则》（沪发改规范〔2020〕15号），进一

步规范天使引导基金设立与运作。2018 年，深圳市政府投资引导基金出资设立天使投资引导基金，首期规模为 50 亿元。

三、创业投资市场发展现状和支持科创成效

（一）私募股权基金快速发展，存续数量与规模连年"双升"

自 2014 年我国经济发展进入新常态以来，我国创业投资、私募股权基金快速发展，其存续数量与规模都达到了新的高度。截至 2019 年末，存续创业投资、私募股权投资基金规模为 10.1 万亿元，数量为 36455 只。2014~2019 年，私募股权、创业投资基金存续规模 5 年复合增长率为 61.8%。其中，2014~2017 年，创业投资、私募股权基金规模高速增长，3 年复合增长率近 100%；自 2018 年开始，创业投资、私募股权基金的增长趋于平稳。虽然私募股权基金为绝对主力，但是 2017~2019 年创业投资基金增长态势更为明显，同比增速均高于 30%。

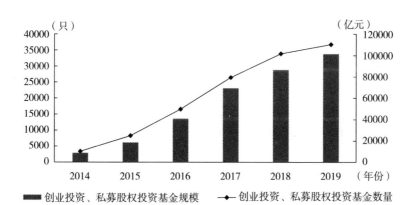

图1　2014~2019 年我国创业投资、私募股权投资基金存量情况

资料来源：中国证券投资基金业协会（以下简称中基协）。

从地域分布来看，北京私募基金蓬勃发展，基金规模位列全国之首。在财政补贴、外汇试点等多重政策支持下，北京地区私募基金蓬勃发展，已成为创业投资市

场较为活跃的投资力量之一，资金持续积极流入，私募基金规模在全国名列前茅。截至 2019 年底，从私募基金存续数量来看，北京为 2037 只，占全国的 6.7%，排名第三，深圳和上海分别位列第一、第二；从存续规模看，北京为 14140.2 亿元，占全国的 14.6%，排名第一，上海、深圳私募基金规模分别位列第二、第三（见图 2）。

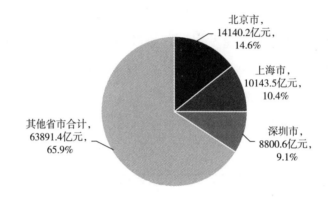

图 2　2019 年各地区私募基金规模

资料来源：中基协。

（二）资金来源结构不断优化，长期资金和政府资金进一步发挥支撑作用

截至 2019 年末，各类投资者在私募基金管理人自主发行备案的存续私募基金中合计出资 13.4 万亿元，其中政府资金出资规模及比例逐步提高，积极发挥产业引导作用。截至 2019 年末，政府类引导基金、财政资金在存续私募基金中的出资额为 3053.4 亿元，较 2018 年末增长 20.0%，增速位居前列。养老金、社会基金、保险资金等长期资金规模合计 5126.9 亿元，较 2018 年末增长 22.1%。银行、信托的委托资金规模合计 1.3 万亿元，较 2018 年末下降 7.2%。

（三）"投早、投小"趋势显著，为创新型企业发展提供关键支持

私募股权、创业投资基金作为重要的直接融资渠道和资本金形成工具，已成为早期中小企业、高新技术企业及初创科技型企业重要的"孵化器""助推器"。据

中基协统计，截至 2019 年末，私募股权、创业投资基金投资中小企业的案例有 57330 个，在投金额 1.8 万亿元；投资高新技术企业 29851 家，在投金额 1.4 万亿元；投资初创科技型企业 11161 家，在投金额 1688.4 亿元。其中，创业投资基金对中小企业的支持作用尤为突出，投资中小企业的案例数量和在投金额占比分别达 77.6% 和 52.8%。

北京作为全国科技创新中心，获得投资金额居全国首位，已形成创新、创业、创投的良性发展氛围。如图 3 所示，2019 年，北京地区获得私募股权与创业投资金额共计 2743.8 亿元，占全国的 30.0%，排名第一，上海、深圳获得的投资金额分别为 1595.7 亿元、689.8 亿元，排名分别为第二、第三；北京发生私募股权与创业投资案例 1388 个，占全国的 55.0%，排名第一，上海、深圳分别为 943 个、532 个，排名分别为第二、第三。

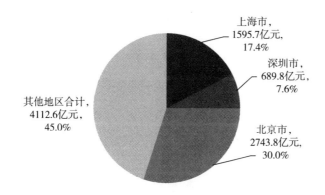

图 3　2019 年各地区获得私募股权与创业投资金额

资料来源：Wind 数据库。

（四）政府引导基金已成为创投市场重要的募资来源，在优化产业结构方面发挥积极作用

据私募通统计数据，截至 2020 年 10 月 26 日，国内共设立 2156 只政府引导基金，基金目标规模总额 11.6 万亿元，已到位资金 4.3 万亿元。据清科研究中心统计数据，截至 2019 年底，在中基协备案的私募股权、创业投资基金中，国资背景

LP 认缴总规模占市场整体募资额的 65.3%；在登记的机构管理人中，国资背景机构管理的基金总认缴规模占全部基金的 60.5%。如图 4 所示，2017~2019 年，政府引导基金直接或间接参与投资的企业主要分布在先进制造、电子设备、医疗健康、硬科技、生物医药、IT 服务领域。其中，先进制造、电子设备、医疗健康领域获得投资金额最多，均超过 45 亿元；医疗健康和 IT 服务领域的投资企业数量最多，均超过 100 家；硬科技、机器人、人工智能等以自主研发为主，需要长期研发投入、持续积累形成的高精尖原创技术领域也获得了较高金额的投资。

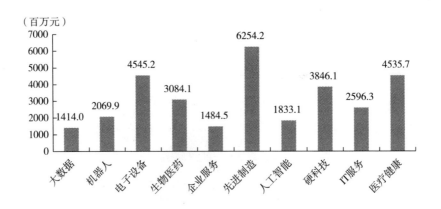

图 4　2017~2019 年各领域政府引导基金参与投资情况

资料来源：智研咨询。

从地域来看，国家级引导基金大多注册于北京，北京市政府引导基金规模居全国第一。截至 2019 年上半年，政府引导基金目标规模较高的省份为北京、广东、山东。由于国家级引导基金大多注册于北京，因此北京地区的规模最大，广东、山东、江苏等地紧随其后。2019 年上半年北京市政府引导基金已到位规模 12005.1 亿元，占全国的 29.1%。可以看出，北京市走在了全国政府引导基金发展的前列。

（五）科创板拓宽创业投资退出渠道，推动市场功能日益完善

2019 年共发生 1152 起创业投资基金退出交易案例，同比上升了 17.8%。主要

原因是科创板存量释放，被投企业 IPO 数量大幅提升，其中科创板案例数为 248 起，贡献率达 42.7%。此外，投资机构回购退出数量首次超越并购退出，回购退出作为快速回笼资金的方式之一，受到创业投资机构的青睐。

四、创业投资发展出现的新趋势、新变化及存在的问题

（一）创投市场方面

第一，受市场监管趋严叠加宏观经济增速放缓以及中美贸易摩擦等因素影响，创投市场募资减缓。近年来，我国创业投资市场募资延续下滑趋势，流入股权投资行业的资金继续收窄。在经历 2016 年、2017 年的我国创投机构新募私募股权基金规模增速超 80% 的增长后，2018 年增速下滑至 4.9%，2019 年转为同比下降 77.6%。如图 5 所示，2020 年上半年，我国创投机构共新募集 114 只私募股权基金，披露募集金额为 768.4 亿元，同比下降了 45.0%。北京协同创新投资管理有限公司表示：当前创投公司自身资金来源受限，如受资管新规的持续性影响，银行出资无法到位；民营资本的投资资金大幅收紧；各地政府税收受新冠肺炎疫情的影响均有不同程度的下降，向头部基金倾斜的趋势也更加明显。

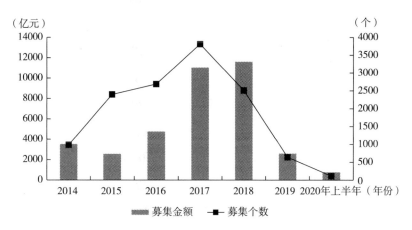

图 5 2014 年至 2020 年上半年我国创投机构新募私募股权基金情况

资料来源：Wind 数据库。

第二，募资端承压、一二级市场估值倒挂以及新冠肺炎疫情等导致我国投资端明显下滑。如图 6 所示，2019 年，中国创业投资市场共发生 7624 起投资案例，同比下降 49.8%，披露投资金额 13158.3 亿元，同比下降 36.2%。2020 年上半年继续延续下滑趋势，共发生 2020 起案例，同比下降 53.2%，披露金额为 3615.8 亿元，同比下降 39.5%。创业投资下滑的主要原因，一是募资端承压，二是一二级市场估值倒挂，清科研究中心的数据显示，按新股发行日后 20 个交易日收盘价计算，2019 年前五个月中，A 股新上市企业账面投资回报低于 1 倍的占 12%。北京基石基金管理有限公司表示，2020 年以来受新冠肺炎疫情影响，无法对项目进行实地考察，导致新项目投资基本停滞。

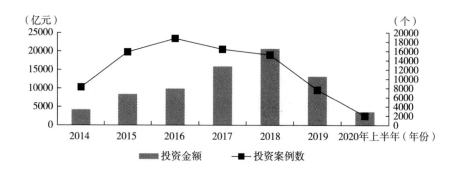

图 6　2014 年至 2020 年上半年中国创业投资市场投资情况

资料来源：Wind 数据库。

第三，创业投资行业"二八效应"明显，中小创投机构生存承压，投资更集中于头部企业。在募资难的大环境下，创业投资行业"二八效应"凸显。清科研究中心的数据显示，2019 年中国股权投资市场 1% 数量的基金总规模占全市场募资总量的 25.5%，1% 数量的企业融资金额占全市场投资总量的 41.3%。2020 年 1 至 9 月北京地区获得创业投资、私募股权投资额超 10 亿元的 20 家头部企业获得投资额占全部的 64.7%。政府引导基金同样是头部效应显著，13.8% 的规模超过 100 亿元的政府引导基金目标规模占市场总体规模超过 80%。由此可见，无论是创业投资机构本身还是被投企业，均表现出高集中性，市场加速分化，中小机构生存环境承压。

第四，创投机构退出渠道仍然局限于上市和并购，缺乏私募股权二级交易机制。被投企业 IPO 仍是最主要的退出方式，2019 年共计发生 581 起 IPO 退出案例，占退出案例数的 50.4%，退出渠道仍然较为局限，无法按期退出将给创投机构和被投企业造成较大损失。例如，某先进制造领域应用设备项目，创投机构原约定 4 年后退出，但因其产品面向大型国企，产品市场验证、采购周期较长等，业务成长慢于预期，未能在预定时间内实现上市，导致创投机构无法按期退出。经与项目团队多轮讨论，约定将投资期限延长 2 年，项目团队履行了补偿条款，但团队与创投机构之间的信任和协作明显降低，公司后续融资受到一定影响，而创投机构退出通道仍未明确。

（二）政府引导基金方面

第一，政府引导基金新设数量连续三年下降，预算管理要求趋严，财政出资难度加大。2017 年后，受部分地方引导基金统筹管理、监管趋严、财政资金收紧等的影响，各地方政府引导基金新设步伐放缓。2018 年，政府引导基金新设数量为 151 只，同比下降 41.5%；2019 年上半年，政府引导基金新设数量仅有 50 只，同比下降 49.5%。政府引导基金新设数量已连续三年呈下降趋势。2020 年 2 月 21 日，财政部发布的《关于加强政府投资基金管理　提高财政出资效益的通知》要求，财政出资设立政府引导基金，必须纳入年度预算管理，并报本级人大或常委会批准，财政部门的出资流程变得更加规范，但各地的政府引导基金出资也会越来越难。中关村天使投资引导基金、中关村创业投资引导基金均表示，2018 年北京市设立科创母基金后进行统筹管理，财政不再对其他科创类基金出资。此外，北京协同创新投资管理有限公司预测，受经济下行、"六稳""六保"任务压力影响，财政预算不太可能给政府引导基金注资很多，未来政府引导基金可能大幅度减少。

第二，社会资本出资承压，部分政府引导子基金未按期设立，拖累政府引导基金落地投资效率。2019 年以来，受宏观经济增速放缓，以及金融监管趋严、部分民营企业出现风险等多重因素的叠加影响，投资市场募资延续下滑趋势，部分政府引导子基金由于社会资本出资不到位而未能按期设立,在一定程度上拖累了政府引导基金的落地及投资效率。2019 年 9 月,深圳市创新投资集团有限公司公布了 25 只清理子基金以及 12 只缩减规模子基金名单,收回子基金承诺出资金额超 140 亿元。

第三,地方政府对政府引导基金本地化运作要求高,未形成政府间合力,资金使用低效。部分地方政府对政府引导基金行政干预较多,特别是有些区县级政府引导基金并未充分考虑当地产业基础,使得当地能够达到基金可投资条件的企业项目资源较少,反而因投资率低,导致基金资金沉积。例如,北京协同创新投资管理有限公司指出,部分二三线城市要求基金管理机构及政府引导子基金在本地注册、设立,规定较高返投比例等,实现难度较大,导致各地政府各自为政,未能形成合力,对社会资本吸引力不足。2018 年发布的《国务院关于 2017 年度中央预算执行和其他财政收支的审计工作报告》显示,抽查的 11 个省 36 只创业投资引导基金中有 1/6 的基金未对外使用资金。

第四,政府引导基金绩效考核落实仍有难度。虽然国家层面早已出台多项政策要求建立引导基金绩效评价体系,但是目前各级政府设立的政府引导基金,在制定的管理办法中,除退出期基金外,对于考核主要是一些原则性的描述,缺乏可量化的评价标准,评价结果的可应用性不高等问题也依然是引导基金绩效评价实际操作中的痛点。例如,清科数据显示,政府引导基金管理机构中有 47% 认为绩效考核的难点在于考核体系不清晰,40% 认为数据收集难度大,38% 反映缺少优质的第三方绩效考核中介机构。

第五,政府引导基金面临兼顾政策性与经济效益的两难。2018 年以来创投行业社会资本大幅收缩,政府资金逐步成为创投市场的中坚力量。在此背景下,财政部加强对政府投资基金的管理,由财政部门会同相关部门实施全过程绩效管理,提高对财政出资的基金经济效益的考核要求。然而,政府引导基金的初衷是促进产业发展,其政策属性往往导致其难以同时兼顾营利性。北京亦庄国际产业投资管理有限公司表示,以前为了招商引资,政府引导基金给予基金管理人大量的优惠政策,如投资退出时只要求收回本金，将收益让渡给社会资本，而现在则要求在考核引导基金市场效益的导向下，对政府引导基金在招商、产业、科技和创新等方面兼顾政策性和经济效益提出更高要求。此外，北京协同创新投资管理有限公司反映，在实际运作中，受绩效评价导向影响，政府引导基金往往投向较成熟、风险相对较低的行业，对创新创业特别是处于种子期、初创期企业的支持力度往往较小。

（三）银行投贷联动业务方面

第一，银行投资子公司投贷联动业务试点当前基本处于停滞状态。2016 年，银监会、科技部、中国人民银行联合印发了《关于支持银行业金融机构加大创新能力度开展科创企业投贷联动试点的指导意见》，允许银行使用"信贷投放"与本集团设立的具有投资功能的子公司"股权投资"相结合的模式，首批试点包括 5 个试点示范区域 10 家试点银行。据了解，除国家开发银行已经在试点前设立了投资子公司外，其他试点商业银行集团内部投资子公司均未获批，该试点当前基本处于停滞状态。例如，北京地区的北京银行和中国银行由于投资子公司均未获批，改为与集团内其他证券或基金公司等合作。

第二，受资管新规、理财新规等影响，银行理财子公司投贷联动业务大幅萎缩。例如，北京银行反映，其通过基金子公司北银丰业开展的投贷联动业务，受理财新规等影响，理财子公司投资产业基金在期限匹配、资金嵌套等方面监管受限，贷款户数和余额由 2019 年 8 月末的 228 户 80 亿元下降为 2020 年 8 月末的 84 户 18 亿元。

第三，投贷联动涉及小微企业认股权行权时面临收费合规性风险。以北京银行为例，该行反映投贷联动涉及小微企业的认股权在行权时获得的大股东回购款、投资收益等，面临相关监管部门收费审查，容易产生合规性风险，导致银行开展业务的积极性不高。截至 2018 年，北京银行主动放弃小微企业认股权回购行权 8 笔，金额共计 76 万元，后续基本放弃签署回购式认股权业务。

第四，外部股权投资机构和银行没有形成较成熟的风险抵补和收益共享机制，联动效率较低。例如，中关村银行反映，商业银行普遍采取由合作机构代持企业认股期权的形式进行股权投资，但双方在对企业价值分析、风险判断、盈利模式等方面也存在理念分歧。此外，代持股权的法律地位尚不明确。由于被投企业 IPO 时需保持股权架构清晰，不得存在代持行为，因此银行必须出售认股权，在行权过程中容易产生纠纷，难以实现真正的股债无缝衔接。

五、推动创业投资改革创新的体制机制创新建议

第一，支持符合条件的长期资本开展股权投资。探索推动符合条件的银行理财子公司、金融资产投资公司、保险资产管理公司等金融机构设立银行专业理财公司、专业投资子公司、专业资产管理子公司等，开展多种形式的科创企业股权投资业务。加大保险、养老金等长期资金支持科创企业力度，引导长期资本投资科创企业。建设国际创投基金和项目聚集区，吸引投资周期长、资金体量大的长期资本、耐心资本落户。

第二，增强政府资金服务科创企业能力。地方政府应充分考虑地区经济发展特点，结合产业发展规划等对各类政府引导基金进行统筹管理，加大财政资金支持力度，增强政府资金服务科创企业能力。考核指标制定应量体裁衣，引入第三方评价机构，对引导基金的运作绩效进行客观、公正的评价。强化市场化运作，适当放开注册地、投资限制等，发挥各地政府合力，避免由过度强调本地化运作而导致投资效率不足。兼顾政策性和经济效益，探索政策性资金支持科创产业发展的"股转债"模式，激发科学家型企业家的创新创业动力。将参股模式、融资担保和风险补偿等模式有机结合起来，充分发挥引导基金资金的杠杆效应。

第三，加强股债联动等金融服务模式创新。加快推进科创金融机构之间的联动衔接，积极推广投、贷、保联动等多种服务模式创新。支持具备投贷联动试点资格的银行机构与创业投资机构、产业投资基金等开展"贷款+外部直投""贷款+远期权益"等业务。研究设立认股权专业服务机构，促进科创类企业股债联动业务风险与收益匹配。

第四，拓宽创投机构退出渠道。建设私募股权转让平台，推动 S 基金（Secondary Fund）发展，开展股权投资和创业投资份额转让试点。全面落实注册制，切实提升新三板市场流动性，打造服务科创企业的平台，拓宽私募股权和创业投资退出渠道。

探索建立中小微企业
金融服务长效机制
——构建基于联合建模的"创信融"平台和
基于机器学习的企业健康度指数

张涵宇 等[*]

一、引言

（一）研究背景与意义

深化中小微企业金融服务是党中央、国务院的重要决策部署，是"六稳""六保"工作的重要抓手，其关键在于解决中小微企业融资中的信息不对称问题。征信管理作为中央银行的政策工具之一，能够较为有效地解决这个问题，具有增强融资可得性、降低融资成本、提高融资效率、防范信用风险等方面的重要作用。充分运用征信管理政策工具，优化金融基础设施建设，推动涉企信用信息共享，提升商业银行中小微企业融资服务能力，最终才能建立中小微企业金融服务长效机制。

为探索征信支持融资的有效路径，本文拟打造模型驱动的嵌入式金融服务模式，建设"金融管理大数据+金融科技+政府政策配套"三位一体的"创信融"企业融资综合信用服务平台，提升商业银行对中小微企业金融服务的能力，发挥"政

　　* 张涵宇，供职于中国人民银行营业管理部征信管理处。参与成员：赵睿、杨媛媛、王磊磊、台璇、吴静仪、周凯、高博。其中：赵睿、杨媛媛，供职于中国人民银行营业管理部征信管理处；王磊磊，供职于中国人民银行中关村中心支行；台璇、吴静仪，供职于中国人民银行营业管理部科技处；周凯，供职于中国人民银行营业管理部货币信贷管理处；高博，供职于中国工商银行北京市分行。

府+市场"双轮驱动优势，为企业提供"纯信用、线上化"金融服务，提高小微企业融资的获贷率、首贷率、信用贷款率，降低利率和不良率，进一步增强信贷融资服务的便利性、精准性和连续性，促进小微企业融资环境持续优化，助力金融支持稳企业、保就业工作落地。

（二）创新点

第一，探索出信用信息支持小微企业融资的新模式——模型驱动的嵌入式金融服务模式。目前，国内的企业融资综合信用服务平台主要有两种模式：一种是信息驱动的撮合式服务，另一种是数据驱动的供数式服务。这两种模式都存在诸多问题：评价结果未能被直接纳入银行授信审批模型，银行仅以此作为授信参考；仍以线下对接为主，未能解决小微企业信贷审批慢的问题；平台建设成本较高，对小微企业的支持性较弱等。针对这些问题，本文探索出模型驱动的嵌入式金融服务模式，通过与银行联合构建评分卡模型，将评价结果直接嵌入银行贷前准入、贷中测额、贷后管理的信贷全流程中，在确保原始数据不出仓的前提下，实现平台与银行授信审批系统直连，最快可秒级放贷。

第二，在全国率先搭建"金融管理大数据+金融科技+政府政策配套"三位一体的"创信融"企业融资综合信用服务平台。"创信融"平台，是运用先进技术向现实生产力转化的成果。充分利用中国人民银行营业管理部大数据平台，汇聚4亿多条上千维度的市场主体数据，沙盒环境中与银行联合构建评价模型；充分发挥部门合力，协调推动中关村管委会对平台上符合条件的获贷企业和试点银行提供贷款贴息和风险补贴；充分调动市场资源，指导试点银行推出"纯信用、线上化"小微企业专属产品。

第三，利用企业贷前替代数据预测企业信贷风险，基于机器学习构建企业健康度指数。目前，金融机构多利用负面信贷信息判断企业还贷履约能力的高低，较少关注正面信息的使用。本文以企业纳税能力作为衡量其经营状况的指标，基于机器学习技术，使用150个基分类器构建的GBDT模型进行训练，形成企业健康度指数。模型结果显示，对于健康客户的F1得分高达0.80，客户识别准确率达到90%，具有较强的应用性。

（三）研究方法

第一，文献研究法。通过梳理征信相关概念，探讨征信服务的分类和国内外征信体系建设情况，明确征信服务中小微企业融资的重要意义，进而提出本文的研究思路和方法。

第二，比较研究法。通过对广州、苏州、杭州等地的企业融资综合信用平台进行比较研究，探索信用信息支持中小微企业融资的新模式。

第三，实证研究法。利用机器学习技术、主成分分析法、GBDT 分类算法模型等手段，对税务数据进行处理分析，得到企业健康度指数。通过联合建模，将评价结果直接纳入银行自身风控模型，实现"创信融"平台与银行授信审批系统直连。

二、征信相关概念及理论综述

（一）征信相关概念的界定

1. 征信

2012 年，国务院颁布《征信业管理条例》，对征信的概念做出具体界定："征信是指对企业、事业单位等机构的信用信息与个人的信用信息进行收集、处理和加工，并向信息使用者提供的活动。"征信的内涵包含五个方面的内容（见图 1），其核心在于信用信息的全面共享，目的是建立守信激励和失信惩戒机制。

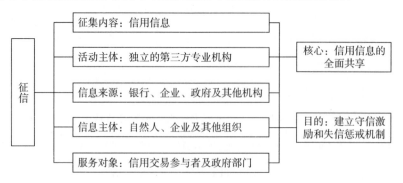

图 1　征信的基本内涵

2. 大数据征信

大数据征信可以界定为，依靠大数据技术收集、处理、分析海量结构化以及非结构化数据，并向信息需求者提供信用分析结果的活动①。相对于传统征信，大数据征信具备了时效性、全面性、交互性、精准化、智能化等多元特点，但其本质上只是将大数据技术应用到征信活动中，其所涉及的业务活动仍旧是对信息的采集、处理和分析，并未超过《征信业管理条例》所界定的征信业务范围（见表1）。

表1 传统征信与大数据征信的区别

	传统征信	大数据征信
征信主体	中央公共征信机构	第三方征信机构+中央公共征信机构
征信内容	主要以结构化信息数据为主	结构化信息数据+非结构化信息数据
数据来源	金融机构、政府部门等	互联网以及金融机构、政府部门等
数据时效	离线数据事后分析、缺乏时效性	线上数据实时动态分析、时效性高
评估分析模型	简单线性分析，模型指标受限	大数据和云计算应用，评估模型多元
征信精准性	数据狭窄、模型单一、精准性低	数据丰富、模型多元、精准性高
征信成本	以数据收集成本和人工成本为主	以大数据技术成本为主
服务对象	覆盖范围偏小，主要包括大型企业以及信贷记录完整的个人	包括个体、中小微企业、大型企业

（二） 文献综述

1. 征信体系的建设情况

（1）国内外征信体系的发展。

征信体系的出现和不断完善一般认为是源于借贷交易中信息存在不对称。乔治·阿克勒夫等在信息不对称研究领域做出了卓越贡献，首次阐述信息不对称会导致不良结果，并指出信息不对称使出借方面临逆向选择，而信息对称则会改善这种现象。工程师 Bill Fair 与数学家 Earl Isaac 一起研究建立了知名的 FICO 评分体系进

---

① 赵志勇：《企业大数据征信：困境与超越》，《上海金融》2018 年第 2 期。

行信用评级；Equifax、Experian、Trans Union 三家机构将 FICO 评分体系用于信用评级，并据此为贷款企业进行授信服务。

自 2012 年开始，互联网金融蓬勃发展，2014 年起我国也在探索市场主导的信用体系建设模式。谢平（2012）认为，借助于互联网大数据的创新发展、搜索引擎算法的不断改进、第三方支付的蓬勃发展、云计算以及社交网络的全覆盖，"互联网+金融"时代对于改善市场上的信息不对称情况富有成效，经济交易变得合理、高效，非常靠近一般均衡定理中定义的无金融中介的状况。在此情况下，银企信贷交易双方的成本都有所下降。

（2）征信体系建设的意义。

Klein（1992）以博弈论为基础开展研究，指出存在征信系统是信贷市场达到均衡状态的必要条件。Barron 和 Staten（2003）通过研究发现了征信体系的存在能够促进信贷发展的有效证据，指出信用信息的全面共享可以提高放贷机构对借款人违约概率的预测能力，从而提升信贷决策的管理水平。Brown 和 Zehnder（2006）针对征信系统对于交易成本的影响进行深入研究，认为信用报告等征信产品和服务可以有效缩短放贷机构筛选客户的时间，降低信息的收集成本，而且还能有效预测出借款者的违约概率，激励借款人按时足额偿还贷款。王希军和李士涛（2013）认为，征信体系能够降低融资约束，尤其能帮助实物抵押不足的借款人获取信贷支持，并且可以帮助更多的放贷机构进入市场，提高整个市场的信贷供给量。

2. 征信在服务小微企业融资的作用

李连三（2007）通过国别研究得出结论，征信系统能够有效降低中小企业融资过程中的信息不对称程度，如果能够有效推进中小企业信用体系建设，就可以降低中小企业的违约风险，有效缓解中小企业贷款难的问题。洪芳和万雨娇（2020）认为，小微企业与放贷机构之间信息不对称是造成小微企业融资难的主要原因之一。从国际经验看，完善小微企业征信服务，通过专业化的征信机构，开发针对小微企业的特色征信服务产品，能够有效缓解小微企业银企信息不对称问题，提升小微企业融资的便利性和可获得性。

三、各地企业融资综合信用服务平台的对比分析

我们对广州、苏州、台州、嘉兴、杭州、厦门等地的企业融资综合信用服务平台进行调研，总体来看，国内的金融服务平台主要有两种模式：一种是信息驱动的撮合式服务，另一种是数据驱动的供数式服务，主要有四大相同之处、四大不同之处。

（一）相同之处

第一，政府主导推动，中国人民银行牵头筹建。广东省政府发文支持，由中国人民银行牵头组织建设"粤信融"平台；苏州将征信体系建设作为市政府的"一把手工程"，成立领导小组，中国人民银行与金融局双牵头；台州市政府将台州市金融服务信用信息共享平台建设工作列为全市重点工作，建立领导小组，分管副市长为组长，中国人民银行台州中心支行长为副组长。三地的工作均是政府指定、中国人民银行牵头，整个系统通过金融城域网连接金融机构、政务专网连接政府部门、互联网连接企业，节约了金融机构开发新接口的时间及成本，实现了安全、高效的数据传输。

第二，以大数据平台为核心，"1+N"模式拓展。以上三地均以大数据平台作为整个体系建设的核心，在此基础上搭建金融服务模块。三地均搭建了四个基本金融服务模块，分别为融资对接、企业评价、风险预警、决策辅助。

第三，以加工数据为主，未被纳入银行授信审批模型中。以上三地平台汇集数据后，建立各自的企业评分模型，并向银行输出企业信用报告及信用评分。但大部分银行仅将此作为授信参考，均未被纳入自身的授信审批模型中。银行更希望得到原始数据，用自己的风控模型进行评价。此外，三地平台采集的数据比较侧重负面信息，注重风险预警，几乎没有收录企业正面信息以提升企业信用。

第四，以线下对接为主，未真正做到线上审批授信。以上三地平台目前均无法做到真正的线上融资，都是线上撮合、线下放款后，再线上登记。主要原因在于银行未将企业信用评分纳入自身的授信审批模型，同时由于信息数据的特殊属性，征

信系统也未能将原始数据直接传输给银行。三地的平台建设均未对中国人民银行征信系统数据进行充分利用和融合。

（二）不同之处

第一，平台建设基础不同。广州的"粤信融"平台建设是在政府力推数据大集中的背景下开展的，主要是通过信息的互联互通服务区域化发展。苏州多年前建立了地方性中小企业信贷库，经过长期积淀已形成了全量信贷数据，为后期的平台建设提供了重要基础。台州企业以小微为绝对主体，其税收占比90%以上，政府在信息平台建设上具有极强的动力和优势。此外，苏州获批全国首个小微企业数字征信试验区，台州获批小微金融服务试验区，这些也起到了重要的推动作用。

第二，数据归集方式不同。广州的优势在于省级多部门互联互通，数据库覆盖全省，采集了数百万家企业和个体工商户的信用信息；苏州的优势在于拥有十余年的全量信贷数据，并以此为抓手，促进了与政府其他部门公共信用信息的融合；台州的优势在于依托地方立法和本地信息交换，实现了全市几十万家企业与个体工商户全覆盖。

第三，服务模式有差异。广州是银行单向发布产品，企业根据产品在线申请融资。苏州、台州是银行发布产品，企业发布需求，双向选择，银行有抢单机制，台州增加了智能撮合功能，苏州还建立了信用保证基金提供支持。

第四，建设成本有大有小。广州和苏州的建设投入均为数亿元，台州建设的初期成本为数百万元，三地的建设周期均为数年。从目前的成效来看，三地户均融资均在500万元以上，普惠程度一般。

四、构建基于联合建模的"创信融"平台

（一）平台构建思路

通过对各地企业融资综合信用服务平台和辖内各类型代表银行[①]的调研分析，

---

① 指的是中国工商银行北京市分行、中国建设银行北京市分行、北京银行、北京中关村银行。

在前两种平台模式基础上，本文探索出信用信息支持中小微企业融资的新模式——模型驱动的嵌入式金融服务模式。"创信融"平台建设思路如下：在中国人民银行营业管理部大数据平台建设的基础上，整合内外部数据资源，充分运用金融机构最需要的核心数据，利用金融城域网的入口优势，开发金融服务功能。应用银行风控模型沙盒评分法，将与辖内试点银行联合开发的评分卡模型放在"创信融"平台上，在沙盒环境中运算，将所得评价结果纳入到各家银行内部的风控模型中，在确保原始数据不出仓的前提下，实现平台与银行授信审批系统直连，以开展全流程线上化信用融资。

（二）平台实现路径

通过调研发现，平台实现路径基本有三种：一是共建评分模型；二是开发应用场景；三是直接输出数据。其中，第三种方式由于直接输出原始数据，存在较高的法律风险和安全隐患。综合考虑三种实现路径的可行性、有效性、可控性，"创信融"平台设计了分阶段实施方案，第一阶段共建评分模型，第二阶段开发应用场景。在此基础上，各家试点银行根据自身特点及平台应用情况，设计专属产品，采用"纯信用、线上化"方式实现融资。

1. 共建评分模型

第一，开发普适性模型。针对贷中评价，银行根据平台提供的数据字段，结合自身的数据模型及算法，开发相应的评分卡模型，将该模型与平台所提供的样本企业数据放置在沙盒环境中运算，向银行输出模块评分或画像类标签，纳入银行风控模型中，完成授信审批。根据银行提供的样本数据，测试模型有效性，最终开展全流程的线上融资。后期可根据各类型代表银行的评分卡模型，提取共性特征，开发普适性模型，将模块评分输出给辖内所有银行使用。目前，平台第一阶段建设顺利推进，在保证信息安全的前提下，将评分结果纳入银行授信审批模型，实现了平台与授信流程的真正融合。

第二，构建健康度指数。针对贷前、贷中、贷后全流程管理，基于机器学习，预测企业信贷风险，构建企业健康度指数。提取一年内企业税务数据特征，以

GBDT 作为分类算法模型，形成企业健康度指数。

2. 开发应用场景

第一，黑白名单推送。针对贷前准入，按照一定规则，通过征信及纳税的负面信息和设置硬性准入条件，编制黑名单；对征信及纳税表现良好的企业，制定白名单。

第二，企业信息核验。针对贷前准入中的反欺诈场景，银行通过实时接口提交企业授权信息，平台进行交叉核验，最终输出信息是否准确的判断结果，帮助银行识别风险。

第三，风险预警提示。针对贷后管理，平台通过简单的一票否决或连续 n 个月违约/逾期等规则，给出企业风险预警提示。另外，针对集团客户管理的场景中，可以输出客户的全面授信情况，避免集中度过高的风险。

第四，模型有效性校验。针对贷后管理中的模型校验场景，应用征信历史数据，验证银行信用评分模型的有效性，通过全流程风险管理形成良性循环，进一步优化和迭代模型。

（三）重点建设工作

第一，完善底层平台，即中国人民银行营业管理部大数据平台。完成 Spark 分布式计算框架生产环境和测试环境的部署，该计算框架支持上层平台对数据进行快速、复杂的分布式计算，千万条数据的分组汇总、四分位数、最值计算总计不到 4 分钟即可完成。完成 KuAI 算法模型平台生产环境和测试环境的部署，该平台支持模型开发人员使用 Python、R 语言进行数据建模和分析。

第二，联通"创信融"平台与银行风控系统。制定"创信融"平台接口规范，规定试点金融机构与前置系统的交互规范，确保"创信融"平台对试点金融机构提供数据接口服务的安全性、及时性、准确性。完成接口开发与压力测试，目前平台可支持名单批量查询、单笔查询与贷后批量查询，并已经完成了全方位多角度的功能测试及性能测试。

第三，督导银行联合建模、设计专属产品。目前，6 家试点银行已经完成了数据分析、联合建模、数据校验、系统改造、产品研发与测试、宣传推广等环节。后期将根据平台数据维度的丰富、模型的迭代以及新金融机构和征信机构的加入，不断丰富平台上的专属产品种类。

第四，推动出台平台配套政策。协调中关村管委会和北京市相关部门出台相应配套政策。中关村管委会对"创信融"平台上符合条件的获贷企业提供贷款贴息，对试点银行按照年度业务规模的一定比例提供风险补贴。

五、构建基于机器学习的企业健康度指数

为探索贷前替代数据对企业信贷风险预测的进一步应用，本文基于机器学习技术构建企业健康度指数，使用 150 个基于分类器构建的 GBDT 模型进行训练，对企业的运行状况进行评分。

（一）指标定义及数据样本情况分析

企业增值税的实缴情况是判定企业是否正常运作的重要标志，因此针对企业在未来缴纳增值税情况的预测对于衡量企业的发展潜质和还贷履约能力具有重要参考意义。本文将连续两个纳税年度中均正常缴纳增值税的企业视为正样本，即纳税健康企业；将第一个纳税年度缴纳增值税、第二个纳税年度未能缴纳增值税的企业视为负样本，即纳税不健康企业。将企业的纳税健康与否作为后续模型预测目标，模型就可以输出关于企业纳税健康与否的概率值，即企业健康度得分。根据这个得分，可以最终推断出企业健康度的定性结果，以及企业健康度标识（1 代表健康，0 代表不健康）。

（二）数据预处理

1. 特征提取与处理

我们对一年内企业缴税的原始数据特征进行提取。考虑到北京地区经济发展的差异性以及行业分布的多样性，我们将企业工商注册地、企业所属行业的信息纳入

基本数据特征的采集范围之内。由于以上两个特征均以字符或编号作为取值，属于典型的无序离散变量，无法被模型直接处理，因此我们根据这两个特征中不同取值的出现概率对原始取值进行映射，将无序离散变量转变为有序离散变量，既满足了模型输入要求，也方便了后续的特征降维处理。

2. 特征降维处理

为消除原始特征间相关性过强对于模型可靠性的影响，本文使用 Spearman 相关系数对原始特征间的相关性进行了度量。与 Pearson 相关系数不同，Spearman 相关系数不对随机变量间的相关性直接进行度量，而是将原始数据按照总体数据中的平均数转换为排序等级变量后再进行相关性的计算。因此，Spearman 可以看作等级变量间的 Pearson 相关系数。由于处理的目标是等级变量，Spearman 相关系数可以处理 Pearson 相关系数无法处理的离散变量（如本课题中的企业工商注册地和企业所属行业特征）。Spearman 相关系数的定义如下：

$$\rho = \frac{\text{cov}(\text{rg}_X, \text{rg}_Y)}{\sigma_{\text{rg}_X} \sigma_{\text{rg}_Y}} \tag{1}$$

其中，ρ 代表 Spearman 相关系数，X、Y 代表原始的随机变量，rg_X 和 rg_Y 分别代表对应的等级变量，σ 代表等级变量的标准差，cov（,）代表等级变量间的协方差。

根据 Spearman 相关系数的检测结果显示，三组特征间具有很强的相关性，因此需要进行降维处理。最终，使用主成分分析法分别对三组特征进行了降维处理，并将每组特征在原来基础上减去一维。

（三）模型设计与验证

为了在输入特征有限的情况下实现较高的性能，本文使用 GBDT 作为分类算法模型。GBDT 在设计上以决策树为基模型，通过在前一个强模型损失函数的下降方向叠加新的基模型获得新的强模型，最终实现模型整体损失函数的最小化。GBDT 通过基模型叠加实现强模型的过程可由式（2）概括描述：

$$F_m(x) = F_{m-1}(x) + h_m(x) \times \text{argmin}_r \sum_{i=1}^{n} L(y_i, F_{m-1}(x_i) + r_{im} \times h_m(x_i)) \tag{2}$$

其中，F_m（x）和 F_{m-1}（x）分别代表 m 和 m-1 个基模型叠加后所得的强模型，h_m（x）代表第 m 个基模型，x_i 和 y_i 分别代表第 i 个训练样本对应的输入和标准输出，r_{im} 代表根据 F_{m-1}（x_i）与 y_i 形成的损耗函数的最大下降梯度方向，L（·）代表损耗函数。

模型开发使用 7：1：2 的比例进行训练数据、验证数据以及测试数据的分配，并使用单棵决策树最大层深 5 层、串联 100 棵决策树的配置进行模型训练。模型最终在测试集数据上达到如图 2 所示的 ROC 曲线。模型在测试集上生成了较为平滑的 ROC 曲线，并取得了 AUC 值 0.8 的效果，表明模型对于使用当前年度税务数据预测下一年企业健康度效果较好，且在训练过程中并未出现明显的过拟合现象。

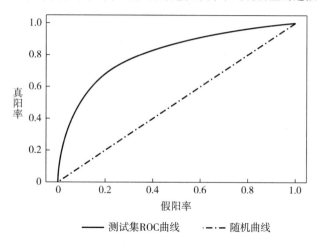

图 2　测试数据集 ROC 曲线

使用验证数据生成的 ROC 曲线，并根据曲线上与坐标系（0，1）距离最近的位置确定了定性划分的阈值为 0.8。据此阈值，本文就测试集中企业定性分类后的效果做了进一步分析。结果显示，在对于纳税健康企业的识别中，模型更倾向于保证识别准确率而非召回率，即宁可漏掉一些纳税健康企业也要尽可能地保证识别结果的有效性，这与贷款场景中客户准入需求相吻合；反之，对于纳税不健康的企业，模型则更倾向于识别出尽可能多的样本，从而得到相对高的召回率。最终，根据纳税健康客户识别的 F1 得分高达 0.8，表明模型训练及相应的分类阈值方案基本满足设计需要，具有较高的准确率。

（四）模型结果分析

对北京市 84.3 万家法人企业进行健康度评分，模型结果显示，其中健康企业约 15.7 万家，占比为 18.6%。从规模来看，中小微企业占比合计 98.8%（见图 3），符合模型设计以中小微企业为样本的初衷。按评分具体分布看，介于 75~80 分的企业数量最少，介于 95~100 分的企业数量最多，数量分布随着分数上升呈递增趋势（见图 4）。

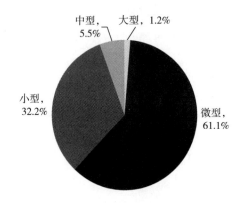

图 3　健康企业的规模分布

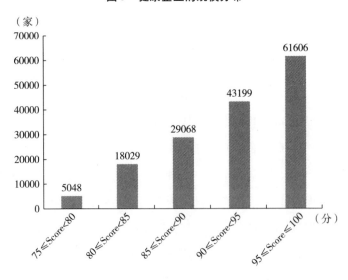

图 4　健康企业的健康度评分分布

从行业来看，健康企业共分布于 18 个行业，其中占比较高的前三位为批发和零售业、科学研究和技术服务业、租赁和商务服务业，分别位居"创信融"平台贷款行业的第一位、第三位、第五位，说明上述行业的企业经营健康度与实际放贷情况具有较强的相关性。

六、政策建议

（一）出台支持科创型小微企业融资的配套政策

建议协调中关村管委会和北京市相关部门出台相应配套政策。一方面，设立信用保证基金，与银行、担保公司（保险公司）以一定比例共担风险，帮助企业获得 500 万元及以下的纯信用贷款；另一方面，建立市级或区级信用风险对冲资金池，鼓励银行为企业提供单户 500 万元及以下的信用贷款，每年按新增信用贷款总额的一定比例奖励银行，专项用于对冲风险、弥补损失。

（二）推动平台互联互通与拓展数据广度

建立健全平台互通与信息共享协同机制，推动"创信融"平台与北京市首贷、续贷、确权中心，北京金控小微金融服务平台，中关村企业信用促进会企业信用服务平台，以及各征信机构服务平台等互联互通，优势互补。同时，提升数据精度，加快引入北京金融公共数据专区的替代数据、征信机构的特色数据等，拓展数据广度，缓解中小微企业融资中的信息不对称问题。

（三）建立科创型小微企业培育机制和风险监测机制

建议开展小微企业综合评价工作，依托北京市科创型小微企业征信数据及替代数据，重点监测评估其经营、财务及融资等情况，建立优质企业培育机制和风险监测机制，加大对优质科创型小微企业的扶持力度，帮助银行进一步提升服务科创型小微企业的能力，同时也为科创型小微企业扶持政策的制定提供数据支撑，精准评估政策施行效果。

参考文献

［1］Barron J M, Staten M, *The Value of Comprehensive Credit Reports：Lessons from the U. S. Experience, in Credit Reporting Systems and the International Economy*, MIT Press, 2003.

［2］Brown M, Zehnder C, "Credit Reporting, Relationship Banking and Loan Repayment", *Working Paper*, 2006.

［3］Crosman P, *Zest Finance Aims to Fix Underbanked Underwriting*, American Banker, 2012.

［4］Klein D B, "Promise Keeping in the Great Society：A Model of Credit Information Sharing", *Economics Politics*, No. 4, 1992, pp. 117–136.

［5］本书编写组：《征信理论与实务》，中国金融出版社 2009 年版。

［6］陈经伟、鲁万峰：《征信服务于银行风险管理的机理》，《技术经济与管理研究》2010 年第 1 期。

［7］洪芳、万雨娇：《小微企业征信服务的国际经验及借鉴》，《青海金融》2020 年第 8 期。

［8］胡倩倩：《大数据征信建设与中小微企业信贷能力的关系研究》，浙江工业大学硕士学位论文，2019 年。

［9］贾男、刘国顺：《大数据时代下的企业信用体系建设方案》，《经济纵横》2017 年第 2 期。

［10］李连三：《征信在中小企业融资中的作用——理论和实证研究的视角》，《河南金融管理干部学院学报》2007 年第 3 期。

［11］李士涛：《金融发展中的征信体系功能研究》，辽宁大学博士学位论文，2017 年。

［12］吕进中：《征信信息共享与信贷资源配置效率》，《上海金融》2015 年第 1 期。

［13］王希军、李士涛：《基于征信视角的 P2P 行业风险防范研究》，《征信》

2013 年第 8 期。

　　［14］王晓明：《征信体系构建制度选择与发展路径》，中国金融出版社 2015 年版。

　　［15］谢平：《互联网金融新模式》，《新世纪周刊》2012 年第 24 期。

　　［16］赵相东、相振宇：《基于互联网的小微金融机构征信服务平台建设研究》，《征信》2018 年第 11 期。

　　［17］赵志勇：《企业大数据征信：困境与超越》，《上海金融》2018 年第 2 期。

直达货币政策工具在法人银行的传导机制研究

一、引言

（一）研究背景

金融是实体经济的血脉，为实体经济服务是金融工作的出发点和落脚点。党的十九届五中全会审议通过的《中共中央关于制定国民经济和社会发展第十四个五年规划和二〇三五年远景目标的建议》提出，"构建金融有效支持实体经济的体制机制"，这从战略和体制机制建设的高度，为我国新时代金融工作指明了方向。金融工作要主动适应新发展阶段，贯彻新发展理念，服务新发展格局，把更多金融资源配置到经济社会发展的重点领域和薄弱环节，促进提升经济潜在增长率。创新直达实体经济的货币政策工具，不仅是应对新冠肺炎疫情冲击时期纾困中小微企业的有力手段，而且是贯彻落实党的十九届五中全会精神、在"十四五"时期强化金融支持实体经济体制机制建设的重要举措。

（二）研究意义

当今世界正经历百年未有之大变局，新冠肺炎疫情全球大流行进一步加剧了大变局演进，全球产业链、供应链面临的挑战和风险明显加大。尽管目前我国在疫情

---

* 张丹，供职于中国人民银行营业管理部货币信贷管理处。参与成员：孙昱、张英男、周林燊、宁可、王昀润、温静、孙安铭、吴凯、李原。其中：孙昱、张英男、周林燊、宁可、王昀润、温静、孙安铭，供职于中国人民银行营业管理部货币信贷管理处；吴凯、李原，供职于北京银行。

148

防控、复工复产和经济恢复三个方面领先全球，经济逐步向潜在增速回归，但是在"十四五"发展的关键时期，面对动荡复杂的国际环境，要解决好发展不平衡不充分问题，加快自主创新步伐，破解生产体系内部循环不畅和供求脱节、各类"卡脖子"问题突出等中长期结构性矛盾，提升供给体系对国内需求的满足能力，以创新驱动、高质量供给引领和创造新需求，促进构建以国内大循环为主体、国内国际双循环相互促进的新发展格局，畅通货币政策传导机制，特别是直达货币政策工具在法人银行的传导机制，对推动我国制造业高质量发展，深化供给侧结构性改革具有重要的现实意义。

货币政策传导是中央银行运用数量型或价格型货币政策工具，通过金融机构和市场将金融资源配置到企业、居民等，进而实现调节产出、物价等货币政策目标的过程。衡量货币政策传导效率的关键在于货币政策各层次变量作用于实体经济的强度，具体而言就是从货币政策操作到其最终目标（抑制通货膨胀、促进经济增长等）的时滞。当前，海外疫情呈持续蔓延态势，全球价值链受到严重冲击，中央银行的货币政策传导机制是否通畅，不仅关系到金融体系自身的健康，而且关系到实体融资问题和就业民生底线，因此对货币政策传导机制特别是直达货币政策工具在法人银行的传导机制的研究具有较强的理论意义。

二、货币政策传导机制的理论基础和现状分析

（一）货币政策传导机制的理论内涵

货币政策传导机制是货币政策变量与经济变量之间相互作用的过程，整个途径中应该包括三大类变量：货币政策变量、中间变量和最终目标变量，不同理论的分歧在于具体的传导渠道。货币政策变量一般是指货币政策工具，它是由中央银行直接调控的变量，中国人民银行明确列出中国的货币政策工具包括四大类：公开市场业务、存款准备金、再贴现和中央银行贷款及利率政策。参考索彦峰（2008）的概括，"中间变量可以进一步分为操作目标和中介目标，操作目标通常是指货币政

工具能够灵敏的影响其变化的变量，而中介目标则是间接的反映和度量货币政策执行效果的中间变量"①。中介目标又可以分为数量指标和价格指标两大类，数量指标主要为货币供应量、信贷规模等，价格指标主要为利率、汇率等。最终目标变量是指货币当局想要实现的目标，一般包括充分就业、稳定物价、经济增长和国际收支平衡四项内容。在实际的经济发展中，货币政策事实上很难同时满足四项目标的要求，因此各国都以其中一项作为主要目标。1995 年颁布并在 2003 年修改的《中华人民共和国中国人民银行法》明确规定，我国货币政策的目标是"保持货币币值稳定，并以此促进经济增长"。

中国人民银行将货币政策传导机制概述为货币政策从政策手段到操作目标，再到效果目标，最后到最终目标发挥作用的途径和传导过程的机能。货币政策分为制定和执行两个过程，制定过程从确定最终目标开始，再依次确定中介目标、操作目标、政策手段。执行过程则正好相反，首先从操作政策手段开始，通过政策手段直接作用于操作目标，进而影响中介目标，从而达到最后实现货币政策最终目标的目的。

综上所述，整个传导的过程可以用图 1 表示。商业银行（金融机构）主要在操作目标向中介目标传导的过程中产生影响，中介目标向最终目标传导的过程中，主要是相关的实体部门（企业和居民）发挥作用。

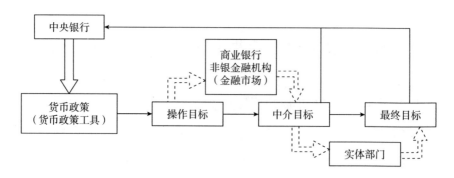

图 1　货币政策传导机制简图

资料来源：笔者根据公开资料整理。

---

① 索彦峰：《货币政策传导机制的理论脉络、内涵界定及实证方法》，《南京审计学院学报》2008 年第 1 期。

（二）中国货币政策调控机制的现状分析

货币政策传导一般有三个基本环节：中央银行、金融机构和金融市场以及实体经济。货币政策传导的第一个环节是中央银行，中央银行是流动性的"源头"，通过数量型、价格型等多种货币政策工具对货币政策中介目标进行引导，进而实现对货币政策最终目标的调控。第二个环节是金融机构和金融市场，其在我国以间接融资为主导的金融体系之下主要是商业银行，商业银行成为我国货币政策传导机制的中枢。在流动性注入银行体系后，信用扩张受到供给端和需求端的多重约束。第三个环节是实体经济，这是决定货币政策效果的关键环节，在实体融资需求过热的时候，中央银行可以通过收紧银根的方式控制融资需求，但在实体需求弱的时候，货币政策传导的效果就相对有限。在这一环节还涉及"传导到哪儿"的问题，尤其是在我国各企业部门竞争非中性的环境下，这一结构性问题更加突出。我国的货币政策框架如图 2 所示。

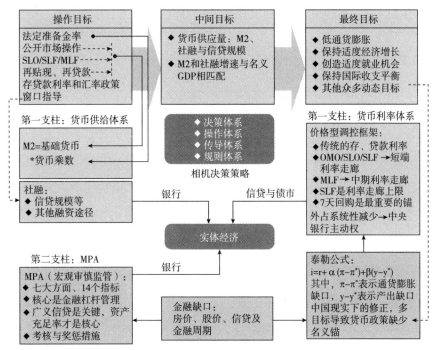

图 2　中国的货币政策框架

资料来源：笔者根据公开资料整理。

目前，我国利率市场化改革初步完成，利率传导机制明显疏通。自 2013 年以来，利率市场化改革进程明显加快，中央银行先后放开贷款和存款利率浮动上限，尤其是 2015 年 10 月存款利率上限取消，标志着我国的利率管制已经基本放开，利率市场化改革迈出最为关键的步伐。2015 年底利率走廊初步打造完成，标志着货币政策实现从数量型调控向价格型调控转型。2019 年 LPR 报价机制改革，2020 年超储利率调降助推存款利率并轨，至此利率市场化改革的"最后一块硬骨头"即存贷款利率并轨也初步完成。一般贷款加权平均利率和一年期 LPR 分布如图 3 所示。

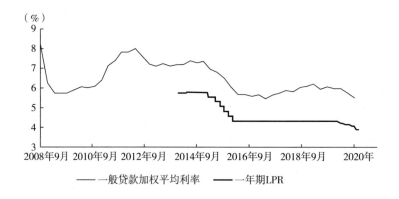

图 3　一般贷款加权平均利率和一年期 LPR 分布

资料来源：Wind 数据库。

货币政策调控方式也实现了从总量调控向结构化调节的转变。与 2015~2016 年相比，2018~2019 年货币政策的总量宽松程度更有节制，更多以结构性工具为主。首先，定向降准取代全面降准，2018 年以来中央银行共进行了 12 次降准，其中多数降准为定向降准或降准置换 MLF，其目的就在于实现定向滴灌和防止流动性外溢；其次，创设多种新型工具疏通流动性传导；最后，LPR 改革，将 LPR 报价换锚为 MLF，与市场利率进一步接轨。以上措施体现了从总量调控向结构化调节的转变，货币政策重心也逐渐转向疏通传导渠道，具体如图 4 所示。

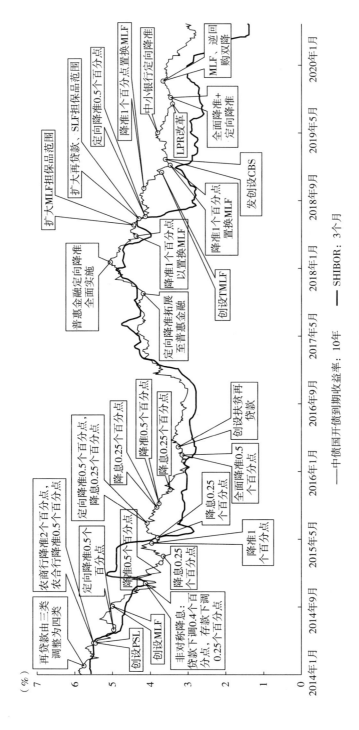

图 4　2015~2016 年和 2018~2019 年两轮货币政策宽松对比

—中债国开债到期收益率：10年　　　—SHIBOR：3个月

资料来源：根据 Wind 数据库整理。

我国货币政策传导机制仍面临着诸多问题。首先，我国货币政策工具整体仍以总量型调控为主。结构性货币政策工具成为近几年中央银行应对经济下行、外部环境变化的重要工具，中央银行对这些工具的使用较为频繁。但是"货币如水"，结构性货币政策工具使用过多，也会产生流动性外溢的效果。因此，与财政政策相比，货币政策更多的是总量政策，其对总需求的影响要看微观主体的预期和意愿，相对较为间接。

其次，企业之间的竞争非中性问题突出，信用资质越好的公司，越容易获得贷款，对"六保"的作用不够直接。由于国有企业有地方政府、中央政府的隐性担保，因此违约风险较低，而民营企业、中小企业、科技型企业等多为"轻资产"，可抵押资产、担保品有限，加上金融机构的风险偏好相对较低，整体上融资更加困难。在直接融资市场，由于缺少政府信用背书，民企发债往往更加困难，通常也要面临更高的利差。

三、直达货币政策工具的设计原理

（一）直达实体经济的货币政策工具的内涵

普惠小微企业贷款延期支持工具是中国人民银行为了鼓励地方法人银行对普惠小微企业贷款"应延尽延"，而创设的普惠小微企业贷款延期支持工具。该工具将通过特定目的工具（SPV）与地方法人银行签订利率互换协议的方式，向地方法人银行提供 400 亿元再贷款资金。

普惠小微企业信用贷款支持计划是中国人民银行为了提高小微企业信用贷款比重，通过特定目的工具（SPV）与地方法人银行签订信用贷款支持计划合同的方式，向地方法人银行提供 4000 亿元再贷款的优惠资金支持。信用贷款支持计划主要面向经营状况良好的地方法人银行，中国人民银行不直接向中小企业提供资金，不承担信用风险。

（二）直达实体经济的货币政策工具设计原理

1. 新货币工具的原理：附带优惠条件的流动性投放

货币工具是中央银行和商业银行之间的资产负债承诺，新创设的直达实体货币工具即为中央银行与地方法人银行之间附加条件的资金往来承诺。

普惠小微企业贷款延期支持有三点要求：地方法人银行此前向中小企业投放过普惠小微贷款；普惠小微信贷企业主承诺维持就业岗位稳定；该普惠小微贷款刚好在 2020 年到期，地方法人银行同意延期还本付息。

满足上述要求之后，针对延期还本付息所带来的损失，地方法人银行可从中央银行获得免息流动性补偿，效果等同于中央银行给予补偿比例为 1% 的无期限免息资金。基于目前的信息，补偿比例 1%，即中央银行给付额度为 400 亿元免息流动性，可支持 4 万亿元规模的延期信贷本息偿还。

普惠小微企业信用贷款支持计划有四点要求：政策对象是地方法人银行；对应业务为新投放的无抵押普惠小微企业信用贷款；申请普惠小微企业信用贷款的企业主承诺维持就业岗位稳定；发放贷款的地方法人银行在最近一季中央银行金融机构评级中达到 1~5 级。

满足上述四点要求之后，地方法人银行可凭借此类普惠小微贷款向中国人民银行申领一年期免息流动性，效果相当于中国人民银行针对地方法人银行相应的普惠小微信贷提供了额度为 40% 的补偿，即中国人民银行提供 4000 亿元优惠资金，可支持地方法人银行向小微企业投放 1 万亿元普惠小微信贷。

2. 政策层面的考量：货币工具创新暗含两大政策调控思路

直达实体经济的货币工具创新，是中国人民银行通过货币工具的设计和投放，将资金引向特定的信贷领域。本次中央银行设计的两项直达实体货币工具，最终目的是稳定小微企业融资和中小企业就业，然而我国中小金融机构很难从一级流动性市场上获得足够的资金去支持中小企业的信贷融资业务。因此，中国人民银行新创的直达实体货币工具，既有助于疏通中小银行对接普惠中小企业的融资渠道，也降低了中小银行的负债成本，可谓一举两得。

3. 操作层面的设计：内嵌 SPV 的货币工具

近期新创设的直达实体货币工具在操作层面的微观结构设计不同于以往任何货币工具，其中有三点结构设计信息较为明确：货币工具是对满足条件的地方法人银行进行流动性投放；中国人民银行的直接对手方是 SPV，而非地方法人银行；普惠小微企业信贷仍在商业银行的资产负债表中，未直接抵押给中央银行，更未入中央银行资产负债表。

本次直达实体货币工具最创新的微观结构设计在于嵌入了 SPV。在操作层面，中央银行通过 SPV 与地方法人银行开展流通性投放操作。由 SPV 购买普惠小微企业贷款，在逻辑上地方法人银行并未将信贷质押给中国人民银行。因此，延期支持工具和贷款支持工具不算再贷款。另外，SPV 结构设计中普惠小微企业信贷的风险仍由放款行承担，利息也由放款行收取，中国人民银行并未直接购买普惠小微企业信贷入表，这在一定程度上规避了道德风险。

4. 与定向降准和普通再贷款的异同之处

这两项直达实体的货币工具在微观结构上借鉴了传统再贷款的设计思路，而在免息流动性的设计上与定向降准有类似之处。本部分将对比当前两项直达实体货币工具与传统再贷款和定向降准的区别。

相较于再贷款，延期和贷款支持工具存在三点不同：一是嵌入 SPV 结构。中国人民银行和地方法人银行间嵌入 SPV 的操作，可以使中央银行在投放流动性的利率、期限、用途以及流动性与普惠小微企业信贷之间的撬动比例等方面，跳出再贷款的设计框架，实现更灵活的调整。二是抵质押操作不同。在延期和贷款支持工具中，地方法人银行不需要将信贷类资产抵质押给中国人民银行，即地方法人银行可以用有限的流动性，撬动更多的普惠小微企业存量信贷接续或者新增中小企业信贷投放。三是利率成本差异。再贷款的流动性成本大于零，而延期和贷款支持工具则可以使地方法人银行直接获得免息流动性。

相较于定向降准，延期和贷款支持工具存在两点不同：一是流动性投放精度不同。定向降准虽然可以针对特定金融机构、特定业务进行，但是一次降准通常为50个基点，一次性释放的流动性在3000亿~10000亿元不等。而延期和贷款支持工具将4000亿元流动性分4次投放，精细化程度更高。二是货币乘数影响不同。降准可以提高货币乘数，促进商业银行扩表。而延期和贷款支持工具并未实质性改变货币乘数，对商业银行扩表能力的提升作用有限。

四、直达货币政策工具的法人银行传导机制分析

为贯彻落实党中央、国务院关于"六稳""六保"决策部署，中国人民银行于2020年6月面向地方法人银行创设普惠小微企业贷款延期支持工具和普惠小微企业信用贷款支持计划两项直达实体经济的货币政策工具。直达工具进一步完善了结构性货币政策工具体系，增强了对稳企业、保就业的金融支持力度。

（一）法人银行货币政策传导机制简述

我国金融体系以银行为主导，法人银行是货币政策传导的中枢。除再贴现工具外，我国的货币政策工具均作用于法人银行。特别是自2013年以来，我国的货币政策工具箱日趋丰富，货币政策工具操作框架日趋完善。经过多年实践，我国逐步形成了中国人民银行总行主要通过全国性法人银行开展总量工具运用，中国人民银行分支机构通过地方法人银行开展直达（结构性）工具运用的分工格局。

1. 总量工具货币政策传导机制简述

总量工具货币政策传导机制主要运用于全国性银行的总量政策工具，侧重于完善货币发行机制，调节市场流动性短期波动，平抑市场利率。在信用货币体系下，商业银行通过发放贷款等资产扩张创造广义货币，中央银行则通过各类货币政策工具调节基础货币，并调控商业银行创造广义货币的能力。我国的货币发行机制主要服务于经济发展和宏观调控需要，并根据不同形势适时调整货币政策工具组合。

2. 直达（结构性）工具货币政策传导机制简述

以2014年中国人民银行开办支小再贷款并调整再贷款分类，完善再贴现管理

以有效发挥支农支小作用为标志，直达（结构性）货币政策工具开始在国内普遍实践。由于宏观经济运行中，面临市场失灵的风险，如果货币政策只注重总量，则容易产生结构扭曲，进而影响总量目标的实现。结构性货币政策通过引入激励机制，有利于提高资金使用效率，促进信贷资源流向社会经济发展的重点领域和薄弱环节，实现金融资源的更优配置，提升社会福利。

除了新创设的普惠小微企业贷款延期支持工具和普惠小微企业信用贷款支持计划两项直达实体经济的货币政策工具，信贷政策支持再贷款（含支农再贷款、支小再贷款和扶贫再贷款）、再贴现、普惠金融定向降准等也具有典型的直达工具特征。它的主要机制是由中国人民银行确定需强化信贷支持的重点领域和薄弱环节，制定符合条件（利率、金额、对象等）的信贷标准，根据银行发放的合格贷款规模或比例给予相应的资金激励，使流动性投放发挥促进银行信贷结构调整的功能，有效引导金融机构行为。由于直达（结构性）货币政策工具有明显的资金成本优势，因此其有助于加强中央银行对利率的有效引导，降低社会融资成本。

2020 年新冠肺炎疫情暴发以来，中国人民银行先后推出了 3000 亿元专项再贷款、5000 亿元复工复产和 1 万亿元普惠性再贷款、再贴现政策；创新两项直达实体经济的货币政策工具。通过有效发挥政策工具的精准滴灌作用，提高政策的"直达性"，引导金融机构加大对实体经济特别是小微企业、民营企业的支持力度，全力支持做好"六稳""六保"工作，促进金融与实体经济良性循环。

（二）直达货币政策工具在法人银行传导机制分析

1. 普惠小微企业贷款延期支持工具

2020 年 6 月，中国人民银行等五部委出台对符合条件的贷款实施阶段性延期还本付息的政策。延期还本付息政策以市场化、法制化原则为基础，延期利息的具体偿还计划由银行与企业双方自主协商、合理确定，银行的实际利息收入水平未受影响，仅部分收入出现递延；企业在享受贷款延期的同时，需承诺保持就业基本稳定。直达政策工具的推出，有效调动了地方法人银行的积极性。从北京地区情况看，政策出台后，地方法人银行普惠小微贷款延期率迅速升至并维持在 60% 以上，较不享受激励的全国性银行延期率高 10~15 个百分点。由于我国疫情防控得力，企业复工复产进程较快，相当一部分市场主体经营已恢复正常，延期政策实质上减少了银行贷款不良风险的爆发，多数银行表示，目前已延期贷款中出现不良的风险可控。阶段性延期还本付息政策实施以来，北京辖内银行累计为 3 万户普惠小微市场主体办理贷款延期近 500 亿元，中国人民银行营业管理部通过直达工具为地方法人银行提高激励约 1.3 亿元，体现出了低投入、高产出的特点。

2. 普惠小微企业信用贷款支持计划

为了进一步增强金融普惠性，2020 年 6 月，中国人民银行等五部委发布《关于加大小微企业信用贷款支持力度的通知》，并创设普惠小微企业信用贷款支持计划，按照 40% 的比例购买符合条件的地方法人银行新发放的普惠小微信用贷款。长期以来，中小银行在金融科技、产品研发等方面投入不足，部分银行偏离聚焦本地，聚焦三农、小微的定位，信用贷款特别是普惠小微信用贷款比例偏低。以北京地区为例，2020 年第一季度，地方法人银行新发放普惠小微贷款中信用贷款占比不足 3%，较辖内全国性银行低近 20 个百分点，与区域金融实力和发展水平严重不匹配。由于普惠小微信用贷款利率本身相对较高（多数在 6%~8% 的水平），计入中国人民银行提供的 40% 零成本本金后，实际收益率可以达到 10% 以上，进一步增厚了银行业务安全垫，银行也有动力逐步降低名义利率水平，从而增强信用贷款产品吸引力和竞争力。至 2020 年末，北京地方法人银行新发放普惠小微贷款中信用贷款占比超过 25%，提升近 23 个百分点，而同期，不享受工具支持的全国性银行占比仅提升约 3 个百分点。

3. 专项再贷款

2020 年 1 月末，为应对新冠肺炎疫情、支持防疫重点企业扩产保供，中国人民银行推出专项再贷款政策。通过为银行提供 3000 亿元低成本信贷额度，并设置银行放贷利率上限，由财政为企业提供贴息支持，确保企业实际融资成本在 1.6% 以下。从执行效果来看：一是由于对企业实行名单制管理，确保了政策进一步精准直达。二是"一企一行"的要求调动了银行竞争积极性，最终银行加权平均贷款利率不足 2.6%，企业实际融资成本不足 1.3%。三是具有较强的杠杆撬动作用。参与该项政策的银行除利用专项再贷款资金满足企业防疫需求外，也积极使用自有资金以优惠利率支持相关企业一般性资金需求，专项再贷款与自有资金的配比普遍达到 1∶1，甚至 1∶2 的水平；部分未参与该政策的银行，出于维持客户关系的考量，也积极使用自有资金为相关企业提供低利率贷款。在上述力量共同作用下，2020 年第一季度信贷增速大幅增长，贷款加权利率明显走低。

4. 普惠金融定向降准

目前，普惠金融定向降准考核设置了两档达标档次。银行前一年普惠金融领域贷款余额或增量达到全部贷款 1.5% 的，存款准备金率可在基准档基础上下调 0.5 个百分点；前一年普惠金融领域贷款余额或增量达到全部贷款 10% 的，存款准备金率可在基准档基础上下调 1.5 个百分点。由于降准可以同时增加银行信贷资金并降低资金成本，对于执行较高存款准备金率的大中型银行有极强吸引力，普惠金融定向降准政策实施后，极大地刺激了相关银行开展普惠金融领域信贷服务的热情，持续加大相关投入。而大型银行下沉普惠金融领域，加剧了市场竞争，推动中小银行在技术、价格和服务等方面的改革和进步。近年来，普惠小微贷款呈现量增、价降、面扩的特点。

五、货币政策工具及其传导机制的国际经验

我国创新货币政策工具是在借鉴海外工具、结合国内实际的基础上制定的方案，各国国情不同，因此方案也会有所不同。我们尝试梳理海外主要中央银行推出的类似的货币政策工具，并尝试比较异同，进而在此基础上提出政策建议。

（一）美国联邦储备系统方案

在应对新冠肺炎疫情危机当中，美国面临政策空间严重不足与大规模逆周期调节的需求之间的矛盾，货币和财政合作推出了一系列宽信用措施。合作方式除了无限量宽政策，美国联邦储备系统直接购买国债为财政融资之外，还推出了一系列宽

信用的新工具，均体现了货币和财政协同的特点。这些工具主要的运作模式有两种。

第一种是财政部注入资本金设立 SPV，美联储向 SPV 提供贷款，以 SPV 购买各类政策支持的信用风险资产。在这种模式下，财政出资的资本金部分可以吸收信用风险损失，美联储以一定的杠杆倍数配套贷款支持，通过美联储配套贷款可以起到杠杆作用以达到足够的支持规模，通过财政资金的出资又可以转移市场主体的信用风险（见图5）。

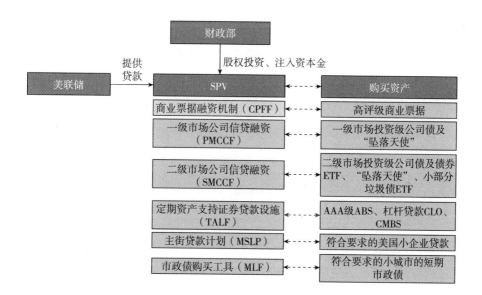

图5 美联储宽信用货币政策工具运作模式一

资料来源：笔者根据公开资料整理。

第二种运作模式是由财政出资设立担保主体，对信用贷款进行100%担保，商业银行可以以相应的信用贷款作为抵押向美联储融资，相当于再贷款。在2020年为应对疫情美联储推出的工具当中，薪资保护计划流动性支持工具（Paycheck Protection Program Liquidity Facility）就是这个模式（见图6）。

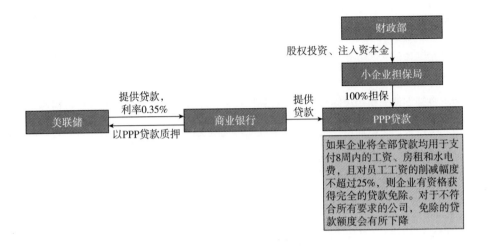

图 6 美联储宽信用货币政策工具运作模式二

资料来源：笔者根据公开资料整理。

从美联储的宽信用货币工具运行模式可以看出，两项支持工具均对市场信用风险进行了转移：在模式一中以财政出资作为资本金，用于吸收购买资产的信用风险损失；在模式二中由财政出资的机构对底层资产进行担保，信用风险本质上也由财政资金承担。美联储则只需要扮演贷款出资人的角色，在宽信用措施实施的过程中美联储自身利润不会遭受损失。美国模式与我国中央银行推出的两项创新工具的一个主要的相同点在于，均通过设立 SPV 的方式来签订支持协议，但一个主要的不同点在于，我国的模式中并没有财政出资承担信用风险损失，而是仍然由市场主体来承担。

（二）欧洲中央银行方案

欧洲中央银行自 2014 年中开始启动一系列的资产购买计划。2020 年，为应对疫情，欧洲中央银行推出了一个临时性的、购买上限高达 7500 亿欧元的大流行病紧急购买计划（PEPP）。PEPP 的购买范围包括了原有购买计划的所有资产类别，并且加入了不在原计划中的希腊政府债务。欧洲中央银行的一系列购买计划均由其直接实施，购买资产直接进入其资产负债表，对应的资产信用风险损失、市值波动损益也直接由欧洲中央银行自身来承担。这是由于欧元区财政联盟尚未建立，欧洲中央银行实际上起到了财政联盟的作用。欧洲中央银行资产构成和购买计划如图 7 所示。

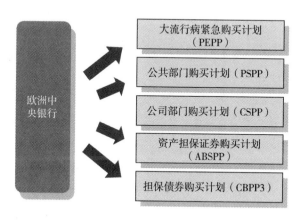

图7 欧洲中央银行资产构成和购买计划

资料来源：笔者根据公开资料整理。

欧洲中央银行的资产购买计划如果遭遇信用风险损失，本质上是由各国中央银行来承担。这一点是与我国中央银行目前推出的一系列货币政策的根本区别。欧洲中央银行资产购买计划和年度利润盈亏分布如图 8 所示。

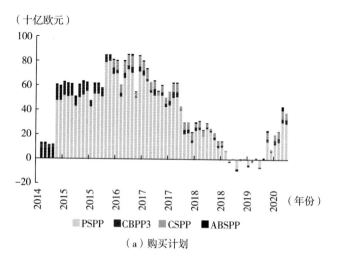

（a）购买计划

图8 欧洲中央银行资产购买计划和年度利润盈亏分布

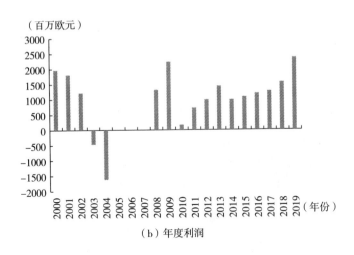

（百万欧元）

（b）年度利润

图8　欧洲中央银行资产购买计划和年度利润盈亏分布（续）

资料来源：笔者根据公开资料整理。

综合来看，目前世界主要经济体推出的系列政策工具总体思路仍然是向金融机构提供低成本流动性支持，即通过金融机构进行信用扩张的模式，金融机构在支持实体经济的过程中仍然要遵循市场化原则，信用风险自担。因此，各类工具的综合效果仍然主要是注入流动性、扩张基础货币，对风险偏好的提振有限；注入的流动性对于市场主体而言形成负债，对于杠杆率并未起到降低的作用。

六、政策建议

（一）进一步扩大直达工具应用范围，完善基础货币投放机制

建议结合"十四五"规划和2035年远景目标，建立直达工具的长效机制，将直达工具从普惠金融领域进一步延伸至科创、绿色、中长期制造业、文化等国民经济重点领域和薄弱环节。促进直达工具与总量工具的有机结合，合理分工，使直达工具在基础货币投放中发挥更大的作用，推动货币政策调控框架进一步向以价格型调控为主转变。

（二）进一步优化完善普惠金融定向降准政策

普惠金融定向降准政策在引导金融机构加大普惠金融领域信贷投放方面发挥了重要作用，随着主要大中型银行均达到第二档降准标准，政策激励效果趋于弱化。建议结合中国人民银行等部门出台的《关于进一步强化中小微企业金融服务的指导意见》，优化普惠金融定向降准政策。通过增加档次，细化指标，进一步增强政策的激励约束机制。

（三）完善对股份制银行的激励约束机制

直达工具导向效果虽显著，但主要面向地方法人金融机构。建议可以在部分重点城市开展面向股份制银行分行的直达工具试点，引导股份制银行加大对重点领域和薄弱环节的信贷投放。

（四）强化货币政策的协同效应

直达工具发挥成效有赖于相关配套政策的完善。建议依托银行中小微金融服务能力提升工程，细化完善对银行的考核评价等约束机制；强化科技赋能，推动银行运用大数据、云计算等技术手段建立风控模型；强化信贷审批流程的自动化应用，有效解决尽职免责落实难问题。加强政务数据共享和政策协同，通过建立区域中小微企业数据库，加大财政贴息、奖补力度，实现政银数据双向互动，提高银行客户识别和信贷投放能力，打通企业融资的"最后一公里"。

参考文献

［1］Fleming J M, "Domestic Financial Policies under Fixed and under Floating Exchange Rates", *IMF Staff Papers*, Vol. 9, No. 3, 1962, pp. 369-380.

［2］Mundell R A, "The Appropriate Use of Monetary and Fiscal Policy for Internal and External Stability", *IMF Staff Papers*, Vol. 9, No. 1, 1962, pp. 70-79.

［3］Tobin J, "A General Equilibrium Approach to Monetary Theory", *Journal of Money, Credit and Banking*, Vol. 1, No. 1, 1969, pp. 15-29.

［4］Van den Heuvel S J, "Does Bank Capital Matter for Monetary Transmission?",

Economic Policy Review，Vol. 8，No. 1，2002，pp. 259-265.

　　［5］本杰明·弗里德曼、弗兰克·H. 哈恩：《货币经济学手册》，陈雨露、曾刚、王芳等译，经济科学出版社 2002 年版。

　　［6］黄达：《货币银行学》，中国人民大学出版社 2000 年版。

　　［7］索彦峰：《货币政策传导机制的理论脉络、内涵界定及实证方法》，《南京审计学院学报》2008 年第 1 期。

　　［8］易刚、吴有昌：《货币银行学》，上海人民出版社 1999 年版。

金融支持制造业转型升级路径研究

——以集成电路产业为例

夏 楠 等[*]

一、引言

改革开放以来，中国制造业迅猛发展，较低的劳动力、土地和原材料成本以及巨大的中国市场吸引了大批国外制造企业进入中国。然而，近年来中国制造业依赖廉价人工成本的比较优势逐渐消失，在国际市场上面临更多挑战。一方面，2008年国际金融危机后，主要发达国家纷纷提出制造业回流的产业政策，我国制造业发展受到欧美国家重振制造业的压力和国际贸易局势不乐观的风险影响；另一方面，发展中国家积极承接产业转移，我国制造业还面临更低劳动力成本的市场竞争。

党的十九届五中全会审议通过的《中共中央关于制定国民经济和社会发展第十四个五年规划和二〇三五年远景目标的建议》提出，坚定不移建设制造强国、质量强国、网络强国、数字中国，推进产业基础高级化、产业链现代化，提高经济质量效益和核心竞争力。习近平总书记强调，"把实体经济特别是制造业做实做强做优""加快建设制造强国"。中国制造业需摆脱"低端锁定"，实现现有价值链上价值分配机制的改造和重置，通过技术创新驱动制造业转型升级，实现由制造业大国向制造业强国的转变。

---

* 夏楠，供职于中国人民银行营业管理部经常项目管理处。参与成员：叶欢、陈杨、王越、张冰清、翟盼盼、翟颖。其中：叶欢、陈杨、王越、张冰清，供职于中国人民银行营业管理部经常项目管理处；翟盼盼，供职于中国人民银行营业管理部国库处；翟颖，供职于中国人民银行营业管理部资本项目管理处。

金融发展作为国家经济增长的助推器，是实现制造业转型升级的关键。但制造业转型升级过程中的金融困境需引起重视，中小制造业企业面临融资难、融资贵的问题，较为缺乏金融支持，成为低技术水平和低附加值制造业有效升级的障碍。

在新一轮全球价值链重构的潮流下，为更好推动制造业发展，需抓住机遇构建区域价值链、国内价值链，建设制造强国。金融要把为实体经济服务作为出发点和落脚点，一方面需要金融增强服务制造业发展的能力，另一方面也为金融创新提供了新的投资方向。

二、文献综述

（一）金融规模对产业转型升级的影响

Levine（1997）认为，金融规模分别通过金融集聚和金融效率对经济增长产生影响，间接影响产业升级。朱玉杰和倪骁然（2014）运用空间面板 Durbin 模型分析结果表明，金融增长与产业升级呈倒"U"形关系，金融效率能有效促进产业升级。李强（2015）认为，金融规模可以通过经济货币化的方式促进产业结构升级，并且随着时间的推移，金融规模促进产业结构升级的效用是递增的。王立国和赵婉妤（2015）运用 VAR 模型检验表明，金融结构的合理化和金融规模的扩大对产业结构升级都有促进作用。彭俞超和方意（2016）认为，结构性货币政策能够有效促进产业结构升级和经济稳定，非对称结构性货币政策能够兼顾经济稳定目标和产业结构升级目标，且相对于对称结构性货币政策更有效。

（二）金融结构对产业转型升级的影响

1. 宏观视角：金融结构影响产业结构升级的模型与理论解释

Kim 等（2015）通过跨国跨行业数据实证研究发现，金融结构影响产业发展是通过促进各类创新型、中小型企业从无到有的大量创立，而不是从小型到壮大而实现的，同时，银行主导的金融结构对小企业主导的产业促进作用较显著。杨可方等

（2018）研究发现，中国产业升级与金融供给侧体系的相关程度不强。邓创和曹子雯（2020）认为，本地区相对较高的金融结构或产业结构可以有效带动周边地区产业的结构升级。

2. 中观视角：金融结构通过影响产业聚集和技术进步，进而促进产业结构升级

在产业层面，金融结构影响产业结构的逻辑之一是，合理的金融结构能够促进外商直接投资（FDI）溢出效应（Levine，1997）。国内多数学者认为国际技术转移尤其是技术指引推动了我国经济结构的调整，其中金融结构扮演着重要的角色。李正茂（2018）的研究表明技术进步对产业结构升级有正向作用，而金融发展水平对技术进步的影响因经济发展阶段而异。郭登艳（2019）指出，金融发展的规模、结构和效率对产业升级的影响分别有31.91%、9.23%、6.27%的效果由技术创新间接传导而实现。刘舜佳（2008）认为，中国对大宗高精尖机械设备的进口加速了技术性资本存量的积累，但也挤占了国内自主研发投入；中国偏重于劳动密集型产品的出口模式对技术进步的促进效应极其有限，甚至抑制技术进步，而技术进步正是研究产业升级的重要指标。

3. 微观视角：金融结构通过影响企业的融资约束等因素，推动产业结构高度化

龚强等（2014）主要考虑在不同经济发展阶段，产业风险和市场环境对企业最优融资方式的影响导致企业对银行和金融市场的需求不同，提出了改变金融结构的动态需求。陈海强等（2015）利用制造业企业数据发现，降低资本与信贷市场的信息不对称性，解决中小企业融资约束问题，对提高企业技术效率，促进国内产业转型升级具有重要意义。李正茂（2018）指出，金融结构在微观传导路径上，通过影响企业融资约束以及中小企业的创业支持，进而影响整体产业结构的升级。

（三）财税政策对产业转型升级的影响

自20世纪中期以来，财税政策对产业结构升级的有效性已在多个发达国家的财税实践中得到检验。日本学者沃格尔（1985）、南亮进（1992）和佐贯利雄

（1987）均提出，差异性税收政策和有针对性的财政补贴能够激励产业结构的调整，如"二战"后日本经济的恢复。邹璇和余苹（2018）认为，产业结构调整是转变经济发展方式的有效途径，而财税政策的实施是影响产业结构调整的政府着力点。李梦涵（2019）认为，财政分权能够促进我国产业结构升级，但政策效果取决于收入分权和支出分权的不对称性。

三、我国集成电路全产业链概况

（一）我国集成电路产业发展历程

1. 起步探索阶段（1956~1977 年）

　　1956~1977 年是我国集成电路产业的起步探索阶段。这一时期我国处于计划经济时期。集成电路产业的金融支持完全是由政府直接出资，并决定产业发展方向。开设集成电路相关的培训班，培育相关技术人才，相继研究出点触式晶体管、DTL性逻辑电路、TTL 电路、PMOS 型 LSI 电路等集成电路。20 世纪 70 年代，国家投入资金建成了四十多家集成电路生产厂，如第四机械工业部所属的 742 厂（江南无线电厂），北京半导体器件二厂、三厂、五厂等。

2. 重点建设阶段（1978~2000 年）

　　改革开放以后，集成电路产业进入重点建设阶段。这一阶段开始有国外的技术和资金的进入，建立了中外合资集成电路企业。1979~1989 年，国家实行"拨改贷"政策，由原先的财政无偿拨款变为贷款，企业不得不采取引进国外设备、减少技术研发投入的策略。而此时引进的大多是国外淘汰的生产线，我国集成电路产业处于技术落后的局面。1989 年后，国家逐渐将"拨改贷"本息余额转变为国家资本金并提出加速建设南北两个 IC 基地，明确集中主要财力和精力建设五个骨干企业。通过财政拨款建设重点项目，并配合税收优惠，引进国外先进技术，我国建立了集成电路生产厂，实现了自主创新，最终建立了相对完整的集成电路产业链，但与世界先进技术和生产水平的差距依然存在，也没有形成真正意义上的 IDM 企业。1995 年，中国台湾 IC 技术在世界排名第四，而中国大陆的 IC 产量和销售额不到世界的 1%。

3. 快速发展阶段（2001~2018 年）

2001 年我国加入世界贸易组织，国家将发展集成电路产业提升到国家战略的高度，金融支持变得更加多样化。在金融扶持政策中，明确指出发挥政策性金融、开发性金融和商业金融的优势，加大新一代信息技术、高端装备、新材料等重点领域的支持力度；在财税政策上，提出完善企业研发费用计核方法。同时，融资方式更加丰富，如上市融资、银行贷款、风险投资等。2000~2018 年我国集成电路销售额呈上升趋势，2018 年我国集成电路产业销售额达到 6532 亿元，产业结构趋于合理。2018 年，集成电路设计、制造和封装测试业的销售额，分别达到 2519.3 亿元（占比 38.6%）、1818.2 亿元（占比 27.8%）和 2193.9 亿元（占比 33.6%），同比分别增长 21.5%、25.6%、16.1%。

（二）我国集成电路产业链现状

1. 我国集成电路产业链概况

（1）我国集成电路市场增速领跑全球，年均增速达到 21%。

除个别年份外，近十年来我国集成电路市场增长率远超全球平均、美国和其他国家及地区。2018 年，我国集成电路产业的增长水平超过世界集成电路产业的发展水平，比 2017 年增长 20.70%。其中，2018 年全球集成电路市场规模为 4687.78 亿美元，我国市场规模为 6532 亿元。

（2）我国集成电路供求不平衡，核心技术对外依存度高。

我国集成电路产业 2011 年的进出口逆差为 1376.3 亿美元，进出口差距明显。随着我国集成电路市场需求的不断扩展，国内供不应求，2018 年逆差逐渐拉大至 2274.2 亿美元，其中进口额达到 3120.6 亿美元且超过石油进口额千亿美元，出口额仅仅为 846.4 亿美元，2011~2018 年进出口逆差增幅达到了 65.24%。我国集成电路产业国际竞争力仍处于较弱的地位，芯片自给及产业高端化不足。

（3）主要交易对手集中于亚洲地区。

北京地区集成电路主要出口地为亚洲地区。2019 年，出口额前五位的国家（地区）分别为中国香港、中国台湾、日本、韩国和越南，出口额分别占地区集成电路出口额的 47.9%、16%、9.5%、7.9%和 7.6%。进口额前五位的国家（地区）分别为中国香港、中国台湾、韩国、美国和新加坡，进口额分别占地区集成电路进口额的 30.9%、20.3%、8.4%、5%和 4.2%。

（4）集成电路产业链正向中国转移。

全球集成电路正在进行向以中国为主要目的地的第三次转移（见图 1）。从 20 世纪 70 年代起，美国将集成电路系统装配、封装测试等利润含量较低的环节转移到日本等其他地区。日本开始积累，并借助家用电子市场不断完善产业链。20 世纪 80~90 年代，日本经济泡沫破灭，集成电路产业开始没落。中国台湾的台积电和

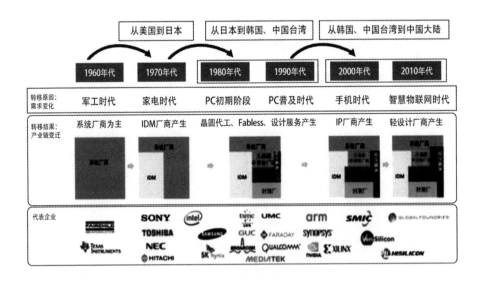

图 1　集成电路产业链转移历程

资料来源：华泰证券。

联华电子两家晶圆厂的诞生，推动产业由 IDM 模式逐渐转变为 Fabless 模式。21 世纪起，随着个人计算机产业向手机产业迈进，终端产品更加复杂多样，我国的集成电路产业经历了低端组装和制造承接、长期的技术引进和消化吸收、高端人才培育等较长的时间周期，完成了原始积累，并以国家战略及政策推动实现全产业链的高速发展。

2. 我国集成电路产业链各环节竞争力分析

集成电路是一种可以执行特定电路的有源、无源器件，包括晶体管、电容器或电阻器的组合。如图 2 所示，产业链包括上游的材料和设备行业，主体产业部分的设计业、制造业、封装测试行业以及下游产业，如车联网、人工智能、物联网、智能汽车以及可穿戴电子设备等新兴产业。

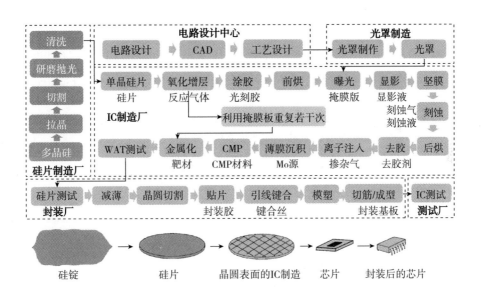

图2 集成电路全产业链示意图

资料来源：头豹研究院。

（1）芯片设计关键技术仍存在"卡脖子"环节，与其他国家之间存在不小的差距。

设计环节是整个集成电路产业链中附加值最高的环节，全球前十大集成电路设计公司中美国公司占一半以上，前十名设计公司中的销售收入占 80%。2018 年，全球集成电路设计行业的销售额约为 1045 亿美元，其中美国约占全球市场份额的 60%。其中主要原因是芯片软件原创的设计工具缺乏，全球的市场份额主要由三大巨头 Synopsys、Cadence 和 Mentor 垄断。2018 年，三家公司全球的市场份额占全球市场的 60% 以上，而我国国产电子设计自动化产品占比不到 10%，竞争力不强。

（2）晶圆制造中先进制程未来将依赖代工模式，国内前景可期。

目前，全球领先的代工制造公司是中国台湾的台积电，2018 年的销售额为 330 亿美元，占全球前十大 IC 制造规模销售额的 50% 以上。中国大陆企业在前十位的分别有中芯国际和华虹半导体，2018 年收入分别为 33.78 亿美元和 9.5 亿美元。2004 年我国集成电路制造业的销售额才刚刚超过 180 亿元，到 2016 年国内集成电路代工行业的销售额超过了 1000 亿元，到 2018 年国内集成电路代工行业的销售业已超 1800 亿元，同比增长 25.6%。2020 年，国内迎来晶圆建厂潮，目前在建的 8 寸晶圆厂共 6 条，12 寸晶圆厂共 16 条，计划建设的晶圆厂共 13 条，合计投资金额超万亿元，未来仍然会保持高速发展的状态。

（3）封测行业长期增速稳定，我国占据大部分市场份额。

根据中国半导体行业协会统计，2018 年我国集成电路产业封测行业销售额达 333 亿美元，占全球市场份额约达 59%。封装测试行业销售额从 2004 年的 219.39 亿元增加到 2018 年的 333 亿元，年均复合增长率为 1.8%。

四、金融支持制造业发展的理论研究

结合相关文献的研究经验和数据可得性、连续性，本文选取 1985~2019 年工业企业利润总额、工业企业营业收入、金融机构人民币存款总额、金融机构人民币贷款总额、社会融资规模（M_2）、国内生产总值（GDP）、金融业增加值、境内上市公司市值等时间序列数据进行筛选，通过建立 VAR 模型，对金融支持制造业转型升级进行实证检验，量化分析相关金融因素的影响。

（一）变量设定

金融支持制造业转型升级变量及其计算方式如表1所示。

表1　金融支持制造业转型升级变量及其计算方式

变量	名称及计算方式
制造业转型升级指标（GYLR）	工业企业利润率，工业企业利润总额/工业企业营业收入额
金融体系发展指标（CDTG）	金融机构人民币存贷款余额与GDP的比值
金融业发展指标（JRZ）	金融业增加值增长率
金融效率指标（CDB）	金融机构存贷比，金融机构人民币贷款余额/金融机构人民币存款余额

（二）VAR模型检验

1. 变量平稳性检验

基于时间序列构建VAR模型要求变量必须通过平稳性检验。通过ADF检验发现，GYLR、JRZ、CDTG、CDB在5%的显著性水平上均为平稳序列（见表2）。

表2　变量平稳性检验结果

变量名称	ADF	P
GYLR	-3.258459	0.0251
JRZ	-3.687609	0.0089
CDTG	-3.963627	0.0234
CDB	-3.345189	0.0015

2. VAR模型构建与稳定性检验

基于GYLR、JRZ、CDTG、CDB 4个平稳时间序列，构建VAR模型，并通过AIC、SC等准则确定最优滞后阶数为1。因此，构建一维VAR模型，即VAR（1）。经过单位根检验，所有的特征根都位于单位圆内，说明VAR（1）模型是稳定的（见图3）。

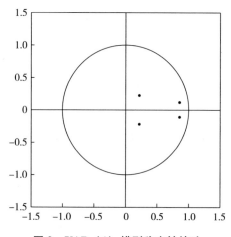

图3　VAR（1）模型稳定性检验

3. 格兰杰（Granger）因果关系检验

结果显示，在5%的显著性水平上，金融体系发展、金融业发展、金融效率等都是影响工业企业利润率的格兰杰原因，而工业企业利润率是金融效率的格兰杰原因。

（三）脉冲响应分析

根据 VAR（1）模型的稳定性检验结果，可以通过脉冲响应分析进一步量化金融体系发展、金融业发展和金融效率在不同期间内对工业企业利润率的冲击影响（见图4）。

如图4（a）所示，金融业发展（金融业增加值增长率）1个标准差冲击后，工业企业利润率立即有明显负向响应，响应值为-0.004，随后负向响应值逐渐缩小，至第11期转为正向响应，并逐渐扩大，在第18期趋于稳定，最大正向响应值为0.0005。如图4（b）所示，金融体系发展（金融机构存贷款余额与 GDP 的比值）1个标准差冲击后，工业企业利润率在短期内有较小负向响应，在第4期转为正向响应，并不断扩大，最大响应值0.0004出现在第7期，其后逐渐衰弱，并在第16期转为负向响应。如图4（c）所示，金融效率（金融机构存贷比）1个标准差冲击后，工业企业利润率有持续扩大的负向响应，负向响应最大值出现在第8期，为-0.001，其后负向响应值逐渐缩小，但始终不为正。

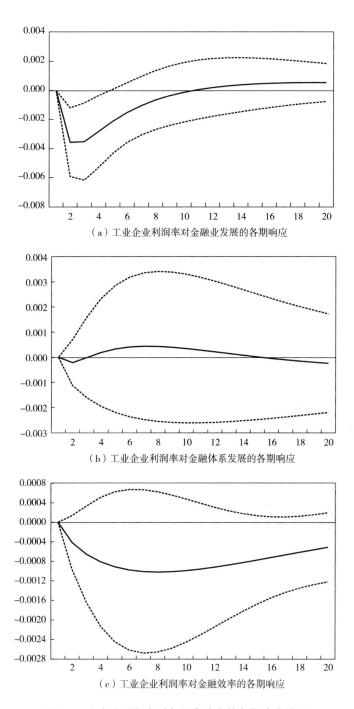

（a）工业企业利润率对金融业发展的各期响应

（b）工业企业利润率对金融体系发展的各期响应

（c）工业企业利润率对金融效率的各期响应

图4　工业企业利润率对各因素冲击的各期响应结果

（四）实证结论

通过建立 VAR 模型及格兰杰因果关系、脉冲响应等分析，可以得到四个方面的结论。

第一，金融因素是影响制造业转型升级的重要因素。格兰杰因果关系分析结果表明，金融业增加值增长率、金融机构存贷款余额与 GDP 的比值、金融机构存贷比等因素都是影响工业企业利润率的格兰杰原因。

第二，金融业自身发展在长期内有利于制造业转型升级。脉冲响应分析结果表明，我国金融业增加值的增长在短期内会对工业企业利润率产生不利影响，但从长期看有利。因此，金融业（尤其是银行）向工业企业合理让利十分有必要。

第三，金融体系的发展对制造业转型升级有积极影响。脉冲响应分析结果表明，金融机构存贷款规模越大，对工业企业利润率提升越有利，并且这一积极影响在较长一段时间内不断扩大。

第四，传统金融效率对制造业转型升级的效果较差。脉冲响应分析结果表明，以金融机构存贷比衡量的我国传统金融效率对工业企业利润率产生较长时间的负影响。也就是说，金融机构吸收存款并将其转换为贷款来支持工业企业发展的效果较差。

五、金融支持制造业发展的现实探索——以集成电路产业为例

（一）集成电路产业的主要金融支持需求

一是技术的持续创新需要持续高水平的资金投入。集成电路产业是技术密集型产业，需要不断地进行技术研发，用于研发的资金支出巨大。据 Wind 数据库统计，我国 A 股上市集成电路企业的 2017 年研发支出平均占营业收入的 15%以上，占比最高的企业达到了 36%。二是保持具有竞争力的企业规模需要大量的资金投入。集成电路产业具有企业的规模越大，占有的市场份额越大，2018 年全球前二十大半导体厂商营业收入占全球半导体行业营业收入的 84.74%。我国集成电路企业想要在市场中占有一席之地，就要在扩大生产规模上加大资金投入力度。

（二）金融支持集成电路产业政策现状

1. 金融市场为集成电路产业提供的支持

（1）证券市场不断完善以支持集成电路产业融资。

2004 年设立中小板、2009 年设立创业板、2013 年设立新三板、2019 年设立科创板，我国股票市场结构日趋完善，为集成电路企业上市融资提供便利。2020 年中国 A 股上市的集成电路企业共有 45 家。债券市场的发展，为集成电路企业提供了良好的债券融资渠道。

（2）商业银行拓宽集成电路企业融资渠道。

现阶段国内商业银行为中小企业提供多种贷款方式，如小企业循环贷款、动产抵押盘活资金以及小企业联合担保贷款等。同时，对科技类企业提供专门的贷款通道。例如，2016 年建设银行在苏州成立投贷联金融中心，并与北京知识产权运营管理有限公司共同推出国内首个不附带其他条件、真正意义、可复制的"纯"知识产权质押贷款创新产品——"智融宝"，为科技类企业提供贷款服务，并向承担科技成果产业化实施的科技型企业法人发放贷款。

（3）非商业银行金融机构为集成电路产业提供多元融资服务。

2014 年，专门从事集成电路产业的投资公司和融资租赁公司在国家集成电路产业投资基金（以下简称大基金）的带动下相继成立，如国内首家集成电路产业融资租赁公司——芯鑫融资租赁有限责任公司，以及北京集成电路制造和装备股权投资中心、北京紫光展讯投资管理有限公司、福建省安芯产业投资基金合伙企业、上海超越摩尔股权投资基金合伙企业等投资公司。这些公司通过提供专业、多元的融资服务，促进集成电路产业的发展。创业风险投资行业机构数量增加，也为我国创业企业融资提供了保障。

2. 政府金融为集成电路产业提供的支持

（1）政府设立科技计划提供资金支持。

我国政府通过设立集成电路产业的科技计划，推进技术创新。例如，电子信息产业发展基金、"863 计划"超大规模集成电路专项、"核高基"专项、"核心电子器件、高端通用芯片及基础软件产品"专项、"极大规模集成电路制造装备及成套工艺"专项的设立，都支持了我国集成电路技术的研发。2018 年，国家重点研发计划公示了 39 个专项，共 751 个项目，国家拨款 143.4 亿元，其中"战略性先进电子材料"重点专项共 12 个，中央拨款 1.58 亿元，与集成电路相关的项目有 6 个。

（2）政府提供担保帮助集成电路企业融资。

我国集成电路企业的外源融资方式以商业银行贷款为主。我国地方政府积极开展金融创新，拓宽融资渠道，如知识产权质押、扩大电子信息中小企业集合发债试点等，引导地方政府建立贷款风险补偿机制，有效发挥信用担保体系功能，并鼓励发展贷款保证保险和信用保险业务。通过政府、担保公司和银行共同合作，为高科技企业提供贷款。例如，合肥市由财政投入资金，担保（保险）公司按照 1∶1 配套建立风险池，商业银行按照风险池资金 10 倍安排定向信贷资金，重点支持高新技术企业和创新型企业。

（3）设立产业投资基金支持集成电路产业发展。

2014 年《国家集成电路产业发展推进纲要》的保障措施中明确提出设立并支持国家和地方集成电路产业投资基金，鼓励社会各类风险投资和股权投资基金进入集成电路领域。基金实行市场化运作，重点支持集成电路制造领域，兼顾设计、封装测试、装备、材料环节，推动企业提升产能水平和实行兼并重组、规范企业治理，形成良性自我发展能力。自 2014 年设立到 2018 年，大基金一期共募集资金1387 亿元，已基本完成投资。据不完全统计，公开投资公司为 23 家，未公开投资公司为 29 家，累计有效投资项目达 70 个。据华芯投资官方微信的公布，截至 2018年 9 月，大基金有效承诺额超 1200 亿元，实际出资额达 1000 亿元。

（三）目前存在的问题

1. 商业银行的支持方式有待创新

集成电路产业获得商业银行信贷支持有一定的困难。一是商业银行对于该行业中小企业的实际经营情况、资金需求和企业的营收能力不了解，基于经营审慎的考虑，往往要求政府或者其他第三方担保公司担保，放贷不够及时；二是银行缺乏对企业知识产权准确衡量的标准，这些企业获得知识产权质押贷款比较困难，即使获得贷款也还需要另外支付知识产权评估费；三是目前银行针对集成电路产业多是一年期的短期贷款，难以适应其研发周期长、技术产品化周期较长的特点及资金需求。

2. 资金支持力度存在差距

2018 年，我国针对"战略性先进电子材料"项目的投资总额为 1.58 亿元（约 0.24 亿美元），与日本和韩国发展集成电路产业初期相差较大。1976～1979 年，日本政府针对超大规模集成电路项目的研究经费总出资约合 2.9 亿美元；韩国为发展半导体产业，在 1986 年成立"韩国半导体联合体"，3 年间投入约合 1.58 亿美元。

3. 金融支持均衡性有待提升

据广发证券发展研究中心统计，集成电路产业投资基金一期主要投资于集成电路制造业，投资金额占到基金一期投资的 67%。2018 年，国家重点研发计划对集成电路产业的支持也多集中于制造业材料的研究上，而对于设计产业支持较少。

4. 金融支持方式有待创新

国家牵头成立大基金促进集成电路产业发展，各地方也纷纷成立集成电路产业投资基金，但是地方政府的资金数额较小并且投资区域受到限制，体量过小的基金投资难以带动地方集成电路产业发展。国家开发银行在各个试点城市开展投贷联动试点，但是目前针对"投贷联动"中债权和股权资金的比例分配和降低投资风险都没有成熟的做法，业务推广还是需要进一步尝试和创新。

六、政策建议

（一）持续推进集成电路产业融资相关支持体系建设

第一，完善信用评级体系，加强证券市场对集成电路产业的支持。借鉴美国纳斯达克市场的经验，进一步完善国内现阶段的科技板块市场，为科技类企业提供良好的融资平台。

第二，完善知识产权评估体系，为集成电路产业信贷融资提供支持。商业银行联合知识产权管理部门完善集成电路企业及其知识产权的评级，帮助集成电路企业获得知识产权质押贷款支持。

（二）进一步完善对集成电路产业的多层次融资支持

第一，拓展集成电路产业现有直接融资渠道。鼓励商业性金融机构加大对集成电路产业中长期贷款融资支持力度，创新信贷产品。通过不同层次的资本市场，为不同发展阶段的集成电路业提供股权融资、股权转让、企业债券、短期融资券等服务。

第二，完善集成电路产业相关间接融资服务。通过健全科创企业知识产权的估值、质押和流转体系，支持集成电路企业通过股权质押融资、应收账款质押融资、供应链金融等间接融资手段支持银行及非银行金融机构设立专门资管产品。

第三，加快搭建全国性的集成电路产业融资平台。依托协会为需要融资的集成电路企业和投资机构举办信息交流专场，解决企业与金融市场之间的信息不对称问题，满足融资需要。

（三）不断丰富政府对集成电路产业的资金支持方式

现阶段，我国正处于第三次集成电路产业的国际转移浪潮中，我国政府已采取设立大基金、转变科学专项计划的管理等方式加强金融支持，但未来仍需持续创新，并采取更加科学的方式。

第一，平衡对集成电路产业的资金支持。支持集成电路制造产业的同时，加大对集成电路设计业和设备材料研发的支持。

第二，支持和帮助企业完成并购。目前，很多先进技术对我国是封锁的，这对我国集成电路产业的发展十分不利。我国政府应促进国内企业并购，整合产业结构，增加国内集成电路龙头企业的市场竞争力。

参考文献

[1] 埃兹拉·沃格尔：《日本的成功与美国的复兴》，生活·读书·新知三联书店，1985年。

［2］邓创、曹子雯：《中国金融结构与产业结构的时空演变特征及区制关联分析》，《江苏社会科学》2020 年第 5 期。

［3］董嘉昌、冯涛：《金融结构市场化转型对中国经济发展质量的影响研究》，《统计与信息论坛》2020 年第 10 期。

［4］郭登艳：《基于技术创新中介效应的金融发展对产业升级影响研究》，长沙理工大学硕士学位论文，2019 年。

［5］黄思维：《金融发展对产业结构升级的影响研究》，云南财经大学硕士学位论文，2020 年。

［6］李梦涵：《促进中国产业结构升级的财税政策研究》，辽宁大学博士学位论文，2019 年。

［7］李正茂：《金融结构促进产业升级的机制研究：基于技术进步的视角》，浙江工商大学博士学位论文，2018 年。

［8］刘舜佳，2008：《国际贸易、FDI 和中国全要素生产率下降——基于 1952~2006 年面板数据的 DEA 和协整检验》，《数量经济技术经济研究》2008 年第 11 期，第 28-39 页。

［9］马文迪：《黑龙江省"智能+"制造业财税激励政策研究》，哈尔滨商业大学硕士学位论文，2020 年。

［10］任碧云、贾贺敬：《金融有效支持中国制造业产业升级了吗？——基于金融规模、金融结构和金融效率的实证检验》，《财经问题研究》2019 年第 4 期。

［11］沈浩鹏：《京津冀协同视角下金融发展影响产业结构升级的机制与实证研究》，天津财经大学博士学位论文，2018 年。

［12］田路路：《产业结构升级与科技金融规模关系研究——基于面板数据空间滞后模型》，《金融管理研究》2020 年第 1 期。

［13］张国庆、李卉：《财税政策影响产业升级的理论机制分析——基于地方政府竞争视角》，《审计与经济研究》2020 年第 6 期。

［14］邹璇、余苹：《财税政策的产业结构优化效应研究——基于行业与区域

视角的经验分析》,《哈尔滨商业大学学报(社会科学版)》2018 年第 2 期。

[15] 杨可方、杨朝军:《金融结构演进与产业升级:美日的经验及启示》,《世界经济研究》2018 年第 4 期。

[16] 彭俞超、方意:《结构性货币政策、产业结构升级与经济稳定》,《经济研究》2016 年第 7 期。

[17] 李强:《金融发展与我国产业升级:全球价值链攀升的视角》,《商业经济与管理》2015 年第 6 期。

[18] 王立国、赵婉妤:《我国金融发展与产业结构升级研究》,《财经问题研究》2015 年第 1 期。

[19] Kim, Lin, Chen, "Finance Structure, Firm Size and Industry Growth", *International Review of Economics & Finance*, No. 41, 2015, pp. 23–39.

[20] 陈海强、韩乾、吴锴:《融资约束抑制技术效率提升吗?——基于制造业微观数据的实证研究》,《金融研究》2015 年第 10 期。

[21] 朱玉杰、倪骁然:《金融规模如何影响产业升级:促进还是抑制?——基于空间面板 Durbin 模型(SDM)的研究:直接影响与空间溢出》,《中国软科学》2014 年第 4 期。

[22] 龚强、张一林、林毅夫:《产业结构、风险特性与最优金融结构》,《经济研究》2014 年第 4 期。

[23] Levine R, "Financial Development and Economic Growth: Views and Agenda", *Journal of Economic Literature*, 1997.

[24] 南亮进:《日本经济发展(第二版)》,毕志恒、关权译,经济管理出版社 1992 年版。

[25] 佐贯利雄:《日本经济的结构分析》,周显云、杨太译,沈阳:辽宁人民出版社 1987 年版。

[26] 埃兹拉·沃格尔:《日本的成功与美国的复兴——再论日本名列第一》,韩铁英译,生活·读书·新知三联书店 1985 年版。

金融支持科技创新的空间效应分析
——基于区域经济协同发展的角度

段爽丽 等[*]

科技创新与区域协同发展是我国推动经济发展的重要战略和有效手段。改革开放 40 余年来，不仅见证了中国经济的快速增长，而且推动了科技创新水平和区域经济关系发生显著变化。根据地理学第一定律，所有事物都与其他事物相关联，距离越近，关联性越强，因此本文基于区域经济协同发展的角度，通过 2007~2018 年的省际面板数据构建地理空间和经济空间权重矩阵，对金融支持科技创新的空间效应进行了实证分析。研究显示：我国各地区科技创新水平在空间上并非随机分布，而是存在显著的空间相关性和异质性；金融市场规模和运行效率均能显著地提升区域科技创新水平；金融市场规模的扩大对科技创新能力的提升影响更大。此外，城镇化水平也对科技创新能力有正向促进作用。

一、引言

（一）研究意义

科技创新与区域协同发展是我国推动经济发展的重要战略和有效手段，改革开放 40 余年的发展不仅见证了中国经济的快速增长，而且推动了科技创新水平和区域经济关系的显著变化。近年来，随着我国综合国力的不断增长、国际地位的显著提高，以美国为首的西方国家在关键技术领域对我国"卡脖子"的现象也越发严

* 段爽丽，供职于中国人民银行营业管理部资本项目管理处。参与成员：朱睿、房媛媛、郭振宇、杨长喜、秦建、汪典。其中：朱睿、房媛媛、郭振宇，供职于中国人民银行营业管理部资本项目管理处；杨长喜、秦建、汪典，供职于中国人民银行中关村中心支行。

重。中兴、华为等事件使国民深刻地认识到，虽然我国在许多领域取得了显著的成绩，但是关键核心技术、基础科学研究以及学术前沿问题方面受制于外国的尴尬局面不改变、创新能力的短板不弥补，我国就始终无法真正建成创新型国家、实现经济高质量发展。《中共中央关于制定国民经济和社会发展第十四个五年规划和二〇三五年远景目标的建议》中明确提出，要坚持创新在我国现代化建设布局中的核心地位，把科技自立自强作为国家发展的战略支撑。

建设创新型国家，需要坚定不移地发挥市场主体在科技创新中的重要作用，不断促进科技型、创新型企业发展，这就对创新金融政策、提高金融市场运行效率和资源配置效率提出了新的要求。金融与科技需要发挥合力，才能保证经济健康、快速发展。

中国的区域发展差距由来已久，能否实现区域协同发展既是经济领域的热点话题，也是我国经济实现健康可持续发展的关键因素。从政策制定角度来看，实施区域协同发展的前提是区域经济发展存在空间上的相关性，即区域内的各经济体在协同发展中存在某些限制性因素，通过区域发展政策对其形成有效的干预，就可以推动欠发达地区更快速地发展，最终实现区域发展的趋同。因此，在区域经济协同发展的前提下，研究金融对科技创新水平的影响，不仅能为区域协同治理提供更多的实践证据，还能为确定下一步金融发展方向积累可参考的实证经验，具有重要的现实意义。

（二）研究综述

在现有的研究中，对金融促进科技创新的路径、方法、意义等问题已有较深入的理论探讨。早在 2011 年，解维敏和方红星通过分析国内上市公司 2002～2006 年的数据就已发现，地区金融业与企业的创新投入呈正相关关系。鞠晓生等（2013）发现，金融市场的发达程度决定了企业所受融资约束的程度，健康的金融市场有助于缓解公司财务困境，增加企业创新。魏成龙和罗天正（2021）通过建立中介模型，从金融规模与金融效率两维度研究发现，优化金融市场环境对该地区科技创新产出的推动作用非常明显。还有的学者从金融支持科技创新的方式方法方面进行了讨论。马凌远和李晓敏（2019）认为，科技金融可以通过遴选科创企业、建立创新的风险分散机制以及增加财政投入三条路径，对区域创新效率产生推动作用。李晓龙等（2017）提出，除资金支持、分散风险外，金融发展还可以提升资源配置效率、提供多方面的便利，支持科技创新。

金融科技的进步为科技创新提供了更便利的条件。侯世英和宋良荣（2020）提出，金融科技通过金融资源配置效率的中介作用影响区域研发创新。卢亚娟和刘骅（2018）分析发现，大数据、云计算等金融科技技术，有效地节约了金融资源检索、传输成本，实现了资源高效配置，进而实现科技转化为生产力。李春涛等（2020）通过分析 2011~2016 年新三板上市公司的数据发现，城市金融科技发展水平每提升 1%，将为当地企业的专利申请数带来 0.17 项的增长。通过进一步分析，他们认为，金融科技的大数据技术解决了银企信息不对称问题，信贷审批速度得到大大提升，能使金融服务精准定位于创新型中小企业，以帮助其缓解资金不足的压力。大数据还可以帮助政府评估企业特征、甄别有发展前景的创新企业，以便及时通过财政与税收的手段缓解融资难问题，激发创新活力（Zhu，2019）。然而，金融科技对于金融规模较小的省份而言可能产生反作用。在金融规模较小的地区，企业对互联网的使用率与其科技创新的产出水平成反比（魏成龙、罗天正，2021）。利用互联网进行融资也可能因安全性低、风险大等问题，对小微企业产生不利影响（高彦梅、梁月，2020）。

金融政策的支持为科技创新深植沃土。郑玉航和李正辉（2015）利用研发投入、成果转化、产业产出三方面数据建立时变参数状态空间模型，发现我国政府性金融以及金融信贷政策对科技创新有长期、稳定、均衡的支撑作用。孙志红和吴悦（2017）基于空间地理加权回归模型，实证分析出财政投入对科技创新效率具有实质提升作用。张玉喜和赵丽丽（2015）认为，中国的科技金融政策将企业融资需要与政府财税补贴、信贷资源直接对接，促进银行类金融机构创造出知识产权证券化、科技保险等金融产品，满足企业外部融资需要。王宇伟和范从来（2012）指出，银企之间的相互信任度不高和信息不对称问题因政府信用背书得以缓解，金融资本的投资风险也因政策"兜底"而有效降低，从而有利于引导资本向创新领域流动。但也要看到，政府长期的财政与税收优惠政策容易使企业产生依赖、滋生"享乐主义"，最终不利于其自主创新（张杰等，2015）。

金融市场结构优化为科技创新提供持续发展的动力。张玉明和赵瑞瑞（2019）发现，由金融中介机构主导的金融活动是传统金融低效、存续期短的主要原因，弱化了企业的融资能力和创新能力。刘金全和艾昕（2017）认为，以股权市场为主导的金融市场结构在融资、风控、信息等方面有明显优势，可以更好匹配创新研发。明明（2013）通过回归分析得出，保险公司资产增长有助于高新技术产品的增加，但银行、基金公司则有副作用。但也有研究指出，以商业银行为主导、间接融资为主的金融市场结构更有助于科技创新提高效率（周煜皓，2017）。以银行为主的正规金融机构数量增加可以拓宽融资渠道，缓解经营压力，推动企业创新（解维敏、方红星，2011）。金融市场扩大开放有助于科技创新募集更多资金。郑玉航和李正辉（2015）通过研究发现，国内资本市场对科技创新的资金支持力度不足，需要加强与外部融资的关联。Brown等（2009）使用美国的高科技企业数据研究发现，中小科技企业因缺少内部资金，主要选择通过发达的股票市场为研发融资。因此，提高证券市场开放程度对科技创新有一定推动作用。但郭文伟和王文启（2020）通过对粤港澳大湾区的经济数据研究发现，外商直接投资（FDI）对科技创新效率的影响系数为-0.02，显示出FDI对科技创新有轻微的抑制作用。

此外，科技创新与区域经济协同发展存在密不可分的关系，洪银兴（2011）、锁利铭和张朱峰（2016）的研究表明，在基础设施互联互通、产业结构转型升级均达到一定水平时，科技创新就成为了区域合作发展重要的"助推剂"和"粘合剂"，科技创新首先在区域内的小部分地区产生，然后通过信息基础设施关联、产业关联、人才流动等方式逐渐梯度推移至相邻地区，以形成局部带动、整体提升的区域合作发展状态。

为消除地区间的发展差距，实现共同富裕的发展目标，我国先后推出了西部大开发、中部崛起等地区发展战略，以及京津冀、粤港澳、长三角等区域发展计划。面对全球经济一体化、区域经济一体化、政府治理方式深刻变革等外在趋势和内生压力，区域协同治理在突破原有治理瓶颈、提升治理效率方面显示出越来越大的价值，学界对区域协同治理的动因、模式、影响因素等问题进行了广泛的研究。理论上，公共服务和公共产品具有负外部性，这是本位主义思想主导的单一行政区发展理念难以克服的。实践上，变革过程中，更多的权力让渡给地方政府，地方政府在自由发展中出于自身利益开展的区域协同治理带来了发展红利，同时，中央也需要多种方式鼓励地方政府开展合作，避免地域发展出现过大的差距。

在已有的研究中，对金融促进科技创新的路径、方法、意义等问题做了深入的理论探讨，侧重于考察并论证两者之间的因果作用关系。然而，基于区域经济协同发展角度，验证与评价金融促进科技发展的研究仍然较少。基于此，本文将立足于建立合理的度量指标体系，构建空间计量模型，具体测量金融对科技支持效应的空间依赖性和空间异质性，反映金融服务科技创新的实际效果，并就此提出金融改革的政策建议，克服科技创新的风险集聚特征，为强化国家战略科技力量、提升企业技术创新能力、激发人才创新活力、完善科技创新体制机制提供金融助力。

二、研究设计

（一）空间计量模型

根据 Tobler 提出的地理学第一定律，所有事物都与其他事物相关联，而且较近的事物比较远的事物关联性更强。随着地理信息系统的不断发展，空间数据或包含地理信息的数据日渐增多，空间经济学蓬勃发展并开始进入主流经济学，克鲁格曼也因倡导新贸易理论与新经济地理而获得诺贝尔经济学奖。因此，基于相邻效应和溢出效应的存在，在研究金融支持科技创新时，有必要将地理效应同时纳入研究。

在引入地理效应时，首先需要考察科技创新水平是否存在空间依赖性，以确定是否需要使用空间计量方法。如果位置相近的区域具有相似的取值，可理解为数据之间存在空间自相关。进一步地，如果高值与高值聚集在一起，或低值与低值聚集在一起，称为正空间自相关；如果高值与低值相邻，称为负空间自相关；如果高低值随机分布，则不存在空间自相关。本文通过地区距离权重构建空间权重矩阵，并采用全局 Moran's Ⅰ考察整个空间序列 $\{x_i\}_{i=1}^n$ 的空间聚集情况，检验因变量的空间相关性。全局 Moran's Ⅰ的计算公式如下：

$$I = \frac{\sum\limits_{i=1}^{n} \sum\limits_{j=1}^{n} w_{ij}(x_i - \bar{x})(x_j - \bar{x})}{S^2 \sum\limits_{i=1}^{n} \sum\limits_{j=1}^{n} w_{ij}}$$

此外，本文还将通过局部 Moran's Ⅰ考察特定省份附近的空间聚集情况，指数为正表示该省份的高（低）值被周围的高（低）值包围，指数为负表示该省份的高（低）值被周围的低（高）值包围。计算公式如下：

$$I_i = \frac{x_i - \bar{x}}{S^2} \sum\limits_{j=1}^{n} w_{ij}(x_j - \bar{x})$$

其中，S^2 为样本方差，w_{ij} 为空间权重矩阵的（i，j）元素，用于度量区域 i 和区域 j 之间的距离，$\sum\limits_{i=1}^{n} \sum\limits_{j=1}^{n} w_{ij}$ 为所有空间权重的和。Moran's Ⅰ指数取值介于 $-1 \sim 1$，大于 0 表示正相关，小于 0 表示负相关，而接近于 0，表明空间随机分布，不存在空间自相关。Moran's Ⅰ指数可以视为观测值预期空间滞后的相关系数。

（二）指标设计和数据来源

1. 被解释变量（科技创新能力）

参考郑玉航和李正辉（2015）的方法，使用高新技术企业工业总产值衡量各省份的科技创新能力，并对其取对数以消除异方差。

2. 解释变量（金融发展水平）

从金融系统运行效率和金融市场发展规模两方面考察金融发展水平。借鉴张林（2016）的方法，使用各省份金融产业总产值与占各省份 GDP 的比值衡量金融市场发展规模，使用各省份贷款余额与存款余额衡量金融系统运行效率。

3. 控制变量

科技创新水平除受金融发展水平影响外，还可能受到其他因素影响，本文借鉴魏学辉和段小雪（2020）等的做法，对一些可能影响科技创新水平的变量进行控制，选取产业结构（第三产业产值占 GDP 的比重）、对外开放程度（进出口总额占 GDP 的比重）、城镇化水平（城镇人口比重）和政府支持力度（科学技术支出占地方政府财政支出的比例）作为控制变量。

为保证研究的客观性和科学性，同时考虑数据可获得性，本文选取除港澳台和西藏以外的 30 个省份 2007~2018 年的年度省际面板数据，所有数据均来源于 Wind 数据库，对于极少缺失数据使用上年度数据填补。各指标详细计算方法及描述性统计如表 1 所示。

表 1　主要变量计算方法及描述性统计

变量类型	变量名称	计算方法	样本均值	最大值	最小值	样本量
被解释变量	科技创新能力（tech）	高新技术企业工业总产值的自然对数	19.26	22.79	15.9	360
解释变量	金融系统运行效率（fineff）	本外币各项贷款余额/本外币各项存款余额	0.74	1.16	0.45	360
	金融市场发展规模（finsize）	金融业总产值/GDP	0.059	0.18	0.017	360
控制变量	城镇化水平（urban）	城镇人口占比	0.55	0.89	0.28	360
	对外开放程度（open）	按经营单位所在地货物进出口总额/GDP	0.04	0.24	0.002	360
	产业结构（stru）	第三产业产值/GDP	0.09	0.53	0.05	360
	政府支持力度（gov）	地方公共财政支出中科学技术支出/地方公共财政支出	0.019	0.072	0.004	360

三、实证结果与分析

（一）空间权重矩阵与空间自相关检验

本文基于省会（首府、政府所在地）城市经纬度坐标，计算各省份地理距离，生成空间权重矩阵。为判断各省份科技创新水平在空间上是否存在策略性互动，首先检验被解释变量即科技创新能力的 Moran's I，结果如表 2 所示。可以看出，2007~2018 年各省份科技创新能力的 Moran's I 在 2009 年达到最高值之后，呈现下降趋势，但依然全部通过了 1% 的显著性检验，表明样本期间，各省份科技创新能力在空间上并非随机分布，而是呈现出明显的集聚现象，且样本期间 Moran's I 统计值均大于期望值 -0.034，说明存在明显的正空间自相关性。

表 2　2007~2018 年各省份科技创新 Moran's I 指数

年份	Moran's I	p 值	年份	Moran's I	p 值	年份	Moran's I	p 值
2007	0.474	0.000	2011	0.473	0.000	2015	0.353	0.003
2008	0.464	0.000	2012	0.508	0.000	2016	0.369	0.002
2009	0.517	0.000	2013	0.359	0.003	2017	0.323	0.006
2010	0.497	0.000	2014	0.315	0.008	2018	0.272	0.006

为考察不同省份科技创新水平空间相关模式的异质性，本文绘制了 2018 年各省份 Moran's I 的散点图（见图 1），并通过表 3 展示了其空间聚集类型。可以看出，我国科技创新水平主要表现为东南沿海地区的"高—高聚集"和西部欠发达地区的"低—低聚集"两种类型，基本符合我国科技创新水平从东到西呈阶梯状分布的空间格局，再次验证了科技创新水平在地理空间分布上存在显著的相关性和异质性。

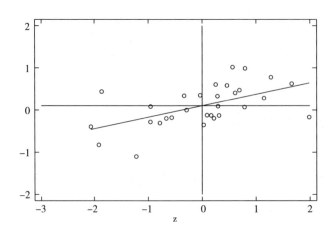

图 1　2018 年科技创新水平的 Moran's I 散点图

表 3　我国科技创新水平积聚类型

聚集类型	象限	省份
高—高聚集	第一象限	北京、河北、上海、江苏、浙江、安徽、福建、江西、山东、河南、湖北、湖南
低—高聚集	第二象限	天津、山西、海南
低—低聚集	第三象限	内蒙古、吉林、黑龙江、贵州、云南、甘肃、青海、宁夏、新疆
高—低聚集	第四象限	辽宁、广东、广西、四川、重庆、陕西

（二）回归结果分析

假设省份 i 的科技创新水平依赖于其相邻省份的自变量，故采用空间杜宾模型进行回归分析，具体模型如下：

$$tech_{it} = \rho tech_{it} + \beta_1 fineff + \beta_2 finsize + \beta_3 stru + \beta_4 gov + \beta_5 open + \beta_6 urban + \lambda WX_{kit} + \varepsilon_{it}$$

其中，i 代表省份，t 代表年度，X_{kit} 代表前述解释变量和控制变量，W 代表空间权重矩阵，ε_{it} 代表正态分布的随机误差向量，ρ 代表空间回归系数，λ 代表空间误差系数。

首先进行豪斯曼检验，确定应该使用随机效应还是固定效应模型，检验结果如表 4 所示。

表 4　豪斯曼检验结果

	（b）	（B）	（b-B）
	fe	Re	Difference
fineff	0.7912341	0.8296574	−0.0384233
finsize	6.482685	6.039451	0.4432343
stru	−0.0399236	−0.0060959	−0.0338277
gov	2.914472	2.292464	0.6220084
open	−0.270824	−0.6738306	0.4030066
urban	0.0757162	0.0777593	−0.0020431
b=consistent under Ho and Ha; obtained from xsmle			
B=inconsistent under Ha, efficient under Ho; obtained from xsmle			
Test: Ho: difference in coefficients not systematic			
chi2(6)=(b-B)′[(V_b-V_B)^(−1)](b-B)=−3.43			

193

豪斯曼统计量 chi2 为负数，表示可以接受随机效应的原假设，因此本文采用随机效应模型进行回归。为了比较，本文同时进行了非空间面板模型回归，结果如表 5 列（1）和列（2）所示。考虑到相邻省份各项经济指标并非完全相同，例如，河北省虽然在地理上与北京、天津、河南、内蒙古、山东、山西都相邻，但是很明显与北京和天津的经济密切程度显著高于其他省份，为此本文参考李婧等（2010）的做法，定义了经济空间权重矩阵：

$$W^E = W^G \times \mathrm{diag}\left(\frac{\overline{Y_1}}{\overline{Y}}, \frac{\overline{Y_2}}{\overline{Y}}, \cdots, \frac{\overline{Y_n}}{\overline{Y}}\right)$$

其中，W^G 代表空间地理权重矩阵，$\overline{Y_i}$ 代表第 i 个省份的人均 GDP 年平均值，$\overline{Y}$ 代表所有省份 $\overline{Y_i}$ 的平均值。列（3）展示了使用经济空间权重的回归结果。

表 5　金融支持科技创新回归结果

变量	普通面板回归（1）	空间计量模型	
		空间距离权重（2）	经济空间权重（3）
fineff	0.414	0.83**	0.803*
	(1.06)	(2.02)	(1.9)
finsize	8.254***	6.039**	6.081*
	(3.79)	(1.97)	(1.96)
stru	0.84*	-0.006	-0.234
	(1.65)	(-0.01)	(-0.42)
gov	1.719	2.292	3.392
	(0.36)	(0.24)	(0.36)
open	-0.797	-0.674	-0.943
	(-0.54)	(-0.32)	(-0.47)
urban	0.089***	0.078***	0.803***
	(12.4)	(7.04)	(8.37)
rho		-1323.339**	-971.705***
		(-1.88)	(-2.86)
lgt_theta		-2.62	-2.621
sigma2_e		0.119	0.119
R^2	0.2346	0.2385	0.2176
N	360	360	360

注：*、**和***分别表示回归系数在10%、5%和1%的临界值水平上显著。

从表 5 可以看出，各地区金融发展能够显著地促进其科技创新水平的提升，整体来看，相较于金融系统运行效率，金融市场发展规模对创新水平的提升效果更明显。

普通面板回归结果列（1）显示，在 1% 的显著性水平上，金融市场发展规模系数显著为正，金融市场发展规模每提高 1%，区域科技创新水平就会提高 8.254%，表明金融市场发展规模的扩大对科技创新有显著的正向促进作用。

空间距离权重回归结果列（2）和经济空间权重回归结果列（3）显示，在地理距离相邻和经济情况相近两种情况下，模型的空间回归系数 ρ 分别在 5% 和 1% 的水平上显著，说明各地区科技创新水平存在空间相关性，即每个地区科技创新显著受到相邻地区科技创新水平和金融发展水平的影响。

从系数值的大小看，金融市场发展规模对科技创新提升的影响大于金融系统运行效率。在地理权重回归模式下，金融市场发展规模每增加 1%，区域科技创新水平就提升 6.039%；金融系统运行效率每提高 1%，区域科技创新水平将提升 0.83%。同样地，在经济权重回归模式下，金融市场发展规模每增加 1%，区域科技创新水平将提升 6.081%；金融系统运行效率每提高 1%，区域科技创新水平将提升 0.803%。在控制变量中，城镇化水平的回归系数均在 1% 的水平上显著为正，说明提升城镇化水平对科技创新有正向促进作用。

四、政策建议

（一）加快推进金融科技在全行业全领域的运用

一是从多层次、多方面加强金融科技研发，推动金融科技不断更新换代。增强 R&D 经费投入，加强前沿科技、基础性关键性技术的研发，形成金融科技产业链条。制定金融科技产业标准和评价体系，提高我国金融科技的模式、产品全球影响力，掌握行业话语权。打造协同创新平台，积极推动金融科技行业协作。建设金融科技创新人才保障机制，营造有利于人才聚集的外部环境，重视高精尖人才和基层技术人才结构与比例的协调。二是加强金融科技基础设施建设。基础设施建设完善与否直接决定了金融行业和金融机构对金融科技的应用程度。要增加财政支持金融科技基础设施建设的资金投入，推动 5G 基站在全社会范围内的普及，加快建成数字型社会。三是推动传统金融机构与新兴技术手段的全方位融合。引导金融机构了解、掌握、运用"云"、区块链等技术，加强合约安全性和交易透明度。构建 API 开放银行，鼓励金融机构不断推出创新产品和服务，降低融资门槛，简化融资手续，为中小微企业提供简便的数字融资途径。

（二）构建创新导向的金融政策体系

一是推动政策向中小微、高新技术企业针对性倾斜，加大扶持力度。坚持对中小微企业实行减税降费各项措施，不断加大所得税优惠政策力度。给予中小微企业信贷政策倾斜，简化流程、下放权限、提高效率。二是统筹用好各类政府引导基金。我国现存政府引导基金数量多、资金力量雄厚，已成为投融资市场的重要组成部分。统筹管理各类政府引导基金，适当提高资金投向中小微企业和高新技术企业的比例，带动社会资金投入科技研发。三是提高对企业创新能力的甄别。建立科技创新型企业的评价标准和遴选机制，将伪高新技术企业剔除出扶持名单，提高政府资源在创新领域的配置效率。

（三）优化金融市场结构，鼓励并规范各类金融市场发展

一是推动商业银行为高新技术企业提供更多信贷支持，完善间接融资市场。降低高新技术企业取得银行贷款的门槛，简化申请和审批手续，提高资金到位速度。建立政银企有效沟通机制，搭建三方交流合作平台，提高信息透明度。推广高新技术行业地方担保机制，地方政府出资设立担保专项资金，减少商业银行风险顾虑，提高贷款意愿。二是推动企业从股票市场、债券市场、期货市场等获得直接融资支持。发挥股票市场的融资功能，充分利用科创板的融资作用，有目标、有重点地支持高新技术企业到科创板上市和融资。推动国内风险投资、天使投资行业发展，引导更多社会资本投向技术研发等初期阶段。支持并规范金融资产投资公司、保险资产管理公司等金融机构开展多种形式的科创企业股权投资业务。进一步加快创新创

业债券的试点工作，支持债券工具不断创新，促进信用债市场健康发展。

（四）扩大金融市场开放，引导外资投向技术创新领域

一是加快证券市场对外开放进程。在"沪伦通""沪港通""深港通"等基础上，继续推进与世界证券市场互联互通，不断推进 A 股对外开放进程，吸引更多外资投入 A 股市场。二是不断推进外汇体制改革，进一步提升科技型企业跨境投融资便利化水平。三是营造良好的外商投资环境，引导外资投向高新技术企业。四是增强自身的技术吸收能力，充分发挥外商投资的技术外溢效应。

参考文献

［1］Brown J R, Fazzari S M, Petersen B C, "Financing Innovation and Growth: Cash Flow: External Equity and the 1990s R&D Boom", *Journal of Finance*, Vol. 64, No. 1, 2009, pp. 151-185.

［2］Zhu C, "Big Data as a Governance Mechanism", *The Review of Financial Studies*, Vol. 32, No. 5, 2019, pp. 2021-2061.

［3］高彦梅、梁月：《当前金融科技助力实体企业经济发展研究》，《经济研究导刊》2020 年第 25 期。

［4］郭文伟、王文启：《金融聚集能促进科技创新效率提升吗？——基于粤港澳大湾区空间杜宾模型的实证分析》，《南方金融》2020 年第 4 期。

［5］洪银兴：《科技创新与创新型经济》，《管理世界》2011 年第 7 期。

［6］侯世英、宋良荣：《金融科技、科技金融与区域研发创新》，《财经理论与实践》2020 年第 5 期。

［7］解维敏、方红星：《金融发展、融资约束与企业研发投入》，《金融研究》2011 年第 5 期。

［8］鞠晓生、卢荻、虞义华：《融资约束、营运资本管理与企业创新可持续性》，《经济研究》2013 年第 1 期。

［9］李春涛、闫续文、宋敏等：《金融科技与企业创新——新三板上市公司的证据》，《中国工业经济》2020 年第 1 期。

［10］李婧、谭清美、白俊红：《中国区域创新生产的空间计量分析——基于静态与动态空间面板模型的实证研究》，《管理世界》2010 年第 7 期。

［11］李晓龙、冉光和、郑威：《金融发展、空间关联与区域创新产出》，《研究与发展管理》2017 年第 1 期。

［12］刘金全、艾昕：《地方政府杠杆率、房地产价格与经济增长关联机制的区域异质性检验》，《金融经济学研究》2017 年第 5 期。

［13］卢亚娟、刘骅：《科技金融协同集聚与地区经济增长的关联效应分析》，《财经问题研究》2018 年第 2 期。

［14］马凌远、李晓敏：《科技金融政策促进了地区创新水平提升吗？——基于"促进科技和金融结合试点"的准自然实验》，《中国软科学》2019 年第 12 期。

［15］明明：《科技金融的理论和实证研究》，《金融理论与实践》2013 年第 8 期。

［16］孙志红、吴悦：《财政投入、银行信贷与科技创新效率——基于空间 GWR 模型的实证分析》，《华东经济管理》2017 年第 4 期。

［17］锁利铭、张朱峰：《科技创新、府际协议与合作区地方政府间合作——基于成都平原经济区的案例研究》，《上海交通大学学报（哲学社会科学版）》2016 年第 4 期。

［18］王宇伟、范从来：《科技金融的实现方式选择》，《南京社会科学》2012 年第 10 期。

［19］魏成龙、罗天正：《互联网、金融发展与科技创新》，《经济经纬》2021 年第 1 期。

［20］张杰、陈志远、杨连星等：《中国创新补贴政策的绩效评估：理论与证据》，《经济研究》2015 年第 10 期。

［21］张林：《金融发展、科技创新与实体经济增长——基于空间计量的实证研究》，《金融经济学研究》2016 年第 1 期。

［22］张玉明、赵瑞瑞：《共享金融缓解中小企业融资约束的机制研究》，《财

经问题研究》2019 年第 6 期。

［23］张玉喜、赵丽丽：《中国科技金融投入对科技创新的作用效果——基于静态和动态面板数据模型的实证研究》，《科学学研究》2015 年第 2 期。

［24］郑玉航、李正辉：《中国金融服务科技创新的有效性研究》，《中国软科学》2015 年第 7 期。

［25］周煜皓：《我国企业创新融资约束结构性特征的表现、成因及治理研究》，《管理世界》2017 年第 4 期。

［26］魏学辉、段小雪：《金融集聚、政府创新与科技创新》，《财会月刊》2021 年第 2 期。

新格局下金融科技对监管模式选择影响的再观察

——一项基于"委托—代理"框架的理论分析

周军明　等[*]

从历史的视角看，监管机构的组织模式长期内并非一成不变。本文通过构建一个"委托—代理"模型，从信息收集的角度对统一监管和分头监管两类模式加以权衡，结果表明，当监管者信息搜集的准确性下降时，采用统一监管模式更优。对于当下的中国而言，新发展格局下要求金融更好地服务于实体经济创新发展，金融科技发挥出更大的作用。从本文的模型出发，若金融科技的发展降低了监管者信息收集的准确性，在未来对部分业务的监管模式更适合由分头监管转向统一监管。

一、引言

金融监管模式具有多种选择，在实践中一般将监管模式划分为统一监管与分头监管[①]两大类，Masciandaro 和 Quintyn（2016）对欧洲各国的监管模式进行汇总发现，有 36 个国家采取分头监管，有 24 个国家采取统一监管，还有 40 个国家的监管模式介于统一监管与分头监管之间。[②] 一个直观的认识是，监管模式的选择与一

---

　　[*]　周军明，供职于中国人民银行营业管理部办公室。参与成员：魏海滨、李媛、徐珊、曾晓曦、于陈洋、楼悦聪、周方伟、倪钰洁。其中：魏海滨、徐珊，供职于中国人民银行中关村中心支行；李媛、曾晓曦、楼悦聪、周方伟，供职于中国人民银行营业管理部办公室；于陈洋，供职于中国人民银行营业管理部国库处；倪钰洁，供职于中国人民银行营业管理部调查统计处。

　　①　分头监管包括机构型监管、功能型监管与双峰式监管。

　　②　Masciandaro 和 Quintyn（2016）主要根据监管者所监管的行业数量来作为统一监管和分头监管的区别。

国的经济环境及金融监管历史息息相关，并无最优选择。本文在"委托—代理"框架下，将监管视作一个收集项目质量信号的过程，模型结果表明：对于委托人而言，当监管机构信号收集的准确性较高时，分头监管模式更优；反之，统一监管模式更优。

从金融业未来发展趋势看，党的十九届五中全会提出我国"十四五"时期经济社会发展的重要指导方针是构建新发展格局，这既是应对外部环境变化的需要，也是我国经济发展模式转型的客观需要。在此背景下，对于金融业而言，一个重要的导向是如何解决新发展格局中的最大痛点，即如何使金融更好地服务于实体经济创新发展。陈雨露（2020）认为，当前第四次工业革命赋予了金融业新的历史责任，金融科技引领的金融业集成创新将成为第四次金融革命的突出特征。需要注意的是，金融科技转变了以往金融服务的提供方式，带来新机遇的同时也对金融监管提出了更高的要求。国际清算银行关于金融科技的报告显示，金融科技导致了金融部门的分散化，原有的机构型监管或功能型监管难以对新业务的管辖权进行划分，更难以准确查知项目的质量。这要求监管者及时跟进，制定相应的政策对新业务进行有效监管。

基于此，本文认为，从监管模式的角度来看，随着金融科技的发展，我国将会加强金融科技监管顶层设计和审慎监管，建立健全监管基本规则体系，部分金融业务的监管模式将由分头监管转向统一监管，进而引领金融科技健康发展，为更好地构建双循环新发展格局助力。

二、文献综述

学者们对统一监管和分头监管两类模式的权衡有过大量分析，本文通过对既有文献的梳理，大体可将其分为三个方面：

第一，监管机构搜集信息的全面性问题。在已有研究中，统一监管的最大优势在于信息获取的全面性，随着混业经营业务的比重逐渐增加，金融产品越加复杂化、技术化，能否对被监管业务有整体、全面的认知就显得越发重要。Briault（1999）认为，单一的监管者能够获取更全面的信息，监管活动更有效率，以英国为例，金融服务局（FSA）能够在整体上对金融系统进行监管。Siregar 和 James（2006）针对印度尼西亚 1997 年、1999 年的金融机构改革提出，未来的方向是设计一个合理的、统一的金融部门。Pointner 和 Wolner-Rößlhuber（2011）指出，金融危机后许多专家提出应该在欧盟层面集中进行金融监管以避免系统性风险。

第二，监管中的多代理人问题。De Luna-Martinez 和 Rose（2003）指出，分头监管的劣势在于，发生风险的时候由于不同监管者的监管规则具有不一致性，各金融监管部门会相互推卸责任，而一体化的监管可以通过设定统一规则避免监管套利。项卫星和李宏瑾（2004）认为，各专业金融监管机构可能会在对不同金融机构共同参与的金融交易活动的监管中出现相互争夺权力、交叉监管。H·大卫·科茨（2018）引用美国众议院金融服务委员会前主席巴尼·弗兰克在 2012 年的观点认为，"独立的证券交易委员会和商品期货委员会的存在是我们监管体系唯一最大的结构性缺点"，因此，多代理人间"搭便车"问题与归责困难是分头监管模式的重要缺陷。

第三，监管竞争和官僚化问题。Goodhart（2002）认为，分头监管下多个监管机构在面临监管任务时能够起到查漏补缺的作用，而统一监管后，由于监管权力都归属于同一个组织，这种查漏补缺的优势自然无从谈起，导致监管效果下降。Shleifer（1985）、Tirole（1999）认为，分头监管下的监管竞争有助于倒逼监管机构去披露更多的信息，进而提高监管质量，而在统一监管下，不但失去了分头监管体系下监管竞争带来的好处，还因为监管机构统一后权力过于集中，容易产生官僚组织所固有的效率低下问题。Taylor（1995）指出，统一的监管机构很可能成为一个脱离被监管产业的官僚组织。

相较于之前文献的背景而言，在新发展格局下，金融科技引领的金融业集成创新将成为第四次金融革命的突出特征，这对监管者信息搜集提出了更高的要求。因此，本文以监管者收集信号的准确性为切入点，以此分析不同监管模式下激励成本的差异。在方法上，借鉴 Gromb 和 Martimort（2007）的模型，假定一个项目的质量需要从两个维度来判断，委托人面对的问题是：雇用一个代理人收集两个信号还是雇用两个代理人各收集一个信号。从激励成本的角度看，对于委托人而言，雇用两个代理人的激励成本永远低于雇用单个代理人，这是因为雇用两个代理人时，委托人能够将从多个代理人间获得的信息进行交叉印证，进而提高委托人的信息优势、降低激励成本。在此基础上，本文考虑了监管者与被监管者间纵向合谋的情况，发现分头监管虽然提高了委托人的信息优势，但是为防合谋需要付出更高的成本，当监管者信号收集的准确性下降时，统一监管是更优的组织模式。

三、模型基本设定

本文的模型中存在决策者（委托人）、专家（代理人）以及企业（项目提供者）三类主体，三者都是风险中性的。当企业提交一个具有风险性的项目时，出于公共利益，该项目需要经过决策者批准方可执行，但决策者并不清楚项目的质量，只知道项目成功的先验概率为 v，且由于专业化分工，决策者自己难以亲自调查项目以获取信息。因此，决策者会委托专家去揭示该项目质量的信号，如某金融机构设计了新的金融产品，需要有相应监管机构对产品的合规性进行审查，只有通过后方可投入市场。专家揭示的项目质量信号是私人信息，决策者和其他专家均无法对该信号进行验证，参考 Gromb 和 Martimort（2007）的基本设定，这要求决策者对专家的激励不仅要满足其付出努力收集信号（而非乱报信号）的条件，还要满足其诚实汇报信号（而非汇报错的信号）的条件，同时涉及道德风险和逆向选择问题。在 Gromb 和 Martimort（2007）的设定中，项目是外生给定的且由委托人去执行，而本文的项目是由企业提供的，项目通过审核企业即可获得收益，委托人则更类似于一个看重公共利益的中央政府角色，希望这一风险性项目最终成功，这一设定差异会导致企业有动力去与专家进行合谋，促使项目通过审核。

具体来看，在"委托—代理"框架下，基于代理人收集到的信息，委托人有权决定是否批准企业执行项目，项目执行后有成功和失败两种结果，项目成功时委托

人的收益为 $\bar{S}(\bar{S}>0)$，项目失败时收益为 $\underline{S}(\underline{S}<0)$。v 为项目成功的先验概率，仅与项目自身特质有关，且 v 的大小是共同知识，令 $v\bar{S}+(1-v)\underline{S}<0$，这意味着如果不依靠代理人评判项目质量，委托人均会选择否决项目，期望收益为 0。因此，对于委托人而言，代理人的存在是有必要的。从信号收集角度来看，项目质量由信号 σ_1、σ_2 反映，σ_1，$\sigma_2\in\{\underline{\sigma},\bar{\sigma}\}^2$，其中，$\underline{\sigma}$ 代表坏信号，$\bar{\sigma}$ 代表好信号。[①] 之所以由多个信号来反映，是因为项目质量本身需要从多个维度去评估，例如：在金融监管中，对于某项金融产品既要考虑是否有利于金融机构的稳健经营，也要考虑是否能够对中小投资者进行有效保护；在食品安全监管中，食品从生产到流通需要多道工序，需要进行多项审批。[②] 当然，两个信号之间可能存在一定的相关关系，为保证分析的简洁性，假定两个信号独立同分布。

我们主要考虑两类组织模式：一是单代理人模式，即只存在一个代理人，并由该代理人收集信号 σ_1、σ_2 后一并向委托人 P 上报，如图 1 所示；二是多代理人模式，即存在两个代理人，两个代理人分别收集一个信号，各自代表坏信号或代表好信号，并将结果上报给委托人 P，如图 2 所示，且代理人相互之间不知道彼此获得的信号。

图 1　单代理人组织模式

---

① 监管者付出努力后一定会查得信号，即要么是好信号，要么是坏信号，不存在无法查得信号的情况。

② 项目实施后的风险问题可能并不是企业最关心的，如金融机构进行金融创新往往忽略了可能带来的风险，食品安全问题往往在投入市场后才会被发觉。

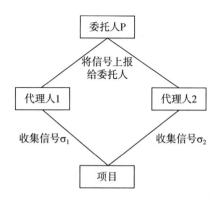

图 2　多代理人组织模式

每个信号在收集时需要付出成本 φ（当只有一个代理人时，单代理人需要收集两个信号，相应地，付出成本为 2φ）。θ 为信号收集的准确程度，令 $\mathrm{Prob}(\overline{\sigma}\mid\overline{S})=\mathrm{Prob}(\underline{\sigma}\mid\underline{S})=\theta$，即项目成功看到好信号、项目失败看到差信号的概率，当 θ 较大时，表明代理人对项目的质量有更准确的认识。代理人收集信号的准确性与自身能力、项目自身的复杂程度以及项目的开展方式等因素均存在相关性，如果企业 F 故意隐瞒项目质量而采用相对烦琐、复杂的技术去执行项目，代理人信号收集的准确性就会降低。在不同组织模式下，代理人收集信号的能力均不存在差异，均为 θ 且 $\theta>1/2$，表明委托人 P 应当相信代理人所汇报的信号进而做出决策。

令 $p(\sigma_1,\sigma_2)$ 是代理人观察到信号 (σ_1,σ_2) 的概率，以看到两个好信号为例，$p(\overline{\sigma_1},\overline{\sigma_2})=v\theta^2+(1-v)(1-\theta)^2$。$v(\sigma_1,\sigma_2)$ 是观察到信号 (σ_1,σ_2) 时项目成功的概率，即 $v(\sigma_1,\sigma_2)=\mathrm{Prob}(\overline{S}\mid(\sigma_1,\sigma_2))$，可得 $v(\overline{\sigma_1},\overline{\sigma_2})=\dfrac{v\theta^2}{p(\overline{\sigma_1},\overline{\sigma_2})}$。同理，易知 $v(\overline{\sigma_1},\underline{\sigma_2})=\dfrac{v\theta(1-\theta)}{p(\overline{\sigma_1},\underline{\sigma_2})}=v$，这意味着当代理人上报的两个信号为一好一坏时，委托人不会批准项目（$v\overline{S}+(1-v)\underline{S}<0$）。同时，当代理人上报的两个信号均为好信号时，委托人会批准项目的执行（$v(\overline{\sigma_1},\overline{\sigma_2})\overline{S}+(1-v(\overline{\sigma_1},\overline{\sigma_2}))\underline{S}>0$），此外，我们假

定委托人的收益($v(\overline{\sigma_1}, \overline{\sigma_2})\overline{S}+(1-v(\overline{\sigma_1}, \overline{\sigma_2}))\underline{S}$)减去向代理人支付的激励成本后大于 0，研究分析的重点在于比较不同组织模式下委托人所要支付的激励成本。

四、不同组织模式下激励成本的比较

（一）不存在合谋情况

1. 单代理人组织模式

在单代理人组织模式下，由一个代理人负责收集两个信号。由于两个信号都由同一个代理人提供，委托人无法辨别信号的真伪，只能对项目的最终结果给予支付。这是因为若委托人对代理人收集到的信号（$\underline{\sigma}$, $\overline{\sigma}$）和（$\underline{\sigma}$, $\underline{\sigma}$）的激励不同，代理人就有动机汇报能得到更高支付的信号，这增加了委托人的激励成本。因此，最优契约为：当代理人汇报两个好信号且最终项目成功时，代理人得到收益 $\overline{t}$，若项目不成功则得到的收益为 0；当代理人汇报至少存在一个坏信号时，则项目会被否决，代理人得到的收入为 t_0。委托人对代理人支付为非负值，$\overline{t}$、t_0 均大于或等于 0。

为保证代理人在收集到信号后汇报真实内容，克服逆向选择问题，对代理人的支付需满足：

$$v(\overline{\sigma_1}, \overline{\sigma_2})\overline{t} \geq t_0 \tag{1}$$

$$t_0 \geq v(\overline{\sigma_1}, \underline{\sigma_2})\overline{t} \tag{2}$$

$$t_0 \geq v(\underline{\sigma_1}, \underline{\sigma_2})\overline{t} \tag{3}$$

其中，式（1）表明当代理人看到两个好信号时，诚实汇报的收益高于谎报（报告项目不合格）的收益；式（2）、式（3）表明当代理人看到至少存在一个差信号时，否决项目的收益高于批准项目的收益。

此外，还需要保证代理人付出努力搜集信号，避免道德风险问题，令代理人收集到一个信号所要付出的成本是 φ，需满足：

$$p(\overline{\sigma_1}, \overline{\sigma_2})v(\overline{\sigma_1}, \overline{\sigma_2})\overline{t}+(1-p(\overline{\sigma_1}, \overline{\sigma_2}))t_0-2\varphi \geq \max\{v\overline{t}, t_0\} \tag{4}$$

式（4）右边项 $v\overline{t}$ 表明，代理人不收集信号却批准项目通过（向委托人说收集到了两个好信号，故收益为项目成功的先验概率 v 乘以 $\overline{t}$）；t_0 表明代理人不搜集信号就否决项目（向委托人说收集到了坏信号）。

需要注意的是，在防范道德风险的过程中，不仅需要避免代理人不去收集信号，而且还要避免代理人在收集到一个信号后就放弃继续努力了，故还需满足：

$$p(\overline{\sigma_1}, \overline{\sigma_2})v(\overline{\sigma_1}, \overline{\sigma_2})\overline{t}+(1-p(\overline{\sigma_1}, \overline{\sigma_2}))t_0-2\varphi \geq p(\overline{\sigma})v(\overline{\sigma})\overline{t}+(1-p(\overline{\sigma}))t_0-\varphi$$
$$\tag{5}$$

对于委托人而言，需要选择满足上述约束条件下最小的 $\overline{t}$ 和 t_0，从而实现最小化激励成本 $C_1 C$，$C_1 C$ 的表达式如下：

$$\min_{\{\overline{t},t_0\}}C_1=p(\overline{\sigma_1}, \overline{\sigma_2})v(\overline{\sigma_1}, \overline{\sigma_2})\overline{t}+(1-p(\overline{\sigma_1}, \overline{\sigma_2}))t_0 \tag{6}$$

由此解得对于委托人而言最优的 $\overline{t}$ 和 t_0 为：

$$\frac{v\theta(2-\theta)}{1-p(\overline{\sigma_1},\overline{\sigma_2})}\overline{t}=t_0=\frac{(2-\theta)\varphi}{(1-v)(2\theta-1)(1-\theta)} \tag{7}$$

2. 多代理人组织模式

在多代理人组织模式下，信号由不同的代理人负责收集，假定代理人之间不存在合谋。与单代理人模式相比，委托人的优势在于可以对代理人收集到的两个信号进行比对，当发现两个信号相悖时，对于委托人而言，最优的支付为 0。从直观上理解，信号相悖时项目成功的概率 $v(\overline{\sigma_1}, \underline{\sigma_2})=v$，代理人并没有向委托人提供有用的信息，因而代理人得到 0 支付，而在单代理人模式下委托人只能根据代理人的判断结果而非上报的信号进行决策。因此，相比于单代理人模式，多代理人模式下委托人更具有信息优势。

为防止逆向选择，以代理人 1 为例，当观察到一个好信号时，$\overline{t}$ 和 t_0 需满足：

$$p(\overline{\sigma_2}|\overline{\sigma_1})v(\overline{\sigma_1}, \overline{\sigma_2})\overline{t}+p(\underline{\sigma_2}|\overline{\sigma_1})\times 0 \geq p(\underline{\sigma_2}|\overline{\sigma_1})t_0+p(\overline{\sigma_2}|\overline{\sigma_1})\times 0 \tag{8}$$

由于当两个代理人上报的信号相悖时得到的收益为 0，因此式（8）可简化为：

$$p(\overline{\sigma_2}\mid\overline{\sigma_1})v(\overline{\sigma_1},\ \overline{\sigma_2})\bar{t}\geq p(\underline{\sigma_2}\mid\overline{\sigma_1})t_0 \tag{9}$$

也就是说，从代理人 1 的角度出发，设定代理人 2 如实汇报信号，代理人 1 发现好信号并诚实汇报好信号的收益高于汇报坏信号时的收益。由于当信号相悖时代理人 1 获得支付为 0，因此式（9）左边项显示只有当代理人 2 也看到好信号时方能获得收益；右边项因为代理人 1 将信号谎报成差信号，所以只有当代理人 2 看到坏信号时方能获得收益。

相应地，当代理人 1 观察到一个差信号时，$\bar{t}$ 和 t_0 需满足：

$$p(\underline{\sigma_2}\mid\underline{\sigma_1})t_0\geq p(\overline{\sigma_2}\mid\underline{\sigma_1})v(\underline{\sigma_1},\ \overline{\sigma_2})\bar{t} \tag{10}$$

为防止道德风险，对代理人 1 而言，需满足：

$$p(\overline{\sigma_1},\ \overline{\sigma_2})v(\overline{\sigma_1},\ \overline{\sigma_2})\bar{t}+p(\underline{\sigma_1},\ \underline{\sigma_2})t_0-\varphi\geq\max\{p(\overline{\sigma_2})v(\overline{\sigma_2})\bar{t},\ p(\underline{\sigma_2})t_0\} \tag{11}$$

式（11）的含义为：代理人 1 努力收集信号诚实汇报的收益要高于不努力收集信号而直接乱报信号的收益，该式右边第一项为乱报好信号时的收益，仅当代理人 2 看到了好信号时才能获得收益；该式右边第二项为乱报坏信号时的收益，仅当代理人 2 看到了坏信号时才能获得收益。可以发现，若支付 $\bar{t}$ 和 t_0 能够满足道德风险条件，逆向选择条件自然也会满足。

对于委托人而言，选择满足上述约束条件下的 $\bar{t}$ 和 t_0，从而实现最小化的激励成本 C_2，即：

$$\min_{\{\bar{t},t_0\}}C_2=p(\overline{\sigma_1},\ \overline{\sigma_2})v(\overline{\sigma_1},\ \overline{\sigma_2})\bar{t}+p(\underline{\sigma_1},\ \underline{\sigma_2})t_0 \tag{12}$$

由此解得对于委托人而言，最优的 $\bar{t}$ 和 t_0 为：

$$\bar{t}=\frac{p(\underline{\sigma})\varphi}{v(1-v)(2\theta-1)\theta^2},\quad t_0=\frac{\varphi}{(1-v)(2\theta-1)\theta} \tag{13}$$

3. 不同组织模式下激励成本的比较

将不同监管模式下计算得到的最优 $\bar{t}$ 和 t_0 分别代入 C_1 和 C_2 可以发现，在 $\theta\in(0.5,\ 1)$、$v\in(0,\ 1)$ 的情况下，C_1-2C_2 永远大于 0，即单代理人模式下委托人所要支付的激励成本 C_1 高于多代理人模式下的成本 $2C_2$（需要给两个代理人激励，故乘以 2)。由此得到命题 1：

命题 1 当代理人与被代理人之间不存在合谋时，单代理人模式下的激励成本高于多代理人模式，多代理人模式更优。

这是因为采用多代理人模式时委托人能够获得更多的信息，如当代理人汇报一个好信号和一个坏信号时，委托人可以通过这两个信号相互印证，否决这一项目，而在单代理人模式下，除了项目最后的实施结果，委托人无法从上报的信号中取得信息优势，因此要给予单个代理人更高的激励，激励成本上升。

（二）存在纵向合谋情况

上述是 Gromb 和 Martimort（2007）的一个主要结论，即从激励成本的角度看，通过多代理人收集信息提高了委托人的信息优势，因此多代理人模式更优。然而，在收集信息的过程中，项目提供者即企业 F 有动力去贿赂代理人使坏项目蒙混过关①。Laffont（2000）讨论了宪政中有多个政治家监督的情况，认为相比于政治家间的横向合谋，作为代理人的政治家与作为项目提供者的企业间的纵向合谋需要重点关注，其原因在于：一是政治家有足够的激励去与企业进行合谋，这是因为企业往往能够为政治家提供未来的工作机会，即"旋转门"现象；二是相比于阻止政治家与企业间的货币性转移支付，中央对政治家间横向的货币性转移支付具有更好的控制力，能够通过一些制度设计来防止政治家间横向合谋，如部门领导人的职位流转、异地任命等方式。因此，本文着重分析纵向合谋。

在实践中也存在大量代理人与企业合谋的例子。Nitsmer（2007）认为，泰国客运业监管失败的原因主要在于利益集团的抵制以及对政治家的俘获，这甚至导致监管机制在设计伊始就更倾向于支持而非监察被监管行业。金融监管领域纵向合谋的情况则更为常见，2019 年 1 月，中央纪委驻中国银行保险监督管理委员会纪检组组长李欣然表示，监管者与被监管对象之间亲而不清、公私不明，容易形成利益团

---

① Gromb 和 Martimort（2007）将项目视为外生给定的，因而不考虑代理人与项目提供者纵向合谋的情况。

伙。① 中央纪委三次全会上，加大金融领域的反腐力度，聚焦金融乱象背后的利益勾结和关系纽带，揪出兴风作浪的资本"大鳄"和金融监管机构"内鬼"。因此，对于代理人的激励有必要纳入防合谋条件。

为保证代理人努力收集信息并如实汇报信息，在组织模式的权衡上有必要考虑代理人与企业间的合谋问题。在基准模型的基础上，假定当企业提出的项目被同意执行时，不论项目最后成功与否，企业都可获得收益 T②，而当提出的项目被否决（代理人查到了至少一个坏信号并上报给委托人）时，获得的收益为 0。可以这样理解这一设定，在金融监管实践中，委托人希望在金融稳定的前提下促进经济发展，但对金融机构而言，业务通过审核后便可获得佣金。再比如项目在完工验收时，只要项目通过企业即可获得收益，而项目的真实质量要在多年后才能显露，未来可能出现的质量问题并不会进入合谋时企业的效用函数。因此，委托人与企业的目标存在一定程度的冲突，委托人在乎的是项目成功，而企业在乎的是项目通过，当代理人查到 $\underline{\sigma}$ 信号时企业就会有动机去贿赂代理人。此外，假设只有当代理人查得信号为 $\underline{\sigma}$ 时才存在合谋的可能，且代理人不会去刁难企业。具体的博弈时序如图 3 所示。

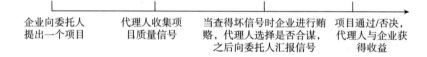

企业向委托人　　代理人收集项　　当查得坏信号时企业进行贿　　项目通过/否决，
提出一个项目　　目质量信号　　赂，代理人选择是否合谋，　　代理人与企业获
　　　　　　　　　　　　　　之后向委托人汇报信号　　　得收益

图 3　博弈时序

相比于不考虑合谋的情况，纳入合谋并不会对代理人在道德风险方面产生影

---

① 参见 http：//www.sohu.com/a/289235426_733746.

② 假设只有项目成功时企业 F 才能拿到收益 T，其与本文的假定并没有本质上的不同，因为企业 F 与委托人存在目标冲突，必定会有动力进行合谋。差别在于：在本文假定下，无论两个信号中有一个差信号还是两个差信号，企业 F 愿意为此付出的贿赂额相等，而当企业 F 的收益与项目成功与否有关时，存在两个差信号时 F 愿意为此付出的贿赂额更低。

响，代理人依然有动力去收集信息，但与之前不同的是，考虑到合谋后，查到坏信号 $\underline{\sigma}$ 时企业会去贿赂代理人。因此，需要重新考虑逆向选择条件。

1. 单代理人模式

当不存在合谋时，监管者收集两个信号要比收集一个信号好，则：

$$t_0 \geqslant \overline{vt} + \frac{\varphi}{p(\overline{\sigma}, \underline{\sigma})} \tag{14}$$

而考虑合谋后的逆向选择条件还需要满足：

$$t_0 \geqslant \overline{vt} + T \tag{15}$$

因此，令 $T_1 = \dfrac{\varphi}{p(\overline{\sigma}, \underline{\sigma})}$，当 $T \leqslant T_1$ 时，原有的道德风险激励条件即能防止合谋，而当 $T > T_1$ 时①，需要更新逆向选择下的约束条件，与之前的求解过程相似，可得 $\overline{t}$、t_0 分别为：

$$\overline{t} = \frac{T\theta^2 + 2T\theta v - 2T\theta - Tv + T + 2\varphi}{v(1-v)(2\theta-1)} \tag{16}$$

$$t_0 = \frac{T\theta^2 + 2T\theta v - 2T\theta - Tv + T + 2\varphi}{(1-v)(2\theta-1)} + T \tag{17}$$

2. 多代理人模式

由于只有当查得信号为 $\underline{\sigma}$ 时才存在合谋的可能，以代理人 1 为例，当代理人 1 查得信号 $\underline{\sigma}$，且不知道代理人 2 获得的信号时，代理人 1 面对的博弈树如图 4 所示。

当代理人 1 查得信号 $\underline{\sigma}$ 时，满足委托人利益的为路径 4 和路径 6，即两个代理人均不选择合谋。因此，委托人需要保证代理人 1 在路径 4、路径 6 上得到的期望收益应大于在其他路径上获得的收益。当代理人 2 查得的信号 $\overline{\sigma}$ 时，代理人 1 的最优行为是合谋，获得收益 $\overline{vt} + T$，而当代理人 2 查得信号同样为 $\underline{\sigma}$ 时，代理人 1 和代理人 2 关于合谋的策略及获得的支付如表 1 所示。

---

① 我们仅考虑 $T > T_1$ 的情形，即需要更新激励条件才能防范合谋。

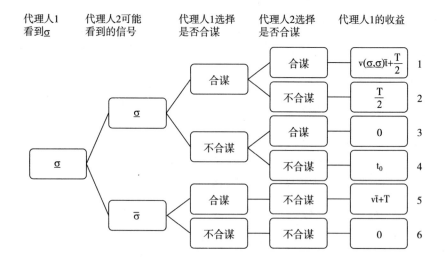

图 4　代理人 1 收集到信号为 $\underline{\sigma}$ 时的博弈树

表 1　代理人 1 和代理人 2 的策略及获得的支付

策略		代理人 1（看到信号 $\underline{\sigma}$）	
		合谋	不合谋
代理人 2 （看到信号 $\underline{\sigma}$）	合谋	$v(\underline{\sigma},\underline{\sigma})\bar{\iota}+\dfrac{T}{2},\ v(\underline{\sigma},\underline{\sigma})\bar{\iota}+\dfrac{T}{2}$	$\dfrac{T}{2},\ 0$
	不合谋	$0,\ \dfrac{T}{2}$	$t_0,\ t_0$

为保证"（不合谋，不合谋）"成为一个均衡策略，需满足 $t_0 \geq \dfrac{T}{2}$。故当代理人 1 查得信号 $\underline{\sigma}$ 时，在纳入防合谋条件下对代理人 1 的激励需要满足：

$$p(\underline{\sigma_2}\mid\underline{\sigma_1})t_0 \geq p(\overline{\sigma_2}\mid\underline{\sigma_1})(v(\underline{\sigma_1},\overline{\sigma_2})\bar{\iota}+T)+p(\underline{\sigma_2}\mid\underline{\sigma_1})\dfrac{T}{2} \tag{18}$$

令 $T_2 = \dfrac{\varphi}{\theta(1-\theta)+0.5(v(1-\theta)^2+(1-v)\theta^2)}$，与不存在合谋时的条件相比，当 $T \leq$

T_2 时，原有的激励即能防止合谋①，易知 $T_2 < T_1$。故更新约束条件后的 $\bar{t}$、t_0 分别为：

$$\bar{t} = \frac{T\theta^4 + 2T\theta^3 v - 3T\theta^3 - 3T\theta^2 v + 2T\theta^2 + T\theta v + 2\theta^2\varphi - 4\theta v\varphi + 2v\varphi}{2\theta^2 v(1-v)(2\theta-1)} \tag{19}$$

$$t_0 = \frac{-T\theta^3 - 2T\theta^2 v + 2T\theta^2 + T\theta v - 2\theta\varphi + 2\varphi}{2\theta(1-v)(2\theta-1)} \tag{20}$$

3. 不同组织模式下激励成本的比较

单代理人模式与多代理人模式激励成本的差异为：

$$C_1 - 2C_2 = \frac{1}{\theta(2\theta v - 2\theta - v + 1)}(2T\theta^4 v + 4T\theta^3 v^2 - T\theta^4 - 7T\theta^3 v - 4T\theta^2 v^2 + T\theta^3 + 3T\theta^2 v + T\theta v^2 +$$
$$4\theta^2 v\varphi - 2\theta^2\varphi - 6\theta v\varphi + 2v\varphi) \tag{21}$$

不同组织模式的权衡取决于 $C_1 - 2C_2$ 的大小，式（20）对 T 求导可得：

$$\frac{d(C_1 - 2C_2)}{dT} = \frac{2\theta^4 v + 4\theta^3 v^2 - \theta^4 - 7\theta^3 v - 4\theta^2 v^2 + \theta^3 + 3\theta^2 v + \theta v^2}{\theta(2\theta v - 2\theta - v + 1)} \tag{22}$$

通过计算可以发现（见图 5）：当参数（θ，v）位于左下区域（图 5 中的区域 I）时，$\frac{d(C_1-2C_2)}{dT} < 0$；当（$\theta$，$v$）位于右上区域（图 5 中的区域 II）时，$\frac{d(C_1-2C_2)}{dT} > 0$。

为比较 C_1 和 $2C_2$ 的大小，取 $T = T_1$ 时，$C_1 - 2C_2 > 0$。这意味着参数（θ，v）位于区域 I 时，随着 T 的增加，$C_1 - 2C_2$ 不断降低，且给定（θ，v），$C_1 - 2C_2$ 关于 T 的导数是一个常数，故存在唯一一个 T^* [$T^* \in (T_1, \infty)$]，当 $T > T^*$ 时，$C_1 - 2C_2 < 0$，即单代理人模式下的激励成本更低；当（θ，v）位于区域 II 时，随着 T 的增加，$C_1 - 2C_2$ 的差不断扩大，多代理人模式的优势更加明显。

---

① 在不考虑合谋时，委托人能够通过两个代理人分别汇报的信号进行信息比较，委托人具有信息优势，从而当两个代理人的信号相悖时给予代理人 0 支付，成功地抽取了信息租金，故在代理人 1 汇报信号为 $\underline{\sigma}$ 时，需满足约束：$p(\underline{\sigma_2} \mid \underline{\sigma_1})t_0 \geq p(\overline{\sigma_2} \mid \underline{\sigma_1})v(\underline{\sigma_1}, \overline{\sigma_2})\bar{t} + \frac{\varphi}{p(\underline{\sigma_1})}$。

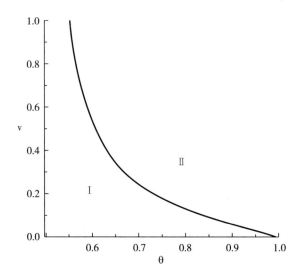

图 5　最优组织模式与（θ，v）取值范围

综上所述，可得到命题 2：

命题 2　假定项目通过后企业获得的私人收益较高，当代理人信息收集的准确度较低时，单代理人模式更优。

命题 2 的直观解释是，给定项目成功的先验概率，在不考虑合谋的情况下，多代理人的优势即在于提升了委托人的信息优势，当发现一好一坏信号时委托人无须对代理人进行支付，在防合谋条件下，此时发现坏信号的代理人更有动机去与企业进行合谋，委托人反而需要付出更高的成本来防止合谋发生。而当代理人信息收集准确度 θ 下降时，出现一好一坏信号的概率上升：$p\ (\bar{\sigma},\ \underline{\sigma}) = \theta\ (1-\theta)$，θ>0.5。因此，最优的组织由多代理人模式转为单代理人模式。

五、结语

Galbraith（1973）认为，组织结构的设计需要满足完成任务的信息需求，本文从现有经济学理论出发，着重分析统一监管与分头监管这两种监管模式的边界，在一个"委托—代理"框架下，从激励成本的角度来看，考虑到监管者与被监管者间纵向合谋的情况，若监管者难以准确查知项目的质量，那么分头监管下增加的防合谋成本将会高于多个信号间互相验证所节约的成本，统一监管模式更优。

需要补充的是，在本文模型中无论采用何种监管模式，监管者收集信息的准确度 θ 都是相同的。而在实践中，统一监管后的监管者往往会拥有更多的信息。例如，对于表外业务的监管，在分头监管模式下，各行业监管标准不一致会造成监管套利，同时，为逃避监管银行业表外业务的投资链条加长，银行业通过影子银行体系参与到证券市场中，原有的监管机构难以全面地认识项目的风险。在这种情况下，统一监管能够整合监管资源，统一监管标准，协调监管机构行为，从而大大提高信号收集的准确度。统一监管下信号收集准确度 θ 的提高意味着监管者选择合谋的机会成本更高，因而其更倾向于如实汇报信号。因此，在一定程度上，本文的基础模型会低估统一监管的优势。

当然，还存在诸多因素会影响监管模式的选择，这些都是本文理论模型难以涵盖的。我们只是从一个侧面对监管模式的选择进行了权衡，在实践中则要统筹全局，实现调控、监管、市场之间更好地结合，有效防范系统性风险，探索出适合我国金融环境的监管模式，在新格局下保障经济的行稳致远。

参考文献

［1］ Briault C，"The Rationale for a Single National Financial Services Regulator"，*Financial Services Authority Occasional Paper No.* 2，1999.

［2］ De Luna-Martinez J，Rose T G，"International Survey of Integrated Financial Sector Supervision"，*Working Paper*，2003.

［3］ Ehrentraud J，Ocampo D G，Garzoni L，et al.，"Policy Responses to Fintech：A Cross-Country Overview"，*Bank for International Settlement*，2020.

［4］ Galbraith J，*Designing complex organizations*，Massachusetts：Addison-Wesley Longman Publishing Co. Inc.，1973.

［5］ Goodhart C，"The Organizational Structure of Banking Supervision"，*Economic*

Notes, Vol. 31, No. 1, 2002, pp. 1–32.

[6] Gromb D, Martimort D, "Collusion and the Organization of Delegated Expertise", *Journal of Economic Theory*, Vol. 137, No. 1, 2007, pp. 271–299.

[7] Laffont J J, Martimort D, "Transaction Costs, Institutional Design and the Separation of Powers", *European Economic Review*, Vol. 42, No. 3/4/5, 1998, pp. 673–684.

[8] Laffont J. *Incentives and political economy*, Oxford: Oxford University Press, 2000.

[9] Nitsmer P, "Gridlock-Regulatory Regimes in the Thai Passenger Transport Sector", *EABER Working Papers* 21866, *East Asian Bureau of Economic Research*, 2007.

[10] Masciandaro D, Quintyn M, "The Governance of Financial Supervision: Recent Developments", *Journal of Economic Surveys*, Vol. 30, No. 5, 2016, pp. 982–1006.

[11] Pointner W, Wolner-Rößlhuber K, "European Financial Supervision: The Long Road to Reform", *Monetary Policy & the Economy*, Vol. 3, 2011, pp. 62–81.

[12] Shleifer A, Vishny R, "Corruption", *The Quarterly Journal of Economics*, Vol. 108, No. 3, 1993, pp. 599–617.

[13] Shleifer A, "A Theory of Yardstick Competition", *Rand Journal of Economics*, Vol. 16, No. 3, 1985, pp. 319–327.

[14] Siregar R Y, James W E, "Designing an Integrated Financial Supervision Agency: Selected Lessons and Challenges for Indonesia", *Asean Economic Bulletin*, Vol. 23, No. 1, 2006, pp. 98–113.

[15] Taylor M, *Twin Peaks: A Regulatory Structure for the New Century*, London: Center for the Study of Financial Innovation, 1995.

[16] Tirole M D J, "Advocates", *Journal of Political Economy*, Vol. 107, No. 1, 1999, pp. 1–39.

[17] 陈雨露:《"双循环"新发展格局与金融改革发展》,《中国金融》2020

年第 19 期。

［18］H·大卫·科茨：《金融监管与合规》，邹亚生、马博雅、邵子馨等译，中国金融出版社 2018 年版。

［19］项卫星、李宏瑾：《当前各国金融监管体制安排及其变革：兼论金融监管体制安排的理论模式》，《世界经济》2004 年第 9 期。

数字货币发展的探索与研究

——以中央银行数字货币为例

王锦超 等[*]

随着大数据、区块链、云计算、人工智能等技术的快速发展，数字货币的天然优势让它成为全球货币革命的焦点，将其改造并置于监管之下，由各国中央银行主导发行，成为法定数字货币，是全球中央银行研究的重要命题。因此，在当前形势下，找到最适合我国数字货币的运行方向显得尤为重要。中央银行数字货币是经济发展的必然产物，也是未来货币发展的大势所趋。本文从中央银行数字货币起源、分类、运行环境、特点等进行全方面的分析，并对中央银行发行数字货币的推广应用场景进行展望，为迎接未来数字化货币时代提供参考性建议。

一、数字货币概述及各国研究发展情况

（一）概念阐释

学习货币的历史形态可以看到，货币经历了实物货币形态、金属货币形态、信用货币形态、电子货币形态四种形态的演变。数字货币属于第四种电子货币的形态。作为货币的一种，数字货币具备价值尺度、流通手段、贮藏手段、支付手段和世界货币五大职能。数字货币可以认为是一种基于节点网络和数字加密算法的虚拟货币。

---

* 王锦超，供职于中国人民银行营业管理部科技处。参与成员：谭任杰、熊玉琨、张骁、刘光泽、赵磊、左志平、杨钊、张晨。其中：谭任杰，供职于中国人民银行营业管理部征信管理处；熊玉琨、左志平，供职于中国人民银行营业管理部货币金银处；张骁、赵磊、杨钊，供职于中国人民银行营业管理部科技处；刘光泽，供职于中国人民银行营业管理部总行专项；张晨，供职于中国人民银行营业管理部保卫处。

传统的数字货币的核心特征主要体现在三个方面：一是由于来自某些开放的算法，数字货币没有发行主体，因此没有任何人或机构能够控制它的发行；二是由于算法解的数量确定，因此数字货币的总量固定，这从根本上消除了虚拟货币滥发导致通货膨胀的可能；三是由于交易过程需要网络中各个节点的认可，因此数字货币的交易过程足够安全。

数字货币目前没有被赋予一个明确的定义，狭义的数字货币是指纯数字化、不需要物理载体的货币，而广义的数字货币即泛指一切以电子形式存在的货币。国际清算银行（BIS）将数字货币定义为以数字形式表示的资产。数字货币可以根据发行者的不同划分为中央银行（以下简称央行）发行的数字货币（Central Bank Digital Currency，CBDC）、私人发行的数字货币和公有链上的数字货币。

央行数字货币可以分成三种形式，其中两种形式是基于代币的，另一种是基于账户的。这两个基于代币的种类不同之处首先在于访问者的范围，这又取决于CBDC 的潜在用途。一种是广泛可用的支付工具，主要针对零售交易，但也可以有更广泛的用途。另一种是限制访问的数字货币，即批发支付和结算交易的结算代币，被称为央行通用代币和央行批发代币。

（二）国内外有关央行数字货币的研究现状

根据国际清算银行发布的数据，截至 2020 年初，在全球 66 所央行中已有 10%的央行即将发行央行数字货币，80%的央行已经开始对数字货币进行研究，部分研究进展如表 1 所示。值得注意的是，部分中小国家在诸多大国之前已发布了该国央行数字货币的推行计划，或者已经展开相关测试，如乌拉圭、委内瑞拉、泰国、立陶宛等。

表 1　部分国家对数字货币的态度及研究进展

国家	态度	研究进展
美国	对加密货币投资者的每笔交易征税，承认数字货币的合法性	美国联邦储备委员会声明其必须保持在央行数字货币研究和政策制定的前沿，其技术实验室正在扩大与数字货币和其他支付创新相关技术的实验

续表

国家	态度	研究进展
英国	尚未就是否启动 CBDC 做出决定	英格兰银行（BoE）对发行 CBDC 的利弊进行慎重权衡
瑞典	承认数字货币的合法性	瑞典央行（Riksbank）在 2020 年 2 月 19 日表示，已开始测试电子克朗（e-krona），并表示如果电子货币最终进入市场，将被用于模拟日常银行业务
法国	建议谨慎使用数字货币	2020 年 5 月，法国央行完成了基于区块链的对央行数字货币的测试，在测试中，法国央行使用了内部开发的区块链技术来创建代表欧元的数字证券。随后法兰西银行着手开展数字货币相关试验，并选出 8 家公司作为央行数字货币试验参与者
韩国	政府限制比特币交易，正在草拟相关合规法案（2019 年，韩国人贡献了比特币全部交易额的 1/3）	正积极从事数字货币的研究和准备工作，将在数字货币试验中运用去中心化技术，2021 年进行了央行数字货币的测试
俄罗斯	俄罗斯央行将根据 2020 年底的数字卢布反馈报告决定是否正式启动该国数字货币项目	俄罗斯央行至今未确定将使用分散式分类账、集中式系统还是混合系统，并且短期内不会发行自己的数字货币，但正在研究这个问题
委内瑞拉	打击非法定数字货币的使用	发行国家加密数字货币石油币（Petro），发行并不顺利
乌拉圭	允许使用比特币	已成功完成电子比索小规模试点计划，试点计划结束至今始终处于评估阶段
泰国	允许使用数字货币交易	泰国银行欲于 2020 年 9 月与中国香港金融管理局进行数字货币交易测试
立陶宛		于 2020 年 7 月 23 日发行了全球首枚央行数字货币，即基于区块链的 LBCoin

中国作为金融大国，从 2014 年就开展数字货币的研究，其进程如图 1 所示。中国人民银行推出的数字货币英文简称为 DC/EP（Digital Currency Electronic Payment），是一种具有 M_0 属性的加密数字货币，与市场中流通的纸币性质一样，是纸币的数字化形态。它与支付宝、微信支付等互联网支付工具相似，具有支付功能，但支付渠道不同于传统支付公司的支付清算通道。

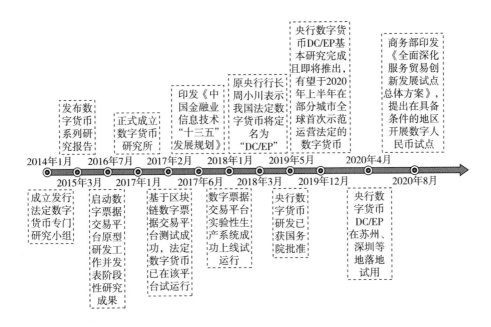

图1 我国开展数字货币研究进程

二、央行数字货币的基础运行环境建设

（一）央行数字货币发行的技术基础设施

数字货币的底层逻辑在于信息技术和货币属性两方面。在基本建设完成现代国家货币与金融体系的基础上，要推行法定数字货币项目，对信息技术实现方式这一底层逻辑的探究无疑处在首位。相比于非法定数字货币，央行在推进数字货币的发行时，应当对数字货币的实现、效用和影响进行严密考量，做到综合把握，力求平衡国家金融创新与稳定。各国央行需要在充分考量、确定自身法定数字货币的定位后，提出系统的技术路线。

目前，世界上的央行数字货币的技术环境建设路线主要有两条：一条是以中国DC/EP为代表的不预设技术路线，即在中心管理的前提下，将区块链底层技术中某些单个的技术加以组合利用。另一条则是基本直接依赖于区块链、分布式账本等技术手段，并在其中加入中心化管理的模式，如瑞典的电子克朗。

1. 路线一：以中国 DC/EP 为主要示例

目前，中国的法定数字货币项目处于世界领先地位。在催生数字货币热潮的区块链技术这方面，根据目前已知相关我国央行数字货币 DC/EP 的专利申请，DC/EP 并非直接照搬比特币等类似数字货币的区块链技术，而是对未被使用的交易输出（Unspent Transaction Output，UTXO）、智能合约、非对称加密等区块链中的单个底层技术有着创造性的运用。中国 DC/EP 采取技术中立立场，采取混合架构，在满足顶层设计的背景下不预设任何的技术路线，竞争选优，即所谓"长期演进技术"。

法定数字货币若想有效替代现金，获得实际的效力，除了需要发行领域的国家信用背书外，还需要实现数字货币"四可三不可"的特性：可流通性、可储存性、可控匿名性、可离线交易性，不可伪造性、不可重复交易性、不可抵赖性。这些特性可依托安全、交易、可信保障三方面的 11 项技术，实现数字货币核心技术体系的搭建，而非直接全盘采纳区块链技术。这 11 项核心技术如图 2 所示。

以上的主要特性和技术构架，是目前我国央行法定数字货币公布的顶层设计，整体技术方向是具有普遍性价值的，对其余各国央行来说是可以参考与借鉴的。它符合法定数字货币需要满足的要求——可流通性、可储存性、可控匿名性、可离线交易性、不可伪造性、不可重复交易性、不可抵赖性，但在不同国家会采取一些差异化技术路线。值得一提的是，中国的 DC/EP 具备离线交易模式，基于目前相关文献参考可知，主要通过无线通信（Near Field Communication，NFC）技术来实现这一功能。

目前，根据英国、美国公布的相关消息，两国数字货币都拟采用类似中国 DC/EP 这一"不预设技术路线"、不直接利用区块链技术的架构。在经历前一轮测试后，英国央行在 2020 年的报告中宣布放弃直接移植区块链的想法，转而只利用区块链中部分底层技术以实现中心化的系统。2020 年初，由原美国商品期货交易委

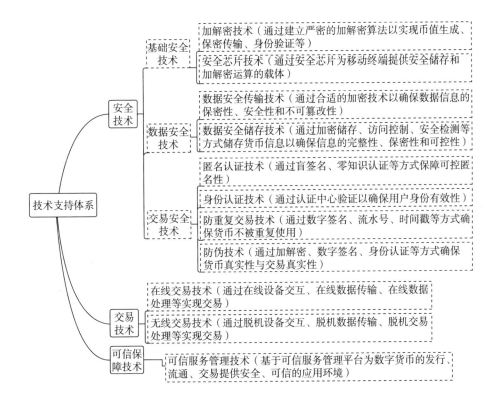

图 2　数字货币核心技术体系

员会主席克里斯托弗·吉安卡洛牵头，联合埃森哲合作启动了非营利性组织数字美元基金会（Digital Dollar Foundation）。该组织发布的"数字美元计划"白皮书在技术框架这部分内容中，强调数字美元不预设技术路线，根据需要采用区块链、分布式账本以及其他新技术。

2. 路线二：以瑞典电子克朗（e-krona）为主要示例

尽管瑞典 2017 年才提出央行数字货币即电子克朗（e-krona）项目，但是整体进度较快，目前已经展开测试。对比中国，瑞典电子克朗最大的技术环境在于区块链。中国侧重于采用区块链底层算法中的某些单个技术，而根据瑞典央行 2020 年 2 月的报告，电子克朗项目基于区块链联盟 R3 的 Corda 构建。相比于比特币的区块链，Corda 可实现监管介入：央行可提出实名制要求、设置准入条件等，监管节点也可以获取访问一切节点上本地数据的权限，满足国家对于法定数字货币的监管需求。这类基于区块链的技术环境无法实现离线交易，电子克朗更多是对于现金的补充而非替代。

在央行数字货币项目中，许多中小国家反而在诸多大国前发布了该国央行数字货币，或者已展开相关测试，如厄瓜多尔、乌拉圭、突尼斯、塞内加尔、马绍尔群岛、委内瑞拉、巴哈马、泰国、土耳其、立陶宛等。同瑞典一样，这些国家大都直接基于区块链技术，在其中加入中心化的管理模式，以满足可流通性、可储存性、可控匿名性、可离线交易性、不可伪造性、不可重复交易性、不可抵赖性这七项数字货币的主要特性。

（二）央行数字货币的投放模式

传统央行实物货币的发行与回笼和数字货币的发行与回笼基本相同，都是基于该二元体系完成，不同之处在于货币的运送和保管方面（见图3）。从运送方式来看，物理运送变成了电子传送；从保存方式看，央行的发行库和银行机构的业务库变成了储存数字货币的云计算空间；银行机构向流通领域投放现金后，社会公众持有流通货币的介质由实物现金变成了数字货币。

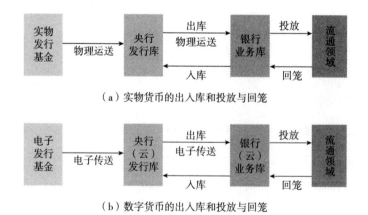

（a）实物货币的出入库和投放与回笼

（b）数字货币的出入库和投放与回笼

图3　实物货币与数字货币出入库和投放与回笼对比

数字货币发行后，面临的一个重要问题就是如何确保数字货币畅通流转。从投放渠道来看，涉及广大个人接收单位支付的工资、奖金等，因此应适用于涉及广大单位和个人在各个生活场景下使用数字货币进行日常生产和生活采购。从回笼渠道看，涉及单位和个人向银行等缴存数字货币，因此数字货币使用环境建设的关键环节在于数字货币的投放渠道，主要任务是设计好、铺设好数字货币的受理环境，可以满足在不同场景下使用数字货币购买商品或服务以及一些转移支付的环境搭建。

在二元体系下，按照分级式央行数字货币系统的建设思路，央行和商业银行等相关机构都需要建设数字货币系统，通过银行机构系统与央行系统的连接和相关指令操作，将央行数字货币发行基金调入银行业金融机构数字货币系统，或者数字货币由银行业金融机构系统缴回央行系统，实现出入库操作。在业务设计上，要确保手续严密、处理畅通；在技术安排上，央行和银行机构等分级式数字货币系统的技术管理不仅要符合信息系统等级保护管理规定，还要满足国家未来的关键信息基础设施保护要求。

（三）数字货币支付清算系统的宏观搭建

在完成数字货币技术环境开发、确定投放推广和运营模式之后，各国的支付清算体系也是法定数字货币发行需要去建设的基础运行环境。各国央行的数字货币如果仅在国内运行，一个安全可靠并由本国主导的支付清算系统就尤为必要。

依靠支付清算体系连接起央行、商业银行等金融机构、金融市场和第三方服务机构之间的货币流转，维持了货币金融体系的正常运行。数字货币的发行将对支付清算系统产生重要影响。在数字货币体系下，以往实体化的货币在支付清算时面临的限制将消弭，在理想状态下央行拥有最高权限，可以不通过其他任何机构而实现对资金信息的精准掌控。

相比于传统的实物货币，数字货币最大的特点在于所有货币转化成为数字信息。由于货币转化成了计算机通用的数据和信息，所有人都可以获取同样的信息，因此便形成了去中心化，以比特币为例的产物，公有链上的分布式账本无须建设支付清算体系。不同于去中心化，中心化的管理模式本质是人为划分出不同级别的信息获取权限：人为通过技术、法律和规定来设置不同板块、不同层级信息的获取权限差异。在数字货币体系中，支付清算节点的设置将主要通过央行向各类机构赋予不同程度的信息获取权限来实现，国家掌握绝对的主动权。

以我国为例，在创建 DC/EP 的支付清算环境时，中国人民银行在技术和政策设计上采用双层运营体系。要实现这一投放模式，中国人民银行便需要向商业银行等机构授予获取货币信息的权限，商业银行等机构也需要搭建自身的支付清算系统。而由于中国人民银行直接拥有所有数字货币信息的最高获取权限，搭建对商业银行、金融机构和第三方服务组织的支付清算汇总系统就不再是必需的。除此之外，当社会和金融系统出现新的组织形态时，中国人民银行也将具有更大的灵活性去设置新的支付清算节点，或者取消旧的支付清算节点。

针对央行数字货币的支付清算体系搭建，除了技术设备更新，在搭建支付清算系统时，应根据各国对法定数字货币的定位设计自身的数字货币支付清算体系，为本国法定数字货币运行提供更加高效的运行环境。

三、央行数字货币的应用优势

（一）降低纸币印刷、流通成本

传统的实体货币通常需要较高的制造成本，会产生较高的印刷制造和流通成本，货币需要具备一定的抗磨损能力，在面对残损币时需采取手段进行销毁，这同时也会对环境造成一定压力。而数字货币在降低成本的同时也可避免这一缺陷。数字货币的成本主要集中在前期研发、平台搭建和设备更新中，当整个体系搭建完成后，后期应用环节产生的边际成本会比较小，有助于减少流通成本。

（二）央行数字货币更具备公信力，有利于公民隐私保护

相比于以太币、比特币等非法定数字货币，央行研发的数字货币有国家信用背书，确保了数字货币的法偿性。数字货币通过技术方式被赋予使用主体的信息数

据，如果使用者的相关购买信息以及转账信息被私人机构掌握，将不利于公民隐私保护，容易产生社会问题。但央行研发的数字货币作为以国家信用背书的法定货币，可以避免公民的私人信息被泄露，对公民隐私形成保护。

（三）有助于构建数字化货币供给体系，提高政策执行效果

通过科技手段建立的央行数字货币可以更加精准地投放在对应账户之中，在社会专项资金拨付、福利捐款等事项中可以发挥精准直达的作用。利用数据信息可追溯原理，还可以对货币流向进行更加细致的分析，这将使未来的货币政策制定更具有针对性和目标性，从而提高政策的执行效果。

四、央行数字货币存在的风险与问题

（一）设备存储和运算能力耗减的风险

当前各国央行对数字货币的研究都如火如荼，随着用户数量的增多、交易频率的提升，会产生大量的数据冗余，将导致系统吞吐率低等问题，因此对数字货币后台系统运行的存储和运算能力提出了更高要求。随着交易节点的不断增加，将交易在网络传播中的延时性和网络安全验证、网络成本、电力成本等情况考虑在内，后台系统需要不断拓展资源，增加 CPU、服务器等相关设备，才能不断提升存储容量，加强运算能力，以确保一国的数字货币能够稳定、高效运行。

（二）电子账户安全风险问题

数字货币应用中也有类似传统经济学中"不可能三角"，又称为"三元悖论"。数字货币的"不可能三角"是指，数字货币资产不可能同时满足去中心化、高性能、高安全性这三方面要素。例如，要追求高性能和高安全性，则不可能达到去中心化。在数字货币的实际应用中，应充分考虑数字货币系统的整体性，按照不同的业务场景，平衡好"不可能三角"的关系（见图4）。

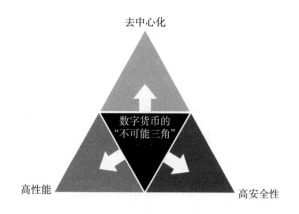

图4　数字货币的"不可能三角"

　　作为一国的法定数字货币，安全性是账户的第一要素，其必须具备存储性能安全、交易流程安全、流通环节安全三大要素。过去几年间，常常有比特币等类似数字货币或网络钱包、货币交易所等遭到技术攻击，出现数字资产被盗的案件。数字货币通过互联网等技术手段进行交易，任何社会公众都可参与，简单依靠传统的物理防火墙手段很难确保网络不受攻击，同时这对数据恢复也提出了很多挑战。在未来，数字货币将运用于各金融机构、社会组织、清算中心、信用中介以及各国之间的汇兑流通，这将要求各国央行的数字货币体系具备极强的适应性和扩展性。

（三）金融稳定的风险

　　按照数字货币的稳定状态可分为稳定币和非稳定币。稳定币，主要是通过业务规则锚定法定资产，实现资产数字化转移。非稳定币，主要是通过算法产生的链内激励进行验证。以比特币为例，它就是典型的非稳定币，交易市场24小时连续开放，没有价格涨跌幅限制，极易被投机者操控，价格犹如过山车，从而易造成市场巨幅波动，对金融市场稳定构成系统性威胁。未来各国央行推行的法定数字货币极大概率是以稳定币的形态出现，否则将对一国的法定货币汇率造成冲击。以中国人民银行未来推行的法定数字货币 DC/EP 为例，它不仅仅是对现有货币的数字化，更是对 M_0 的替代。因此，从短期看，央行的数字货币不会构成系统性风险，但是随着各国央行数字货币关联性加强，发行量增多，数字货币未来应用的普及化，长期而言数字货币可能会对金融稳定造成冲击。

（四）法律风险

由于数字货币具有极强的隐蔽性，其往往容易成为诈骗、洗钱、贩毒、军火交易、绑架勒索赎金等黑色产业的犯罪"温床"。很多犯罪分子可能会要求受害人支付比特币或者一些虚拟资产进行交易，目的就是躲避监管的追查，如果想要按图索骥进行侦查，难度相当大。很多国家的法律目前还没有将数字货币当作一种资产，一些国家的政府部门对此仅视为虚拟商品。对于数字货币而言，要获得法律的有效保护需要一个漫长的过程，监管机构应当对新兴技术保持密切关注，培育数字货币发展环境，制定相关标准规范，以更好地服务、支持金融科技（FinTech）创新产品落地应用。

（五）货币政策风险

央行数字货币的推广发行将会给现有的宏观经济调控、货币政策制定带来更多新的挑战。首先，对现行金融体系的变革。目前，商业银行主要负责吸收公众存款并发放贷款，央行主要扮演"银行的银行角色"，当央行的数字货币发行后，可能会使社会存款从商业银行向央行转移。这将对现行各国的存款保险制度提出挑战，当发生重要系统性风险时，公众可能会把资产变为央行数字货币，将风险转嫁给央行。其次，央行数字货币的推行将给宏观经济政策制定带来影响。央行数字货币将会对传统的纸质货币产生替代效应，对现有的货币供应结构、流通速度、货币乘数等相关货币创造机制形成改变。央行应对货币政策的传导机制和货币工具进行重新审视定位，明确调控力度，防范系统性风险发生。最后，随着全球经济一体化进程推进，各国央行的数字货币会产生各种汇兑，引起资本流动，这也对现行的外汇管理制度提出了新的要求。

非法定数字货币的发行也对各国央行的法定数字货币构成了威胁。通常一国央行的法定数字货币是以该国政府信用做背书的，一些非央行发行的数字货币通常采取锚定银行存款间接锚定央行货币，具备超主权和世界性。例如，高盛研发的

SETLCoin、摩根大通的 JPMCoin 和 Facebook 的 Libra 等。这些非央行发行的数字货币可能依靠先进的货币技术和广泛的用户基础，且不再需要有国别限制，形成超主权货币。尤其当一国经济遭遇金融危机、法币币值发生大幅波动时，将导致国民信任缺失，从而使非央行发行的数字货币的青睐度得到提升。

五、央行数字货币发展建议

（一）通过试点逐步加强社会大众对央行发行的数字货币的认可度

对于央行发行的数字货币建议成立专门宣传小组，通过线下营业网点以及网络新媒体平台介绍央行数字货币的优越性及实用性。在我国，可鼓励国有企业、事业单位、国家机关通过数字货币的方式发放职工薪酬。对中小企业等，如超市、商场等相关购物场景的消费，可推出数字货币支付专属优惠服务，刺激民众使用数字货币进行消费，引导民众逐步接受央行数字货币的支付方式。

（二）加强央行数字货币系统算力技术能力，提升交易效率和安全性

央行数字货币系统需要保证具备实时交易处理能力，但现阶段基于纯区块链架构的数字货币系统在交易吞吐量方面还远远无法满足央行数字货币未来的需求。建议在设计货币系统时，各国央行可以借鉴 Libra 的分层混合技术路线，系统底层采用中心化处理，最终结算时采用区块链；采用委托权益证明机制 DPOS 算法，缩短共识达成的周期；采用智能合约字节码进行重用，节省智能合约的存储空间、减缓区块链上数据的增长速率。

在央行数字货币系统安全方面，可以借助比特币的非对称密码技术，解决系统中密钥大规模分发的问题，提高数字货币交易系统的安全性。此外，可以结合量子密码技术、RSA 技术、FBDH 算法等新型加密技术以及 P2P 网络、I2P 网络、Tor 网络等匿名通信技术，实现对账本数据和用户身份的隐私数据保护，提高交易的便利

性和透明性。

（三） 加快完善央行数字货币相关法律法规建设

央行数字货币正常的发行和流通需要依赖完善的法律支持。为减少新发行的数字货币给现有金融体系带来的冲击，应该从法律方面确定央行数字货币的合法性。各国央行应明确是否将数字货币纳入法定货币范畴，明晰央行数字货币的发行机制，规定央行数字货币的所有权转移、法偿性等问题。以中国为例，为防范风险，2017 年中国人民银行等七部门在下发的《关于防范代币发行融资风险的公告》中明确表示，代币发行融资中使用的代币或虚拟货币不由货币当局发行，不具有法偿性与强制性等货币属性，不具有与货币等同的法律地位，不能也不应作为货币在市场上流通使用。2020 年 5 月 28 日，十三届全国人大三次会议表决通过的《中华人民共和国民法典》是世界首个将虚拟财产做出规定的法典，对网络虚拟财产、数据信息等作为新型权利客体加以规定，使权利客体超越了传统有体物的范畴，更加适合当前信息技术发展的时代需要。

应关注对数字货币造假而产生的反假币问题。政府应规定除央行发行的数字货币外，其余机构、个人发行的数字货币都为伪造货币；规定对央行数字货币数据进行修改的行为属于变造货币；扩大假币举报范围，任何人发现伪造、变造数字货币的情况，都可以向银行和公安机关举报。

（四） 健全对央行数字货币的多元化监管体系

央行数字货币具有不同于传统货币的多项特性，需要完善对这类法定货币的监管体系以保证其在经济活动中稳定运行。建议可由央行联合各大商业银行成立数字货币监控研究所，依据大数据、人工智能、5G 等新技术，分析央行数字货币对商业银行存款规模、第三方支付业务、基础货币的规模、货币政策传导机制、国内与跨境支付结算的影响，为国家宏观调控政策提供建议。鉴于数字货币监管的灵活性和开放性，可建立以发行方（如央行）为中心，以地方政府、商业银行、金融机构等为支撑点的跨地域、跨行业、跨部门的共同监管体系，全方位地监管数字货币，保障良好的流通环境。

（五）加强数字货币的国际协作，分享数字货币前沿信息，建立国际监管协作

若各国研发的数字货币可进行国际间的汇兑清算，这将会影响全球货币支付清算方式，但需要加强国际协调和合作以防范全球金融系统的风险。可以通过举办国际金融峰会、发布央行数字货币白皮书、刊发研究报告等方式共享数字货币前沿信息，积极创建多边、多元监管合作关系，通过互相借鉴与建议，使央行数字货币走向国际化、规范化。

参考文献

［1］陈梦蓉、林英、兰微等：《基于"奖励制度"的 DPoS 共识机制改进》，《计算机科学》2020 年第 2 期。

［2］李凌燕、魏庆征、杨云等：《匿名网络 I2P 的安全性分析》，《南京师范大学学报（工程技术版）》2018 年第 3 期。

［3］李群、任天宇、王小虎等：《基于 OpenFlow 技术的量子密码通信网络设计》，《信息技术》2019 年第 10 期。

［4］刘向民：《央行发行数字货币的法律问题》，《中国金融》2016 年第 17 期。

［5］吕博、廖勇、谢海永：《Tor 匿名网络攻击技术综述》，《中国电子科学研究院学报》2017 年第 1 期。

［6］王守道、蒋玉明、胡大裘：《基于区块链的智能合约压缩存储方法》，《现代计算机》2019 年第 9 期。

［7］王颖、赵莎莎、钱程等：《基于 RSA 算法的存储加密方案研究》，《无线互联科技》2019 年第 21 期。

［8］王永红：《数字货币技术实现框架》，《中国金融》2016 年第 17 期。

［9］王雨薇、国世平：《中央银行数字货币面临的挑战及风险防范研究》，《云南财经大学学报》2020 年第 2 期。

［10］吴丹丹、吕鑫：《分布式结构下基于用户协作的匿名区域构建算法》，《计算机科学》2019 年第 4 期。

［11］姚前：《法定数字货币对现行货币体制的优化及其发行设计》，《国际金融研究》2018 年第 4 期。

［12］周权、杨宁滨、许舒美：《基于 FBDH 算法的容错可验证公钥可搜索加密方案》，《信息网络安全》2020 年第 3 期。

金融控股公司监管研究
——以地方国企类金融控股公司为例

蒋湘伶　等*

中国金融深化改革背景下，具有综合经营特征的金融控股公司已被纳入国家监管范畴。《金融控股公司监督管理试行办法》于 2020 年 11 月 1 日正式施行。经过多年的发展，除金融集团外，目前我国还形成了中央企业、地方国有企业、民营和互联网企业等多类背景的金融控股公司。本文首先通过研究美国金融控股公司形成与发展历程，总结了美国对于金融控股公司的监管经验。其次分析地方国企背景金融控股公司的经营模式及特点，并提出监管建议，可为我国地方国企类金融控股公司监管提供参考。

一、金融控股公司监管的美国实践

回顾美国金融业发展及监管实践，其经历了从自然混业经营到严格分业经营再到混业经营正式确立三个阶段。自 20 世纪 90 年代开始，受高利润驱动因素影响，美国部分银行通过银行控股的方式开展混业经营，但因混业经营产生的跨行业、跨市场风险巨大，因此建立穿透式监管、防范隔离风险成为美国金融监管部门的首要任务。

（一）美国对银行控股公司主要采取伞形监管

1999 年，美国颁布《金融服务现代化法案》。该法案的颁布明确了美联储为金

---

　　* 蒋湘伶，供职于中国人民银行营业管理部跨境办。参与成员：魏海滨、李艳丽、李慧姝、朱琳琳、雨虹、赫义。其中：魏海滨、李慧姝、赫义，供职于中国人民银行中关村中心支行；李艳丽、朱琳琳、雨虹，供职于中国人民银行营业管理部跨境办。

融控股公司综合监管的牵头监管者并负责监管金融控股公司法人主体，子公司按照金融集团的分类不同接受不同当局的监管。如图 1 所示，美联储作为伞形监管的最尖端，负责金融控股公司的综合监管，明确了联邦和州为一级监管机构。子公司仍然遵循分业监管的原则，银行类子公司由美联储、货币监理署、联邦存款保险公司与州银行厅根据自身职责对其进行监管。证券业务接受证券交易委员会的监管，保险业务接受州保险厅的监管，期货业务接受商品期货交易委员会的监管。

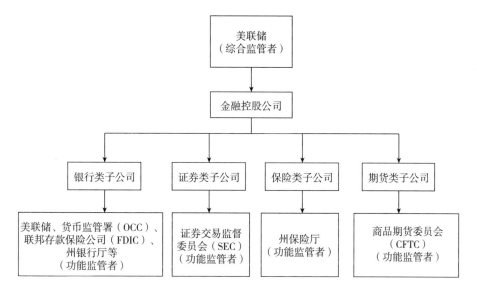

图 1　美国对金融控股公司的伞形监管架构

（二）金融危机后通过颁布法案以增强监管力度

为了更好地发挥伞形监管的作用，美联储于 2010 年颁布了《多德-弗兰克法案》，该法案的颁布在原有监管基础上不仅加强了以美联储为牵头监管者的权限与美联储的监管职责，还建立了宏观审慎监管体系。该法案作为美国 20 世纪 30 年代以来最严格、最全面的金融监管改革方案，旨在限制系统性风险，为大型金融机构可能遭遇的极端风险提供安全解决方案，将存在风险的非银行机构置于更加严格的审查监管范围内，同时针对衍生产品交易进行改革。该法案有针对性地修补了美国金融监管的漏洞，推翻了被动应对系统性风险和金融危机的监管理念。

（三）美国监管模式对我国的启示

第一，要以立法形式明确金融监管框架体系，实现金融控股公司的监管有效性。以立法形式明确监管主体可以充分确保金融控股公司的法律地位，有效应对监管重叠、监管真空以及监管套利所带来的挑战。美国曾采取"负面清单"机制，法律未明确禁止的均可从事，金融企业的业务范围则在法律中有明确规定。与非金融企业相比，金融控股公司在金融领域涉足较深，基于单一类型机构的法规无法满足监管需要，因此其应接受更为严格、广泛的监管。基于美国对金融控股公司监管经验可以发现，法规的建立与监管框架的确定是明确与清晰界定金融控股公司的基础，更是有效监管的前提。

第二，要构建金融监管协调机制，建立信息共享共用配套机制。美联储于2010年颁布的《多德-弗兰克法案》中确认成立了金融稳定监管理事会。该理事会由财政部、联邦金融监管部门、州监管部门以及一名总统任命的具有专业保险知识的独立成员组成，成立的主要目的在于识别、监测与处理金融控股公司在经营过程中出现的可能危及国家金融稳定的风险。此外，美国在金融稳定监管理事会还建立了一个保证部门信息共享和沟通的专门数据委员会以及承担日常行政职能的金融研究办公室。

第三，标准指标监管与弹性监管要相结合。在美国金融控股公司监管中，既有标准监管指标，也有弹性监管指标。在标准监管指标方面，美国对金融及与金融相结合的金融控股公司实行并表监管，确定了资本充足率、风险敞口限额等指标，对机构信息披露、资产评估报告等监管内容的提交频次做出了明确规定。弹性监管主要体现在以下两个方面：一是在美国不是所有的金融控股公司都要接受严格的监管，美联储仅监管金融稳定监管理事会指定的系统重要性集团公司；二是美联储针对金融控股公司及其分行业子公司实行不同监管标准。

第四，要加强金融风险防控体系，提升金融控股公司风险抵御能力。在加强金融风险防控体系方面，美国对金融控股公司母公司和子公司提出资本充足率标准，并要求金融控股公司定期提交资产评估分析报告。此外，为引导金融控股公司预防风险和矫正经营行为，美联储还要求金融控股公司对自身公司治理架构、资本管理政策、压力情景设计和风险识别评估、资本充足率影响评估以及损失、收入和费用的估计方法进行详细的分析和报告。

第五，要加强业务准入与维持认证。作为伞形监管的美联储在业务准入方面要求有意愿成为金融控股公司的银行控股公司提出牌照申请，法律部门按照规定征求业务监管部门意见后决定是否发放牌照。对于已发放牌照的金融控股公司，如果美联储发现其所控制的任何存管机构无法达到资本充足与管理良好的条件，美联储有权对该金融控股公司发放书面通知，要求其提供未达标机构的情况说明及汇报整改情况，如未按照要求在 180 天内（或与美联储达成协议的固定时间）进行整改，美联储将命令此公司剥离由其所有或控制的任何存款机构的所有权或控制权。

第六，分组监管与重点监管要相结合。对于并表管理而言，美联储并未制定统一适用的并表监管规则，而是根据银行控股公司的规模、业务范围等不同的因素对金融控股公司进行分类，以此使其适用于不同标准的并表管理。美联储将重心集中于对金融市场影响较大的银行控股公司，一方面可以全面、积极地监控动态风险，另一方面可以有针对性地对各类机构实施监管。

第七，要严控关联交易监管，建立全方位防火墙。美国《金融服务现代化法案》曾对金融控股公司内部各子公司之间的关联交易做出明确规定，规定要求子公司间关联交易应以商业运作为基础，银行不得向母公司及子公司的董事会成员提供贷款，且向证券公司贷款有一定的比例限制并要求证券公司提供 100% 的抵押物，超过规定金额的关联交易务必通过美联储的审批后才可发放。此外，金融控股公司应按月定期向美联储上报当期关联交易相关情况，并由美联储判断交易合法性。

二、金融控股公司监管的中国实践：地方国有企业类金融控股公司

（一）地方国有企业类金融控股公司的定义及特征

地方国有企业类金融控股公司（以下简称地方金控），主要是指在区域经济建

设的基础上进行资金运作，在地区性金融建设中发挥着较为重要作用的公司。

1. 从功能上看，地方金融控股公司对区域性金融发展起到重要作用

一是为地方发展战略提供服务，对产业政策具有导向性；二是能够对地方国有资本的布局、结构进行优化，使国有资本能够集中在优势企业及高新产业中，例如集中于具有前瞻性的战略性产业、价值链高端领域、产业链核心环节、具有核心竞争力的龙头企业等；三是让地方政府对特定行业、企业能够掌握绝对的控制权，使政府调控作用得以有效发挥，防止市场失灵；四是发挥地方政府引导和撬动民间投资的作用，注重社会效益的同时兼顾经济效益。

2. 从分类看，可分为产融结合型、股权平台型和纯粹金融型地方金融控股公司

产融结合型地方金控大多旗下拥有多张金融牌照，但主营业务仍以实业为主，金融只占其旗下资产的一部分。股权平台型地方金控大多拥有子公司较少的股权份额，扮演财务投资者的角色，对子公司的战略管理、日常运营并无实际控制权。纯粹金融型地方金控内，母公司对子公司的控制力相对较强，且旗下子公司均为金融系，主要目标为金融集聚、资本运营、综合经营等。

3. 从内部协同看，地方金融控股公司可吸引各类金融要素集聚

地方金控大多为地方国有独资或控股企业，一般以"地方财政+金融资本"的形式出现，有利于对分散的地方财政性股份进行整改。凭借地方政府的力量掌握较为齐全的金融牌照，地方金控一方面可以将金融资产统一管理，有助于政府调配资源，提高国有金融资产的规模集聚效应和资源利用效率；另一方面能够加大国有企业改制上市力度，提升资产证券化水平，有效支撑地方经济发展。近年来地方金控一直呈现发展迅速、资产规模快速增长的趋势，在政商关系扶持下具有较强的资产端开发和业务溢价能力，构建出区域性"客户—平台—资产"闭环协同的业态模式，在区域金融竞争中体现出明显优势。

4. 从关联交易看，存在正向作用及负面效应两个方面

关联交易的正向作用即为协同，地方金控平台让地方政府直接控制地方核心金

融企业，掌握较为齐全的金融牌照，推进业务模式多样化，通过整合资源、客户技术和服务渠道，打造环环相扣的资源协同生态圈，有利于引导地方整体金融生态的形成。关联交易的负面作用主要体现在，地方金控往往结构复杂，如果信息披露不到位，关联交易不易被察觉。所控金融机构之间直接进行关联交易使经营状况互相影响，增大了金融控股公司的风险传染。如果地方政府缺乏统一的战略规划，可能导致内部各业务单元之间既相互联系又相互冲突，并导致集团资源浪费。

（二）地方国企类金融控股公司内部管理存在的问题

1. 公司治理机制复杂

金融控股公司可能存在股权过于集中、股权结构不合理问题，股权结构单一且高度集中可能导致第一大股东利用控股地位支配公司董事会和监事会的情况，也可能会因为政府行为影响集团经营管理者决策。此外，因为地方政府类金融控股公司特殊的股东背景和设立需求，在成立之初便有为地方产业融资的作用和责任，但在实际过程中具体业务的开展与其发展定位有所偏离。此类金融控股公司因体量较小，旗下金融机构不会选择通过上市进行融资，因此来自资本市场外部股东的制约较少，但这也容易引发地方政府股东存在融资冲动、对金融业务不熟悉等特点，从而增加该类金融控股公司风险管控难度。

2. 公司内部管理不完善

由于金融控股公司结构复杂，金融控股公司的内部控制管理系统通常难以实施且效率较低。由于金融控股公司无法在成立之初就结合全部子公司实际情况建立完善的内控制度，因此容易导致内控制度涵盖范围不够全面的问题。地方金融控股公司可能存在同一实际控制人控制多家金融控股集团、一个金融控股集团控制另一个金融控股集团等复杂的股权结构和控股链条。股权结构复杂也可能导致信息不对称、公司治理能力弱等问题。

3. 风险管理不系统，风险管控落后

因金融控股公司（集团）股权关系复杂，其风险管理要求与普通金融企业相

比更为严格。金融控股公司（集团）盲目追求大而全，可导致其风险管理不系统，风险管控难度提高。金融控股公司（集团）涉及多种业务，由于各子行业和实体产业的监管标准、监管办法和监管重点各不相同，监管口径存在差异，因此难以形成协同，这样可能会使金融控股公司（集团）产生道德风险和行为激励，通过资金腾挪等方式规避监管，寻求监管空白进行监管套利。

（三）地方国有企业类金融控股公司风险分析

金融控股公司控股两类及以上金融机构，业务类型较多，除了具有一般金融机构普遍存在的信用风险、市场风险、流动性风险、操作风险、声誉风险、战略风险和信息科技风险等业务风险外，还面临关联交易、风险传染等需要重点关注的风险。

第一类是一般业务风险，包括三个方面：

1. 信用风险

信用风险是指交易对手主观上或客观上无法按规定履约而导致损失的风险。在经济下行、产业结构不平衡、社会信用体系不健全等多方叠加背景下，金融控股公司信用风险不可避免。

2. 市场风险

市场风险主要指公司因市场价格（如股票、基金、衍生品、利率、汇率等）的不利变动而使公司业务发生损失的风险。金融控股公司市场风险主要来自公司生息资产、有息负债以及投资的股票、基金、衍生产品等涉及的风险。

3. 流动性风险

流动性风险是指公司缺乏营运资金，且无法及时获得足够的资金满足营运资金的需求和偿还到期债务而带来损失的风险。金融控股公司除应对自身流动性风险外，还肩负着向控股金融机构补充流动性需求的任务，流动性风险双重叠加。

第二类是需重点关注的风险，包括四个方面：

1. 关联交易风险

关联交易风险是指金融控股公司母子公司以及各子公司关联方之间未遵行独立

性原则，存在资源与利益转移、损害投资者或者客户的消费权益、规避监管要求等行为而导致的风险，其中既包括金融控股公司所经营的多种类、多业态的金融业务之间，也包括各类非金融业务之间，以及金融业务与非金融业务之间的关联交易风险。金融控股公司组织结构上的复杂性使得关联交易风险具有隐蔽性，投资者、债权人，甚至控股公司最高管理层，都难以清楚了解公司内部各子公司成员之间的授权关系和管理责任，从而无法准确判断和衡量公司的整体风险，以及可能引致的相关违规金融活动。

2. 相互传染及系统性风险

若金融控股公司内部风险隔离机制不健全，跨行业、跨领域关联交易过于频繁，各子公司的经营独立性不足，金融控股公司下属任何一个子公司发生危机或破产，风险可能会随着金融控股公司各项业务在内部相互传递，进而导致金融控股公司被动或主动地交叉感染金融风险。若个别风险事件发生连锁和传导，易造成整体风险，进而引发系统性金融风险。

3. 战略定位风险

地方金控在成立之初往往就肩负着整合地方金融资源支持区域经济发展或者作为融资平台为地方产业发挥融资作用的任务。如果盲目扩张，易出现战略定位不清晰、公司内部治理不规范等问题，不但不能促进区域经济发展，还有可能增加地方债务风险。

4. 信息披露风险

在金融控股公司内部，有上市子公司和非上市子公司，有接受严格分业监管的持牌金融机构，也有实体产业公司。上市公司和持牌金融机构必须严格执行法定披露规则，而对非上市公司而言，其信息披露意识淡薄，信息披露不充分、选择性披露的做法无法及时暴露风险，有可能引发内幕交易或风险事件。

三、监管建议

（一）以并表监管为基础，强化金融控股公司对资本充足的监管要求

金融控股公司跨业态、多元化的经营意味着高风险，应当对金融控股公司有更严格的资本监管要求，使其资本规模和风险水平相适应。考虑到金融控股集团对两个及以上金融机构通过"实质重于形式"的方式实现控制，建议以并表监管为口径计算资本充足率，特别是对于不同类型的金融机构、不同层级的资本认定和扣减项，在并表层面应统一指标释义及计算口径。此外，并表范围应在会计信息合并范围的基础上，按照风险并表的思路充分考虑重大风险因素。

（二）以流动性管理为手段，因企施策，夯实金融控股集团财务和经营稳健性

对于地方国资控股的金融控股公司，其对金融企业的股权投资多以长期投资为目的，以统筹实现地方金融行业稳定发展。因此，地方国资控股的金融控股公司主要的资金来源为被控股企业的分红，投资实现周期、资金周转效率低。在设定流动性管理指标时，建议统筹考虑流动资金的用途及性质，以区分日常流动性管理需求和压力情景下的流动性获取能力。

（三）以风险偏好和限额管理为重点，建立涵盖集团自身和所控股金融企业的全面风险管理系统

建议以集团统一的风险偏好为基础，在集团内设立统一的风险暴露敞口，再将各类风险指标和风险限额分配到所控股的金融机构，及时监控风险管理制度执行情况。

（四）发挥公司治理和资本市场的内外部治理作用，关注非常规关联交易可能带来的风险

建议对金融控股集团内部的上市子公司和非上市子公司，统一关联交易披露标准，提升信息传递的有效性，降低各个规则之间的冲突。另外，还应当结合实际情况构建关联交易信息披露豁免制度，避免信息披露过度导致监管成本增加，从而增加交易的复杂性。